성경 묵상 어떻게 할까?

성경 묵상 어떻게 할까?

성경 해석 원리를 응용한 26가지 성경 묵상법
How to Meditate on the Bible:
26 Skills Using the Principles of Biblical Interpretation

초판 1쇄 발행 2019년 10월 5일
초판 2쇄 발행 2022년 3월 10일

지은이 김진규
펴낸이 박은주
펴낸곳 생명의 샘
　　등록 565-2017-000007
　　주소 충남 천안시 동남구 문암1길 68, #101-1202
　　전화 041-522-3375
　　메일 smes9191@gmail.com
웹사이트 FountainOfLife.kr

디자인 참디자인

ISBN 979-11-962360-9-0 (03230)

이 도서의 국립중앙도서관 출판예정도서목록(CIP)은 서지정보유통지원시스템 홈페이지(http://seoji.nl.go.kr)와
국가자료종합목록 구축시스템(http://kolis-net.nl.go.kr)에서 이용하실 수 있습니다. (CIP제어번호 : CIP2019037637)

Photo by freepik.com

큐티에 정통 성경해석학의 날개를 달다!

성경
묵상
어떻게
할까?

김진규 지음

HOW TO MEDITATE ON THE BIBLE

성경 해석 원리를 응용한
26가지 성경 묵상법

생명의 샘

SOLI DEO GLORIA!

추천사

최근 한국교회사에 허락된 참 귀한 선물이 QT운동이라고 믿는다. QT운동은 오래된 교회사의 묵상운동에서 나온 것이다. 그런데 진지한 QT를 고민하는 분들은 결국 성경묵상의 큰 명제 앞에 서게 된다. 그리고 이런 성경묵상은 성경해석의 원리를 응용하지 않을 수 없다. 이런 고민을 가진 설교자와 성도들에게 참 소중한 책이 출간되었다. 김진규 교수의 이 책은 성경묵상의 지성소로 우리를 안내한다. 이 책으로 한국교회가 피상성을 벗어나 말씀의 부요로 성숙할 수 있기를 기대한다.

이동원 | 지구촌교회 원로목사

수년간 김진규 박사와 그의 학문성을 알고 존중하고 있다. 그는 탁월한 성경해석자이며, 텍스트를 심오한 깊이와 지성을 갖고 읽고 적용할 줄 안다. 김진규 박사는 이 새로운 책에서 오늘날 우리를 위한 하나님의 메시지를 들을 수 있도록 성경을 해석하는 법을 가르치고 있다. 성경을 읽고 변화되길 원하는 모든 이에게 이 책을 추천한다.

트렘퍼 롱맨 3세 | 웨스트몬트대학 저명한 학자 겸 성서학 명예교수

I have known and respected Dr. JinKyu Kim and his scholarship for many years now. He is an excellent biblical interpreter, able to read and apply the text with great depth and intelligence. In this new book, Dr. JinKyu Kim teaches others how to interpret the Bible in a way that will hear God's message for us today. I recommend this book to everyone who wants to read the Bible and be transformed by it.

Tremper Longman III, PhD, Distinguished Scholar and Professor Emeritus of Biblical Studies, Westmont College

성서 '묵상'의 실천적 제안을 성서학 전문가로부터 받는다는 것은, 글쓰기를 유력 일간지 주필로부터 배우는 격이다. 저자 김진규 교수는 작금의 신학교 성서학 교육과 현장 목회지의 성서 읽기 사이의 빈틈을 늘 잘 찾아낸다. 그리고 그 간극을 메꾸는 것을 전혀 수고스럽게 여기지 않는다. 사실 성서학자들은 성서의 학문적 유희에 더 최적화되어 있으며, 그 안에서 편안함을 느낀다. 하지만 이번에도 저자 김진규 교수는 손을 걷어붙이고 손에 호미를 쥐었다. 이 책은 신학도들에게는 매우 유용한 사역 참고도서가 될 것이며, 성서 읽기를 심도 있게 하는 열성 신자들에게는 효능 만점의 영양제가 될 것이다.

기민석 | 침례신학대학교 구약학 교수

정통 개혁신학의 본산인 미국의 웨스트민스터신학대학원에서 성경해석학으로 박사학위를 받은 김진규 교수가 자신의 전공을 살려서 한국교회와 성도들에게 하나님의 말씀 속으로 한 걸음 더 깊이 들어갈 수 있는 성경 묵상을 위한 유익한 책을 출간했다. 본서는 기존에 피상적이거나 감상적인 큐티에 머물기 쉬웠던 큐티방식을 뛰어넘어 '성경연구'로 나아가게 한다. 그러면서도 신학교의 어려운 성경해석학의 내용들을 평신도들의 차원에서 평이하게 소화해낼 수 있는 구체적이고 실제적인 방안들을 제공해준다. 이제 한국교회와 성도들에게 하나님의 말씀을 영의 양식으로 균형 있게, 제대로 먹을 수 있는 요리법이 주어졌다. 본서는 한국교회가 균형 있는 양질의 영적 양식을 배불리 먹고 건강한 교회로 세워지는 일에 크게 이바지할 줄로 믿고 추천한다.

김광열 | 총신대학교 신학대학원 조직신학 교수

목회자들과 진지한 평신도들은 개인적인 성경연구와 설교준비에 성경해석학을 활용하고 싶어 하지만 두 가지 문제 때문에 고민한다. 첫째, 내가 과연 경건하고 건전한 성경해석학을 구별해낼 수 있을까? 둘째, 그것을 나의 성경연구와 설교준비에 올바르게 적용할 수 있을까? 이 책은 그런 고민을 가진 독자들을 위해 쓰였다. 성경해석학의 대가인 김진규 교수는 여러 성경해석학 이론들을 철저히 복음적인 관점에서 분석, 선별한 후 그것들을 이해하기 쉽도록 설명해 주고 있다. 그리고 그것을 우리가 어떻게 활용하여야 할 것인지 친절하게 이야기해 준다. 한 마디로 이것은 깊이 있는 성경연구의 길라잡이로서 손색이 없는 책이다.

김병국 | 백석대학교 기독교학부 신약학 교수

귀한 구약학자이며 목회자인 김진규 교수께서 성경묵상에 대한 책을 냈다. 성경본문을 해석하고 적용하는데 있어서 꼭 알아야 할 필수적인 사항들을 쉽고도 적실성 있게 설명하였다. 한편으로 보면 성경해석학 책이며, 다른 한편으로 보면 설교학 책인데, 그 어려운 내용들을 누구라도 잘 이해할 수 있는 현장성 있는 언어로 풀어내고 있다. 성경 묵상에 대하여 바르고 깊은 배움이 가능하도록 도와주는 이 책을 독자 여러분께 진심으로 추천한다.

김희석 | 총신대학교 신학대학원 구약학 교수

작가 코엘료(Paulo Coelho)는 한국의 걷기 열풍을 보고 이제 한국은 산업화 시대에서 성찰의 시대로 접어들었다고 하였다. "빨리 빨리, 높이 높이"만

추구하던 산업화 사회에서 이제 느리고 단순한(slow & simple) 삶을 추구하는 성찰의 사회로 나아가고 있다. 하나님의 말씀과 더불어 한거(閑居)와 독거(獨居) 그리고 묵상(默想)은 유대인의 영성(시편 1편)과 예수님의 영성(막 1:35-39)의 근간을 이룰 뿐 아니라 교부들과 종교개혁자들(루터)의 성경읽기의 전통이기도하다. 김진규 교수는 이 책을 통해 현대비평주의에 빠져 있는 고단한 지식노동자로서 성경을 연구하기보다는 영혼의 양식이며 영생의 말씀으로 성경을 읽고 묵상하며 살아내는 성경읽기를 제안하고 있다. 하나님의 말씀으로 성경을 받아 읽고 묵상하여 육화된 말씀으로 나아가고자 하는 모든 이에게 이 책은 건강한 안내서가 되기에 충분하다.

심상법 | 총신대학교 신학대학원 신약학 교수

바른 해석과 분리된 적용으로 부실해진 현행 QT의 한계와 문제를 극복하고 해결하는 지침서! 저자는 본문 해석에 기초한 올바른 QT를 위해 관찰, 해석, 적용의 단계를 통해 인위적이고 우발적인 성경 묵상을 바로잡는다. 종교개혁자 루터의 오라티오, 메디타티오, 텐타티오의 3대 원리를 기초로 QT 개혁을 이루려는 저자의 노력은 탁월하다. 말씀을 사모하는 모든 성도들과 목회자들을 위한 필독 도서이다.

원종천 | 아세아연합신학대학교 역사신학 교수, 한국복음주의신학회 회장

최근 뜨거운 논쟁의 주제로 등장한 동성애 문제는 바른 성경해석이 얼마나 중요한가를 새삼 일깨워 주고 있다. 같은 성경본문을 가지고 한편에서는 동성애를 비판하지만 다른 한편에서는 동성애를 지지하고 있기 때문이다. 김진규 교수는 정통주의적인 바른 성경해석을 연구하고 가르치는 것으로 정평이 나 있는 미국 웨스트민스터신학교에서 성경해석학을 공부하였기 때문에 바른 성경해석의 길을 제시할 수 있는 충분한 학문적인 자격을 갖추

고 계신 분이다. 특히 김 교수는 이 책에서 다양한 성경해석방식을 빠짐없이 소개하면서 이 해석방식들이 지닌 장단점을 적시하고 이 모든 해석방식들을 통합한 바른 성경해석의 길을 제시하고 있다. 이 책은 어려운 성경해석을 쉽게 풀어서 평신도들을 비롯한 성경을 사랑하는 모든 이들이 바른 성경해석의 맛을 알 수 있도록 쓴 좋은 책으로 판단되어 기꺼이 추천한다.

이상원 | 총신대학교 신학대학원 조직신학 교수

본서는 성경본문의 고유한 계시적 의미를 근대기호법으로 해체시킨 비평학자들의 환원주의와 일반성도들의 정황주관적인 해석학적 문제를 입체적이며 복합적인 접근으로 돌파하도록 인도한다. 이를 위해 성경본문의 인식론적인 단일적 이해를 넘어 삶의 지평에서 완성되어야 하는 텍스트의 학문적인 해석과 묵상을 위한 실제적인 로드맵을 제공한다. 특별히 학문적 패권에 가두었던 신학과 성경해석학을 일상의 생명이 있는 묵상으로 연결해주는 본서는 신학자들과 목회자들뿐만 아니라 모든 평신도들에게 귀한 선물이다.

이한영 | 아세아연합신학대학교 구약학 교수, 한국복음주의 구약학회 회장

성경이 하나님의 말씀이라고 확신해도, 그것을 '어떻게 하나님의 말씀답게 읽느냐 하는 해석학을 바로 갖지 않는다면' 별 의미가 없게 된다. 이 책은, 성경을 명확히 하나님의 계시의 말씀으로 대하면서도, 어떻게 철저하게 그 말씀을 이해하고 해석하고 실천할 것인지 꼼꼼하게 설명한다. 성경 묵상법 자체가 성경보다 어렵고 이질적인 경우가 많지만, 이 책은 그렇지 않다. 건전하고 균형 잡힌 성경 해석학에 근거해, 비교적 쉽게 설명하며, 무엇보다 성경을 실제로 해석하고 묵상하고자 하는 사람에게 필요한 구체적인 자료와 조언을 아끼지 않는다. 저자 자신이 오랫동안 관심을 갖고 연구하고 가

르쳐온 분야이기 때문에, 독자는 그 안에서 소중한 내용이 가득함을 알게 될 것이다. 이단사설과 왜곡된 성경해석이 난무하는 시대에, 성경해석과 설교, 묵상과 실천을 배우고자 하는 그리스도인들이 참고할 귀한 지침이 될 것을 믿으며, 출간을 축하드린다.

채영삼 | 백석대학교 기독교학부 신약학 교수

많은 사람들은 해석의 과정 중 묵상이 가장 쉽다고 생각한다. 자기 마음에 이끌리는 대로 할 수 있는 것이 묵상이라 생각하기 때문이다. 그러나 정작 가다며, 티슬턴, 밴후저 같은 해석학의 대가들은 묵상이 가장 어려운 과정이라고 입을 모은다. 김진규 교수는 개혁자들의 전통을 따라 묵상을 본문의 의미 포착과 적용 모두를 아우르는 과정으로 이해하며 그런 점에서 묵상은 모든 해석과정의 총합이요, 실천적 삶의 출발점으로 보고 있다. 이 책은 묵상을 위한 26가지의 원리들을 바탕으로 건강한 형성적 묵상이 어떤 것인지를 잘 보여 준다. 설교자들과 신학도들, 그리고 성경을 사랑하는 모든 사람들에게 일독을 권한다.

최승락 | 고신대학원 신약학 교수

성경 묵상을 통해 우리는 성경 말씀의 의미를 깊이 깨닫게 되고, 더 나아가 말씀 속에서 하나님을 만나며, 그 분의 음성을 듣게 된다. 그런데 성경해석의 원리를 무시하고 묵상하게 되면, 인간 자기중심적인 성경 이해에 빠지기 쉽다. 나는 그런 비극적인 경우를 너무 많이 보아왔다. 이 책은 과학적인 성경해석 원리에 근거하여 우리를 올바른 묵상으로 인도하는 책이다. 해석학이라는 고도의 학문에 정통한 신학자가 목회자의 마음으로 이해하기 쉽게 쓴 책이다. 이 분야에 단연 최고의 책이다.

홍인규 | 백석대학교 신학대학원 신약학 교수

목차

들어가는 말

신앙의 판도를 바꾸는 성경해석 전쟁의 시대!

오늘날 우리는 성경해석 전쟁의 시대에 살고 있다. 미국 어느 교단 총회
장이 성경을 왜곡 해석하여 동성애를 옹호하는 글을 쓰자, 교단에서 그의
견해를 받아들여 동성 간의 결혼을 합법화했다. 창세기에 하나님이 한 남
자 아담과 한 여자 하와를 결혼시켜 최초의 가정 제도를 만드셨다(창 2:21-
25). 그런데 그 교단은 '한 남자와 한 여자의 결합'에서 '두 사람의 결합'으로
총회 규정을 바꾸었다.[1] 창세기 2장 24절에 하나님께서 제정하신 남자와 여
자의 결혼을 다르게 해석할 수 있는 여지가 있는가? 동성 간의 결혼을 통해
하나님께서 인류에게 주신 "생육하고 번성하라"(창 1:28)는 복을 누릴 수 있
겠는가?

레위기에서 명백하게 동성애를 금지하고 있는 조항들을 갖가지 성경해
석 방법을 동원하여 동성애와 관련이 없는 말씀으로 왜곡 해석해버린다.[2]

> 너는 여자와 동침함 같이 남자와 동침하지 말라 이는 가증한 일이니라.
>
> (레 18:22)

누구든지 여인과 동침하듯 남자와 동침하면 둘 다 가증한 일을 행함인즉
반드시 죽일지니 자기의 피가 자기에게로 돌아가리라. (레 20:13)

이들 말씀의 문맥이 우상숭배의 맥락에서 나왔다는 둥, 당시 가부장적인
문화에서 나왔다는 둥, 구약의 의식법의 일부분이기 때문에 오늘날 해당이
없다는 둥, 여러 가지 해석의 구실을 들이대며 오늘날 동성애와는 관련이
없는 말씀이라고 주장한다. 동성애 옹호자들의 이런 해석들은 대부분 성경
해석의 심각한 문제를 내포하고 있다.[3]

이런 잘못된 해석을 분별하기 위해선 정말 올바른 성경해석 원리에 입각
해서 말씀을 묵상하는 훈련이 절실히 요청되는 시대이다. 이런 시대적 위
기상황 가운데 평신도나 목회자 모두에게 올바른 성경 묵상의 가이드가 필
요함을 통감하게 되어 본서를 집필하게 되었다.

루터의 종교개혁은 성경해석의 개혁이었다!

마르틴 루터(Martin Luther)가 종교개혁을 성공적으로 이끌 수 있었던 근
본적인 파워(power)는 어디에 있었을까? 무엇보다 하나님의 은혜가 가장
중요한 요인임을 부정할 수 없다. 그가 하나님의 은혜 가운데 어떤 방법으
로 중세 천년 동안 갑옷과 같이 중무장한 4중적 해석이라는 그릇된 성경해
석 방법을 뒤집고 '오직 성경으로'를 외치며 종교개혁을 성공적으로 이끌 수
있었겠는가?

2017년 종교개혁 500주년을 맞이하여 〈종교개혁 500주년기념 공동학술
대회〉에서 필자가 루터의 성경해석 방법을 연구하여 발표하면서 한 가지

확실히 깨달은 바가 있다. 1517년 전과 후 루터의 성경해석 방법이 확실히 다르다는 사실이다. 1517년 이전 루터의 성경해석에는 중세의 4중적 해석의 잔재가 상당히 남아있지만, 1517년 이후에는 종교개혁자들이 공유하고 있는 '역사적, 문법적 해석' 방법을 취하고 있음을 알게 되었다.[4] 루터는 중세시대의 '코에 걸면 코걸이 귀에 걸면 귀고리' 식의 임의적인 성경해석 방법을 버리고 건전한 성경해석 방법의 토대를 세움으로써 당대의 종교개혁 추종자들의 지지를 얻게 되었다. 올바른 성경해석 방법을 사용하여 설교하고, 글을 쓰고, 가르치자 하나님의 말씀이 교황을 철저히 무력화시켜 버렸다. 루터의 말을 들어보자.

> 나는 면죄부와 모든 교황주의자들을 반대하였으나 결코 무력은 사용하지 않았다. 나는 그저 하나님의 말씀을 가르치고, 설교하고, 썼을 뿐이고 그 외에는 아무것도 하지 않았다. 그리고 내가 잠을 자거나 친구 니콜라우스 폰 암스도르프(de)와 함께 비텐베르크 맥주를 마시는 동안 말씀은 교황을 철저히 무력화시켰다. 그 어떤 군주나 황제도 그 정도의 해를 입힐 수 없었을 정도로 말이다. 나는 아무것도 한 것이 없다. 말씀이 다 했다.[5]

천년 이상 지배해 온 그릇된 성경해석 방법을 루터가 어떻게 바꿀 수 있었을까? 루터는 어떤 방법으로 성경을 묵상하였기에 그렇게 오랫동안 정설처럼 받아들여진 성경해석 방법을 뒤집고 올바른 진리의 빛을 발하게 되었을까? 필자는 이 점이 매우 궁금했다. 최근에 읽은 책 한 권이 이에 대한 답을 가르쳐주었다.[6]

세상을 바꾼 루터의 성경 묵상 방법은?

루터가 신학을 연구한 방법을 통해 그가 어떻게 성경을 묵상했는지에 대한 힌트를 얻을 수 있었다. 루터의 신학 공부 방법에는 세 가지 기본적인 요소가 있었는데, 오라티오(oratio), 메디타티오(meditatio), 텐타티오(tentatio)이다.[7]

오라티오는 흔히 '기도'라고 번역이 되는데, 이는 이 말의 의미를 충분히 담아내지 못한다. 이 말의 핵심적인 의미는 "이성의 인도가 아닌 성령의 도우심을 구하는 자세"를 뜻한다. 루터는 성령님의 도우심을 구하는 것을 신학 공부의 최우선 과제로 두었다.[8]

중세 수도원에서는 오라티오를 성경 구절이나 단어를 반복하여 읽으면서 잡념을 없애는 훈련 정도로 여겼으며, 관상으로 들어가기 전의 낮은 단계로 여겼다. 그 다음 '콘템플라티오'(contemplatio)라고 불리는 관상의 단계로 들어가 "영광의 자리에 오르신 그리스도"와 연합하는데 최종 목표를 두었다. 수도원 교육은 이렇게 '오르기' 훈련이었다면, 루터의 오라티오는 "성령의 도움을 구하는 '내려가기' 훈련"이었다. 이런 관점에서 오라티오는 "성령의 음성 듣기를 간구하는 '들음의 훈련', 내게 오시는 성령을 향해 '마음을 열어 놓는 훈련'이다."[9]

루터의 오라티오의 원리는 성경 묵상 준비 단계에 꼭 명심해야 할 마음의 자세이다. 본서의 '묵상을 위한 준비' 단계에 성경 영감설이 성경 묵상의 관점에서 어떤 의미를 갖는지 분명히 밝힌다. 성경을 기록하도록 영감을 주신 성령 하나님의 인도하심을 철저히 간구해야 하고, 그분의 깨닫게 하심을 간구해야 한다. 우리 마음속에 있는 말씀에 대한 선입견을 내려놓고 보혜사 성령께서 친히 우리를 가르쳐 주시도록 열린 마음으로 묵상에 임해야 한다.

루터의 성경 연구의 두 번째 단계는 '메디타티오'인데, 흔히 이를 '묵상'으로 번역하지만 그 의미를 충분히 담아내지 못한다. 메디타티오의 핵심은 '기록된 말씀 읽기'와 더 폭넓게는 '인쇄된 책 읽기'까지 포함된 연구 활동이다. 이는 큐티에서 말하는 묵상과는 차원이 다른 의미이다. 루터가 말하는 메디타티오는 "언어를 익히고, 문법을 배우며, 맥락을 이해하기 위해 역사와 문화를 배우는 것" 등을 포괄하는 의미이다. 심지어 원어 연구까지 포함하는 말이다. 이 단계는 "말씀을 듣고 이해하는 단계"를 가리킨다.[10] 이는 본서에서 말하는 '해석 단계'와 일치한다.

지금까지 큐티라는 이름으로 성경해석 없이 바로 적용한 방법들의 폐해 중의 하나는 매우 주관적인 성경해석을 양산해 놓은 것이다. 이런 주관적인 성경해석은 이단의 온상이 된다. 신천지 이단의 성경해석을 보라. 자기 멋대로 성경을 해석한다. 문자적으로 해석해야 할 것을 비유적으로 해석하고, 비유적으로 해석해야 할 것을 문자적으로 해석한다. 성경의 장르를 분별하지 못하는 무지 때문에 생긴 이단이다. 또 소위 '영해'라는 이름으로 번창하고 있는 한국 교회의 성경해석에는 종교개혁자들이 버린 중세의 알레고리적 해석이 판을 치는 경우가 너무나 많다.

이런 잘못된 성경해석에서 탈피하기 위해서는 건전한 성경해석으로 돌아가야 한다. 본서의 해석편은 바로 이 점에 심혈을 기울였다. 성경을 묵상하는 사람은 루터가 말하는 메디타티오를 가슴 깊이 새길 필요가 있다.

세 번째 단계인 텐타티오는 '시련' 혹은 '실천'이라는 의미이다. 이는 "우리의 목회 현장·교회 현실·사회와 역사 한복판 가운데서 경험하고 내 영혼이 붙잡고 씨름하는 모든 종류의 아픔과 불안과 괴로움과 절망" 등을 가리키는 말이다.[11] 이 개념은 본서의 적용편에서 다루는 내용과 일치한다. 말씀을 실천하기 위해서 씨름하는 모든 삶의 고뇌를 포괄하는 개념이다.

루터에 의하면 진지한 오라티오에서 출발하고 메디타티오를 거친 성경 연구는 반드시 텐타티오에 도달하게 된다고 보았다. 왜냐하면 깨달은 말씀의 실천을 통하여 성경 묵상의 참 열매를 맛볼 수 있기 때문이다.[12]

종교개혁의 깃발을 높이 든 루터의 신앙 배경에는 오직 성령의 능력에 철저히 의지하는 내려놓음과 언어와 문법과 문맥과 역사와 문화와 원어 연구까지 아우르는 메디타디오를 통한 진지한 성경 연구와 깨달은 말씀을 삶에 옮기기 위해서 고뇌하는 실천력이 있었기 때문이다. 오늘날 기독교인들 사이에 반지성주의적 사고의 팽배로 말미암아 한국 교회가 기복신앙, 번영신학, 세속주의에 물든 이 시점에 루터의 개혁정신이 말씀 연구에 되살아나야 삶과 교회의 진정한 개혁이 일어날 것이다.

소위 큐티(QT)식 성경 묵상의 문제점은 무엇인가?

지금까지 성경 묵상은 주로 파라처지 출신 목회자들이 QT라는 이름으로 출판한 책을 통해 배웠다. 지금은 많이 개선이 되어 가고 있지만 과거에 큐티를 이끌던 주된 구호는 '오늘 내게 주시는 말씀이 무엇인가?'라는 단순한 질문이었다. 하나님의 말씀을 날마다 묵상하면서 자신의 삶에 메시지를 적용하고자 하는 노력은 높이 평가해야 마땅할 것이다. 오늘날 교회는 다니지만 성경을 읽지 않는 사람들이 얼마나 많은가! 이런 시대에 말씀을 사랑하고 묵상하는 자세 자체를 비판해서는 안 된다.

그런데 이런 QT식 접근의 치명적인 약점이 있다. 성경해석이 빈약하거나 이를 무시하는 경향이다. 큐티에서 제기하는 위의 질문이 주는 인상은 말씀을 통해서 느낀 바를 바로 나의 삶에 적용하고자 하는 그런 단순성이다. 물론 어떤 말씀은 해석의 과정 없이 바로 적용할 수 있는 말씀들이 있다. 그런데 구약 율법서에 나오는 말씀을 이렇게 단순하게 적용할 수 있는 경우는 매우 드물다. 심지어 십계명과 같은 도덕법도 이렇게 단순하게 적용하면 심각한 영적인 불균형을 이루게 된다. 아래에서 다룬 "성경해석 없는 묵상이 가능할까?"라는 항목을 읽어보길 바란다.

성경해석 원리와 설교학 이론을 응용한 종합적인 성경 묵상법의 필요성!

본서는 이런 큐티식 성경 묵상법의 한계를 극복하기 위해서 성경해석학의 기본적인 원리와 설교학에서 가르치는 중요한 방법론들을 함께 융합하여 이 책을 집필하게 되었다. 이 책은 단순히 머리 속에서 짜내어 쓴 책이 아니라 수년간 학생들에게 어떻게 하면 효과적으로 성경을 묵상하여 큐티와 설교에까지 적용할 수 있을지 고민하면서 가르쳐 온 산물이다. 여러 학생들이 필자가 강의했던 〈성경해석학〉 클래스를 듣고 자신의 성경 묵상과 설교에 큰 도움이 되었다는 개인적인 경험을 들려주었다.

본서는 강의실에서만 사용할 수 있는 성경 묵상 교재가 아니라 삶의 현장에서 날마다 말씀을 실천하기 위해 씨름하는 모든 목회자와 성도가 쉽게 읽으면서 성경을 묵상하는 방법을 익힐 수 있도록 집필하였다. 설교자들이 이 교재를 활용한다면, 지금까지의 낡아 놓은 고기를 요리해 먹이는 설교가 아니라 깊은 바다로 두려움 없이 나아가 말씀의 고기를 직접 낚아서 요리하는 방법을 익히게 될 것이다. 필자가 이 책을 집필할 결심을 하게 된 배경에는 과거 미국 웨스트민스터신학대원 목회학석사(M.Div) 과정에 재학할 당시 설교를 위해 말씀을 묵상하는 기술을 알지 못해 고민하고 있을 때, 성경해석학 클래스를 들으면서 단번에 고민이 해결된 경험 때문이다. 필자는 그 이후 동대학원 박사과정에서 성경해석학을 전공하였고, 지금까지 목회할 때나 대학에서 가르칠 때 이 방법을 사용해오고 있다.

말씀을 묵상하길 원하지만 그 방법을 알지 못해 고민하는 독자들께 이 책이 조금이나마 도움이 되길 바란다.

2019년 9월
저자 김진규

1

묵상을 위한
준비

"나로 주의 법도의 길을 깨닫게 하소서

그리하시면 내가 주의 기사를 묵상하리이다"

(시 119:27)

A. 성경 영감설과 성경 묵상

❧

2001년 9월 11일 뉴욕 쌍둥이 빌딩이 무너질 때, 필자는 필라델피아에서 박사학위 논문을 쓰고 있었다. 그날 아침도 논문을 쓰기 위해 책가방을 들고 집을 나가려다가 우연히 TV를 보게 되었는데, 비행기가 뉴욕의 쌍둥이 빌딩에 부딪혀 불이 났다는 소식을 전하고 있었다. 그런데 얼마 후에 남쪽 빌딩에 거대한 비행기가 부딪혀 불통이 튀는 장면을 TV에서 비춰주었다. 그때 앵커맨은 테러라고 보도했다. 그날 펜실베이니아 주 들판에 비행기가 떨어지고, 펜타곤에도 비행기가 떨어졌다. 미국의 모든 비행기는 착륙하라는 명령이 내려졌다.

그날 학교에 가는 것을 잊고 하루 종일 TV 앞에 앉아 뉴스를 지켜보았다. 나중에 조사 결과 19명의 테러범들이 비행기를 나눠 타고 네 대의 비행기를 추락시켰고 쌍둥이 빌딩에서만 약 2500여 명이 사망했다. 그날 쌍둥이 빌딩 고층에 있던 다수의 사람들이 열기를 견디지 못해 지상으로 스스로 떨어져 죽었다. 얼마나 가슴 아프고 비극적인 일인가! 하루 종일 TV를 본 후에 내 마음에 생긴 질문은 이것이었다.

미국은 적진 수십 미터도 들여다 볼 정도로 정보력이 세계 1위라고 자랑해왔는데, 어떻게 해서 그렇게 많은 테러범들이 미국에 들어와 비행기 여러 대를 떨어뜨릴 정도였는 데도 미리 알지 못했는가라는 의문이었다. 그날 내린 결론은 오직 미래를 아시는 분은 하나님 한 분밖에 없다는 사실이었다.

대학생 시절 필자가 성경을 읽다가 시험에 든 적이 있었다. 창세기를 읽으면서 중고등학생 시절에 배웠던 진화론 때문에 갈등이 생겼다. 창조론이냐, 진화론이냐 문제를 두고 한동안 고민에 빠졌다. 일단 창세기부터 읽는 것을 접어두고, 신약으로 넘어와 읽기 시작했다. 그런데 신기하게 신약성경에 나오는 예수님의 기적들은 믿어졌다. 모태로부터 예수님을 믿어왔기 때문에 예수님의 기적들은 의심 없이 믿어졌다. 말씀으로 풍랑을 잠잠케 하시고, 바다 위를 걸으시고, 청각장애인을 듣게 하시고, 시각장애인을 보게 하시고, 걷지 못하는 자를 일으키시고, 나병환자를 깨끗하게 하시고, 귀신을 쫓아내시고, 죽은 자를 살리신 예수님은 분명히 하나님이심을 의심 없이 믿었다.

예수님에 대한 믿음으로 든든히 무장한 이후에 다시 구약성경을 읽기 시작했다. 일단 진화냐, 창조냐의 문제는 접어두고 구약성경을 계속해서 읽어 내려갔다. 창세기부터 읽기 시작하여 선지서들을 읽으면서 놀라운 사실들을 발견했다. 성경에는 수많은 예언들이 있고, 그 예언들이 역사 속에서 성취된 놀라운 사실을 깨닫게 되었다. 성경 여러 곳에 미래를 예언하는 말씀들이 등장한다. 어느 누가 미래를 알 수 있는가? 미래는 오직 하나님만 아시는 영역이다. 주전 700여 년 전에 활동했던 이사야 선지자는 하나님의 계시로 이 사실을 정확히 밝힌다.

누가 나처럼 선언할 수 있으며, 미래를 예고할 수 있느냐? 나를 누구와 견줄 수 있느냐? 만일 있다면, 내가 옛날 사람들에게 미래를 예고했듯이, 그들에게 다가올 일들을 미리 말하여 보라고 하여라. 너희는 떨지 말아라. 겁내지 말아라. 내가 예전부터 너희에게 이미 예고하여 주지 않았느냐?

나는 예고하였고, 너희는 이것을 증언할 나의 증인들이다. 나 밖에 다른

신이 또 있느냐? 다른 반석은 없다. 내가 전혀 아는 바 없다. (사 44:7-8;

새번역)

이 말씀은 하나님만이 다른 신들과는 다르게 미래를 예언할 수 있음을 밝

힌다. 미래에 대한 지식은 오직 하나님께 속한 영역이다. 성경에는 여러 곳

에서 여러 가지 사건에 대해서 미리 예언하고 있는 말씀들이 있다. 대표적

인 몇몇 말씀의 실례를 들고자 한다.

이스라엘 백성들이 애굽 땅에서 400년 동안 종살이 하다가 애굽 땅에서

나와 가나안 땅으로 들어가게 될 것을 이미 오래 전에 하나님께서 아브라함

에게 말씀하셨다(주전 21세기 경). 아브라함의 손자인 야곱 시대에 애굽 땅

으로 내려가게 되었고, 내려간 지 400년 만에 애굽 땅에서 나오게 되었다(이

른 연대설에 따르면, 주전 1446년).

여호와께서 아브람에게 이르시되 너는 반드시 알라 네 자손이 이방에서

객이 되어 그들을 섬기겠고 그들은 사백 년 동안 네 자손을 괴롭히리니 그

들이 섬기는 나라를 내가 징벌할지며 그 후에 네 자손이 큰 재물을 이끌고

나오리라. (창 15:13-14)

출애굽 사건은 하나님의 예언대로 정확히 이루어진 사건이며, 하나님께

서 아브라함과 맺으신 언약의 성취이다.

주전 6세기에 활동했던 다니엘은 약 600여 년 동안의 미래에 일어날 왕

국들에 대해서 예언하고 있는데, 예언한 대로 모두 이루어졌다. 다니엘서

2장에는 신상의 모형을 통해서 7장에는 4짐승을 통해서 미래에 일어날 바

벨론, 메대/바사(페르시아), 그리스, 로마시대를 정확히 예언하고 있다. 약 600여 년 앞을 내다보면서 예언한 것들이 역사 속에서 정확히 이루어졌다. 그는 예수님에 대해서도 미리 예언하고 있는데, "뜨인 돌"(단 2:44-45) 혹은 "인자와 같은 이"(단 7:13-14)라는 표현을 사용하여 예언했다. 다니엘서 12장은 아직 이루어지지 않은 미래에 대해서 예언하고 있다. 다니엘 12장 2절에는 미래에 일어날 성도의 부활에 대해서도 예언하고 있다.

하나님께서 역사의 주인이 아니시면 어떻게 미래에 대해 예언할 수 있겠으며, 예언한들 이루어질 수 있겠는가? 하나님께서는 분명히 인간 역사의 주인이시기 때문에 미래에 일어날 모든 일을 아셨고, 또한 예언한 대로 정확히 역사 속에서 이루어졌다. 진정 하나님께서는 인간 역사의 주인이시다.

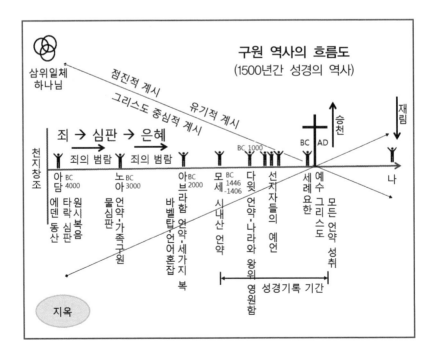

예언들 중에 성경이 가장 분명하게 예언하고 있는 사건은 예수 그리스도의 오심에 대한 예언들이다. 성경은 점진적 계시라는 방법을 사용하고 있다. 그래서 처음에는 희미하게 그림자 형태로 보여주지만 세월이 지나면서 좀 더 구체적인 방법으로 미래에 일어날 일들을 보여준다.

성경은 장장 1500년 동안 기록된 책이다. 성경의 저자는 약 40여 명인데, 대부분 서로 모르는 사이인데도 성경은 놀라운 통일성을 보여준다. 특히 구약성경은 하나님의 아들 예수 그리스도를 이 땅에 보내신다는 소식을 수많은 곳에서 예언하고 있다. 구약성경은 약 350여 회 그리스도의 오심에 대해서 다양한 방식으로 직접적으로 간접적으로 예언하고 있다.

여자의 후손으로 나서서 십자가에서 사탄의 머리를 깨뜨리고 승리하실 것(창 3:15), 아브라함과 다윗의 후손으로 나실 것(창 12:1-3; 삼하 7:11-16; 사 11:1-10), 동정녀를 통해 태어나실 것(사 7:14), 베들레헴 땅에서 태어나실 것(미 5:2), 우리의 죄를 위해서 돌아가실 것(사 53:4-6), 십자가형과 옷이 제비 뽑힐 것(시 22:16-18) 등 그의 삶과 사역에 대한 수많은 일들을 예언하고 있다.

성경은 예수 그리스도께서 이 땅에 오시기 전에 그에 대해 1400년 전에, 1000년 전에, 700년 전에, 600년 전에, 500년 전에 미리 예언하고 있다. 이런 예언의 능력은 다른 어떤 경전이나 다른 어떤 책에서도 도저히 볼 수 없는 성경만의 유일한 현상이다. 어느 누가 미래에 대해서 이렇게 구체적으로 예언할 수 있겠는가? 이렇게 구체적으로 예언한 것이 성취된 것을 보면 과연 하나님은 인간 역사의 주인 되심을 확실히 알 수 있다. 무엇보다 성경이 하나님의 영감으로 기록되지 않았다면 이런 예언들이 어떻게 성취될 수 있었겠는가?

성경과 일반 책이 근본적으로 다른 점은 무엇인가?

일반 책은 저자의 의도에 의해서 기록된 것이다. 소설가는 소설을 쓸 아이디어가 생기면 그에 따라 쓴다. 수필가도 자신이 독자들에게 전하고 싶은 말을 쓴다. 역사를 쓰는 사람도 자신이 쓰고 싶은 역사관에 따라 역사를 기록한다.

그런데 성경은 인간 저자가 주체가 되어 글을 쓴 것이 아니라, 글을 쓰게 된 출발점이 하나님께 있다. 하나님께서 인간 저자들을 감동케 하시고 지도하셨기 때문에 성경을 기록하게 되었다. "모든 성경은 하나님의 감동으로 된 것"(딤후 3:16)이라고 분명하게 밝히고 있다. "하나님의 감동"이란 원문은 "떼오프뉴스토스"(θεόπνευστος)라는 말인데, 이의 문자적인 뜻은 '하나님의 숨결이 스며있는'(God-breathed; NIV) 혹은 '하나님의 영감을 받은' (inspired by God; NASB, RSV, NRSV)이라는 뜻이다. 이는 성경이 하나님의 영의 인도하심 가운데 기록되었다는 뜻이다.[13] 베드로후서 1장에도 비슷한 말씀이 나온다. 성경은 "성령의 감동하심을 받은 사람들이 하나님께 받아 말한 것"(벧후 1:21)이라고 밝힌다. 성경의 출처는 인간이 아니라 하나님 자신이심을 분명하게 밝힌다. 그래서 모든 성경은 하나님의 영감으로 기록된 말씀이다.

성경은 세상의 일반 책과는 본질적으로 다르다. 하나님의 영감으로 기록된 말씀이기 때문에 성경에는 삶을 변화시키는 놀라운 능력이 있다. 성경에는 인간을 죄로부터 구원하는 구원의 진리가 포함되어 있다. 성경은 하나님의 영감으로 기록되어 있기 때문에 세상 책이 알 수 없는 놀라운 영적인 세계에 대한 계시가 포함되어 있다. 성경은 인간의 머리로는 도저히 알수 없는 미래의 세계를 계시하고 있다. 성경은 인간의 머리로는 알 수 없는

태초의 사건들도 기록하고 있다. 성경은 역사의 주인공이 하나님이란 사실을 계시한다. 인간의 역사는 우연에 의해서 움직이는 것이 아니라, 하나님의 계획대로 움직인다는 사실을 계시한다.

하나님의 영감으로 기록된 증거들

성경은 하나님께서 직접 선지자에게 말씀을 주신 사실을 밝힌다. 예언서에 자주 나오는 표현은 "여호와께서 이르시되"라는 말이다(사 6:9; 렘 1:4, 9; 겔 3:16). 이는 하나님께서 직접 말씀을 주셨다는 의미이다. 하나님께서 예레미야 선지자에게 "내가 내 말을 네 입에 두었노라"(렘 1:9)라고 말씀하셨다. 선지자는 임의로 외친 것이 아니라 하나님께서 그에게 주신 말씀을 외쳤다. 에스겔이 예언을 한 것도 하나님께서 직접 그에게 말씀을 주셨기 때문이다. "갈대아 땅 그발 강가에서 여호와의 말씀이 부시의 아들 제사장 나 에스겔에게 특별히 임하고 여호와의 권능이 내 위에 있으니라"(겔 1:3). 에스겔이 바벨론에 포로로 잡혀가 포로들 중에 있을 때, 그들을 위해서 메시지를 전하도록 에스겔을 선택하시고 그에게 전할 말씀을 하나님께서 주셨다. 선지자는 결코 자신의 생각으로 말씀을 만들어 전하지 않았다.

참 선지자의 말씀은 모두 하나님 자신으로부터 온 말씀이었다. 베드로후서 1장은 이 사실을 밝힌다. "먼저 알 것은 성경의 모든 예언은 사사로이 풀 것이 아니니 예언은 언제든지 사람의 뜻으로 낸 것이 아니요 오직 성령의 감동하심을 받은 사람들이 하나님께 받아 말한 것임이라"(벧후 1:20-21). 성경을 기록한 사람들은 먼저 성령의 감동하심이 있는 사람들이었고, 이들은 성경을 기록할 때 하나님께로부터 말씀을 받아 기록했다고 분명히 밝힌다.

선지자가 받은 말씀이 하나님으로부터 온 말씀이란 사실을 어떻게 알 수 있을까? 이는 선지자가 예언한 말씀이 성취되느냐, 성취되지 않느냐가 관건이었다(신 18:22). 참 선지자의 말씀은 반드시 이루어졌다. 예레미야는 포로로 잡혀간 유대인들이 70년 만에 돌아오리라고 예언했다. 이 말씀은 그대로 이루어졌다.[14] 거짓 선지자 하나냐가 예레미야의 목에 있던 나무 멍에를 꺾어버리면서 하나님께서 2년 안에 모든 민족의 목에서 바벨론 느부갓네살 왕의 멍에를 꺾어버릴 것이라고 예언했지만 그의 예언은 이루어지지 않았다(렘 28:10-11). 그 이후에 하나님의 말씀이 예레미야에게 임했다. 예레미야는 백성들에게 거짓말을 믿게 한 하나냐가 금년에 죽으리라고 예언한다. 그는 곧 그 해 일곱째 달에 죽었다(렘 28:16-17).

이사야 선지자가 예언한 말씀들은 역사 속에서 이루어졌다. 이사야 9, 11장에 메시아가 다윗의 후손을 통해서 나리라는 예언이 그대로 이루어졌다. 이사야 7:14에 처녀를 통해 메시아가 태어나리라는 예언대로 예수님은 처녀 마리아를 통해서 태어나셨다. 이사야 53장에 메시아가 우리의 허물과 죄를 위해서 대신 죽으실 것을 예언한 대로 예수님은 우리의 죄와 허물을 위해서 죽으셨다.

이렇게 참 선지자의 예언은 역사 속에서 반드시 이루어졌다. 참 선지자의 말씀이 성경의 기록으로 남게 된 것은 그들의 예언이 성취되었기 때문이다. 말씀이 성취된 것은 곧 그 말씀이 하나님께로부터 왔기 때문이다.

성경의 저자는 누구인가?

성경이 영감으로 기록된 증거를 보면 성경의 제일 저자는 하나님 자신이심을 알 수 있다. 이는 이미 디모데후서 3:16과 베드로후서 1:21을 통해서 보았다. 하나님께서 성경의 저자이시기 때문에 성경 묵상의 목적은 그분께서 의도하신 뜻을 찾는 것이다. 구속사의 중요한 사건들이 하나님의 감동하심으로 기록하지 않았다면 결코 역사 속에서 성취되지 않았을 것이다.

▷ 창세기 3:15에 나오는 장차 여자의 후손이 뱀의 머리를 상하게 할 것이라는 의미는 무슨 뜻인가? 이는 단순히 뱀의 머리를 깨뜨린다는 뜻이 아니다. 이는 여자의 후손으로 나신 예수 그리스도께서 사탄의 머리를 깨뜨리시고 승리하실 것을 보이신 말씀이다. 하나님의 영감으로 기록되지 않았다면, 어떻게 이 말씀이 수천 년을 지난 후에 이루어지게 되었을까?

▷ 창세기 12:1-3에 나오는 아브라함 언약도 하나님께서 성경의 저자가 아니시면 이의 성취도 도저히 기대할 수 없다. 아브라함과 그의 후손이 복의 근원이 된다는 것은 단순히 이들을 통해서 다른 사람들이 복을 받는다는 그 이상의 의미를 갖고 있다. 이는 장차 아브라함의 후손 중에 예수 그리스도께서 태어나시고 그를 통하여 천하 만민이 복을 받게 될 것을 보이신 말씀이다.

▷ 창세기 22장에 나오는 모리아 산의 예표적 의미도 하나님의 의도하심이 아니면 도저히 그런 내용을 계시할 수 없다. 아브라함에게 삼 일 길을 가서 모리아 산에서 이삭을 번제로 드리라는 말씀은 하나님 아버지께서 아들 예수 그리스도를 십자가에 못 박는 중요한 예표적인 의미를 계시하고 있다. 아브라함이 독자 이삭을 3일 길을 걸어가서 번제로 드린 것은 어떤 영적인 의미가 있는가? 왜 3일 길인가? 3일 동안 아브라함의 마음속에 이삭은 죽은 것이나 마찬가지였다. 아브라함이 이삭을 바칠 수 있었던 용기는 무엇 때문인가? 하나님께서 아들을 죽여도 능히 살릴 수 있으리라는 부활 신앙 때문이었다. 모리아 산 사건은 하나님의 독자 예수님이 십자가에 못 박

힌 후 3일 만에 다시 부활하실 사건을 예표적으로 보인 것이다. 여기도 하나님의 의도하심이 들어가 있다.

성경의 중요한 예표적, 영적인 의미는 하나님께서 성경의 저자가 아니고는 도저히 의도할 수 없는 말씀이다. 구원 역사는 하나님께서 역사의 주인이시고, 하나님께서 성경의 주 저자이심을 드러낸다.

인간 저자의 역할은 무엇인가?

그렇다면 인간 저자는 단순히 로봇처럼 기록을 했는가? 그렇지 않다. 성령의 감동하심으로 성경을 기록했지만 하나님은 인간 저자의 모든 지식과 재능과 경험과 개성과 배경을 충분히 활용하여 계시하셨다.

성경 기자는 자신이 기록하기 전에 자료를 검토한 사실도 밝힌다(눅 1:1-4).[15] 성경 기자는 자신이 글을 쓰고 있는 대상의 문제점을 잘 알고 그 문제에 대해서 기록하고 있다(예, 고린도교회의 파당 문제, 은사 남용 문제, 우상의 제물을 먹는 문제 등).

성경의 저자는 자신이 경험한 사건을 배경으로 성경을 기록한 경우도 있다. 처음에는 기도로 기록했으나 성경의 일부분이 된 경우도 있다(예, 시 51편). 성경에 사용된 문체나 언어도 인간 저자의 교육적, 환경적 배경을 그대로 반영하고 있다(선지서, 역사서, 바울 서신 등). 그러나 인간 저자의 죄악된 모습은 성경에 표출되도록 허용하지는 않으셨다.[16]

성경은 오류가 없는 하나님의 말씀이다

성경은 하나님의 영감으로 기록된 말씀이기 때문에 오류가 없다. 이를 성경의 무오설이라고 한다. 여기서 말하는 성경의 무오는 원전상의 무오를 가리킨다.[17] 성경번역본의 번역이 다른 것은 사본의 전수과정 가운데 번역자에 따라 더 정확한 번역을 추구하면서 생긴 차이이다. 성경번역본은 원전이 아니라 사본일 뿐이다. 사본 상의 차이가 있다고 해서 성경의 무오설을 부정해서는 안 된다. 모세 스튜어트(Moses Stuart)와 갈벹(Garbett)은 사본 상의 차이를 염두에 두고 이런 말을 했다.

> 수집된 약 80만 가량의 여러 가지 성경 역본들 중에서 약 79만 5천의 역본들이 영어 철자의 honour에서 u자를 넣은 것과 안 넣은 것 정도의 차이로 헬라어나 히브리어 성경에 충실하였다. … 그렇지만 기독교 교리가 고쳐진 것은 하나도 없으며 제거된 교훈도 한 군데도 없을 뿐 아니라 중요한 사실 등이 변경된 곳도 전혀 없다. 여러 역본들을 전체적으로 검토하여 볼 때 그러하다.[18]

이렇게 많은 사본들이 존재하는 이유는 성경 전수과정의 역사성을 증명한다. 오랜 전수과정 때문에 생긴 사본 상의 차이이기에 기독교 교리 자체를 의심할 필요는 없다.

B. 어떤 마음으로 묵상해야 할까?

❧

성경이 하나님의 영감으로 기록되었다는 사실은 성경 묵상을 어떤 마음으로 해야 할 것이지 방향을 제시해 준다. 성경을 기록하도록 영감을 주신 하나님의 역사는 지금도 성경을 묵상하는 사람들에게 역사하신다. 보혜사 성령님은 거듭난 성도들의 마음속에 거하시며 가르치시고 진리의 길로 인도하신다(요 14:26; 16:13). 하나님의 일을 누가 가장 잘 알겠는가? 하나님의 영이신 보혜사 성령이시다(고전 2:11). 그래서 성경을 묵상하는 사람은 성령님의 도우심을 구하여야 한다.

성경을 읽기 전에 기도하고, 성경을 읽으면서 깨우치심을 위해 기도하고, 성경을 읽은 후에 말씀을 삶에 잘 실천하도록 기도해야 한다. 시편 기자는 성경을 묵상하면서 여러 가지 기도를 드린다. 그 중에 두드러진 것은 "나로 하여금 깨닫게 하소서"(시 119:27, 34, 125, 144, 169)라는 기도이다. 이는 우리가 말씀을 묵상할 때 꼭 드려야 할 기도이다. "내 눈을 열어서 주의 율법에서 놀라운 것을 보게 하소서"(시 119:18)라는 말씀도 역시 깨달음을 위한 기도이다. 보혜사 성령님은 하나님의 뜻을 가장 잘 아시는 분이다. 그러므로 우리는 보혜사 성령께서 우리의 마음의 눈을 열고 말씀에 대한 더 깊은 깨달음을 주시도록 지속적으로 기도해야 한다.

그렇다고 말씀을 연구하는 작업이 필요 없다는 말은 아니다. 말씀 연구도 꼭 필요하다. 그런데 말씀을 연구하는 중에도 성령께서 도와주시도록 기도하는 마음으로 연구해야 할 것이다. 특히 말씀을 연구할 때, 우리에게 꼭 필요한 은사는 분별의 은사이다. 하나님의 말씀을 올바로 분별할 수 있는 지혜를 구해야 한다(딤후 2:15). 오늘날 너무나 많은 세속주의, 인본주의, 자유주의 사상이 범람하고 있기 때문에 이를 분별할 수 있는 지혜가 꼭 필요하다. 말씀을 묵상하는 사람이 늘 잊지 말아야 할 사실은 "영적인 일은 영적인 것으로 분별"(고전 2:13-14)한다는 말씀이다. 성경의 깊은 영적인 의미는 성령께서 깨닫게 하실 때 우리는 깨닫게 된다. 그래서 우리에게 중요한 자세는 성령님께 말씀의 의미를 깨닫게 해달라고 끈질기게 기도하는 마음가짐이다.

그 다음 깨달은 말씀을 실천하는 것이 중요하다. 말씀 묵상의 목적은 순종하기 위해서이다. 묵상 자체가 목적이 아니다. 묵상만 즐기고 순종하지 않는다면 스스로를 속이는 자가 된다(약 1:22). 성경 묵상을 통해서 하나님의 뜻을 깨달았으면 그 만큼 더 순종의 허리가 굽혀져야 마땅하다.

C. 성경해석 없는 묵상이 가능할까?

오늘날 큐티 교재들의 큐티 방법은 '오늘 내게 주시는 교훈은 무엇인가?'라는 목표를 갖고 출발한다. 어떤 교재는 "말씀을 연구하려 하지 말고 말씀이 임하게 하라."라고 강조한다.[19] 이런 큐티 방법의 문제점은 성경해석의 과정을 무시하고 바로 하나님의 말씀을 적용하는데 있다. 성경을 해석 없이 바로 적용할 수 있을까?

물론 어떤 말씀들은 해석 없이도 바로 적용할 수 있는 것처럼 보인다. 십계명의 예를 들면, 제4계명 외에는 우리에게 바로 적용할 수 있다. 여호와 하나님 외에 다른 신들을 두지 말라. 너를 위하여 우상을 만들지 말라. 여호와의 이름을 망령되게 부르지 말라. 네 부모를 공경하라. 살인하지 말라. 간음하지 말라. 도둑질하지 말라. 이런 말씀은 어떤 의미에서 우리에게 바로 적용할 수 있는 말씀들이다.

그런데 조금만 더 깊이 생각해보면 이런 표면적인 의미가 십계명의 총체적인 의미일까라는 의문이 생긴다. 예를 들면, 제6계명의 "살인하지 말라"(출 20:13)는 계명을 생각해보자. 이 말씀의 문자적인 의미만 생각하면 이 말씀이 내포하고 있는 성경전체 속의 의미를 충분히 다루지 못한다. 만약 이 계명을 큐티한다면, '내가 사람을 죽이지 않았으니 나는 괜찮다'라고 생각할 수 있을까? 이렇게 되면 우리에게 적용할 메시지가 별로 없다.

그런데 예수님은 제6계명의 의미를 훨씬 더 깊은 차원에서 설명하신다.

옛 사람에게 말한 바 살인하지 말라 누구든지 살인하면 심판을 받게 되리라 하였다는 것을 너희가 들었으나 나는 너희에게 이르노니 형제에게 노하는 자마다 심판을 받게 되고 형제를 대하여 라가라 하는 자는 공회에 잡혀가게 되고 미련한 놈이라 하는 자는 지옥 불에 들어가게 되리라. (마 5:21-22)

제6계명의 의미는 단순히 사람을 죽이는 죄만이 아니라 형제에게 화를 내거나 욕을 하거나 미련한 놈이라고 칭하는 행위 자체도 살인의 넓은 범주 속에 포함시키고 있다.

요한1서는 더 구체적으로 가르친다. "그 형제를 미워하는 자마다 살인하는 자니"(요일 3:15). 이런 신약성경의 가르침을 종합해보면 '살인하지 말라'는 계명은 화내는 것, 욕하는 것, 형제를 미련한 놈이라고 하는 것, 미워하는 것 등 모두 살인죄에 포함된다. 이런 해석의 과정을 거쳐야 제6계명의 완성된 의미를 알게 되고, 우리에게 풍성하게 적용할 수 있게 된다. 오늘날 얼마나 많은 사람들이 미움의 문제로 씨름하고 있는가?

제7계명은 어떤가? "간음하지 말라"(출 20:14)는 계명은 단순히 행위로의 간음만을 의미하는가? 예수님의 가르침을 보면 훨씬 더 깊은 의미가 있다. "또 간음하지 말라 하였다는 것을 너희가 들었으나 나는 너희에게 이르노니 음욕을 품고 여자를 보는 자마다 마음에 이미 간음하였느니라"(마 5:27-28). 예수님은 마음속의 음욕까지 간음죄로 여기고 있다. 성경해석의 과정을 통해서 이런 깊은 의미를 찾아낼 수 있다. 예수님의 말씀을 생각하면 이는 우리의 마음속까지 깨끗하게 하라는 의미이다.

제4계명은 어떻게 묵상해야 할까? "안식일을 기억하여 거룩하게 지키라"(출 20:8). 오늘날 그리스도인들은 안식일을 지키지 않고 주일을 지킨다. 오늘날 그리스도인들이 제4계명을 잘못 지키고 있는 것인가? 안식교 교인들은 아마 그렇게 생각할지 모른다. 그런데 개신교 교인 대부분은 주일을 지킨다. 그렇다면 이런 말씀은 어떻게 해석해야 하겠는가? 안식일의 의미를 충분히 파악하기 위해서는 신약성경이 안식일에 대해서 가르치는 말씀을 전체적으로 연구해 보아야 그 의미를 바로 파악할 수 있다. 기독교인들은 안식일이 아니라 예수님의 부활을 기념하여 안식일 다음 날 모이면서 주일을 지키기 시작했다. 안식일 다음 날을 '주의 날'이라고 칭하며 함께 모인 데서부터 기독교의 주일성수의 기원이 있다. 그러면 구약의 안식일은 어떻게 되는가? 이는 의식법에 속한 것이므로 날짜를 지키는 자체는 폐지된 것으로 보아야 한다. "그러므로 먹고 마시는 것과 절기나 초하루나 안식일을 이유로 누구든지 너희를 비판하지 못하게 하라"(골 2:16).

그렇다면 안식일의 정신은 완전히 폐지된 것인가? 결코 그렇지 않다. 구약시대의 안식일에 쉼을 가졌고 성회로 모였던 전통은 기독교에서 그대로 이어받고 있다. 그래서 주일날 쉬면서 예배하는 날로 지키고 있다. 그러면 안식일의 충분한 의미를 다 파악한 것인가? 그렇지 않다. 예수님은 자신이 안식일의 주인이라고 가르치셨다(마 12:8). 그리고 안식일의 참된 정신이 자신 안에서 완성됨을 가르치셨다(마 11:28-30). 참된 쉼은 예수님께로 올 때, 얻게 됨을 가르쳤다. 이는 곧 예수 그리스도를 믿음으로 말미암아 구원을 얻게 될 때, 온전한 영적인 쉼을 얻게 됨을 의미한다. 그래서 안식일을 지키는 참된 정신은 복음 안에서의 쉼을 의미한다. 이런 깊은 묵상의 과정이 없이는 제4계명의 의미를 우리에게 적절하게 적용할 수 없다.

우리가 성경을 묵상할 때, 항상 조심해야 할 것은 성경해석의 과정을 무시하고 "오늘 내게 주시는 말씀이 무엇인가?"라고 바로 적용하는 성급함이다. 이렇게 성급하게 말씀을 적용하게 되면 말씀 묵상의 단맛을 전혀 느낄수 없다. "주의 말씀의 맛이 내게 어찌 그리 단지요 내 입에 꿀보다 더 다니이다"(시 119:103). 이런 고백은 깊은 묵상의 과정을 통해서 나올 수 있는 고백이다. 성경해석이 없는 말씀 묵상은 율법주의나 문자주의의 오류에 빠질위험이 있다. 그래서 성경을 묵상할 때, 반드시 성경해석의 과정을 통과해야 한다.

D. 묵상할 본문의 범위를 어떻게 정할까?

누군가의 말을 전달할 때 중간에 그의 말을 잘라내고 전달하면, 그 말의 뜻을 제대로 전달하지 못할 것이다. 혹은 말하는 사람의 전체적인 전달 내용 중에서 일부만 전달한다면 역시 말한 사람의 뜻을 오해할 수 있다.

성경 본문을 묵상할 때도 이와 같다. 성경 저자가 말하고자하는 내용을 중간에 잘라버리고 전달한다든지, 저자가 말한 내용 중에 일부만 뽑아내어 전달한다면 저자의 뜻을 오해할 수 있다.

그래서 성경을 묵상할 때는 성경의 저자가 말하는 내용의 시작과 끝을 잘 파악하여 본문의 범위를 정해 묵상해야 저자의 의도를 올바로 깨닫게 될 것이다. 본문의 범위를 정하는 일은 성경을 묵상할 때, 자세히 읽기(관찰) 단계보다 먼저 해야 할 과제이다. 그래야 묵상을 시작할 수 있기 때문이다.

본문의 범위를 정할 때, 가장 중요한 기준은 본문이 분명히 구분된 '사상'의 단위를 형성하고 있는지 여부이다. 예를 들면, 요한복음 3장에서 본문을 정한다면 1-15절까지가 하나의 사상의 단위인가, 아니면 1-16절까지가 하나의 사상의 단위인가를 신중하게 고려해야 한다. 대부분의 한글성경들은 1-15절을 하나의 사상의 단위로 보고 16절 앞에 단락을 구분 짓는 O표시를 하고 있다.

그러나 필자의 생각에는 1-16절까지를 하나의 사상의 단위로 보아야 한다고 생각한다. 왜냐하면 16절의 내용을 보면 15절과 '믿음으로 얻는 영생' 이라는 사상으로 묶여있기 때문이다. 요한복음 3장 1-16절까지의 전체적인 주제는 거듭남이 예수님을 믿음으로 말미암는다는 사실을 소개한다. 반면에 17-21절까지 내용은 믿음도 연관이 있지만 '심판'이라는 새로운 주제로 묶여있다. 그래서 1-16절까지를 한 단위로 보는 것이 적절하다.

본문의 범위를 정할 때에는 성경에서 표시해놓은 단락 표시나 장절의 구분을 무시하고 오로지 사상의 단위를 기준으로 범위를 정해야 한다. 특히 내러티브를 본문으로 선정할 때는 내러티브 중간에 자르지 않도록 조심해야 한다. 시편을 묵상한다면 각 시편을 구성하고 있는 연들의 중간에 잘라서는 안 된다.

| 실습 문제 |

1. 요한복음 14장은 어떻게 단락을 나누는 것이 좋을까?
2. 잠언 10장은 어떻게 단락을 나누는 것이 좋을까?

E. 다른 번역본과 비교해보라

왜 번역본을 비교할 필요가 있는가? 성경책은 하늘에서 뚝 떨어진 책이 아니다. 하나님께서 모세에게 3400년 전에 계시하신 말씀이 그대로 우리에게 전수된 것이 아니다. 시대에 따라 그에 맞는 수많은 번역의 과정을 통해서 우리에게 전수되었다. 구약성경은 원래 대부분 히브리어로 기록되었다. 지금 히브리어 성경에 사용된 글자체는 바벨론 시대의 아람어 글자체를 도입한 것이다. 그 이전의 히브리어 글자체는 매우 다른 모양이다. 필경사들이 성경을 손으로 써서 전수했기 때문에 글자를 기록하면서 오자 탈자가 날 수도 있다. 그래서 성경의 원본에 가까운 사본을 재구성하기 위해서 성경 학자들은 끊임없이 노력해왔던 것이다. 오늘날 다양한 성경 번역본들이 존재하는 이유는 좀 더 권위 있는 사본을 발견하고 재구성하려는 노력에서 나온 것이다.

1946년 베두인 목동에 의해 처음 발견된 사해사본은 주전 2세기에서 주후 1세기에 기록된 것으로 그때까지 알려진 성경 사본보다 거의 1,000여년 더 오래된 사본들이다. 사해사본의 발굴을 통해 성경이 얼마나 정확하게 보존되었는지도 확인하게 되었지만, 천 년이나 앞선 사본의 발견으로 말미암아 성경의 번역에도 상당한 영향을 주었다. 그래서 더욱 권위 있는 사본을 추적할 수 있게 되었다.

우리가 보는 개역한글성경, 개역개정한글성경, 공동번역, 새번역, 바른성경 등은 이런 사본 상의 차이점 때문에 생긴 것이다. 한글성경을 번역할 때는 사본 상의 차이점도 존재하지만 많은 경우에 히브리어나 헬라어 원문 해석의 차이 때문에 새로운 번역본을 내어놓기도 한다.

번역본을 비교할 때는 먼저 한글성경들을 비교해보라. 개역한글, 개역개정, 새번역, 공동번역, 바른성경, 우리말성경 등을 비교해보면 좋다. 개역한글성경 보다는 개역개정한글성경이 대체로 더 정확하게 번역되었다. 한글성경 중에는 새번역이 대체로 원문의 뜻에 충실한 번역본이라고 본다. 그런데 새번역도 나름대로 번역 상 문제점이 없는 것은 아니다. 그렇기 때문에 다양한 번역본을 비교해볼 필요가 있다.

영어 해독 능력이 있으면 영어성경도 참고하면 좋다. 필자가 추천하는 번역본 순서는 다음과 같다. ESV, NIV, NASB, NRSV, RSV 등의 순서이다. 마지막 두 번역본은 진보적인 학자들이 주로 번역한 성경이다.

번역본 대조에 있어서 최상의 방법은 히브리어와 헬라어를 공부하여 원문과 비교해보는 것이다. 그런데 원문을 대조할 정도의 실력을 쌓으려면 히브리어와 헬라어를 상당한 시간동안 전문적으로 연구하지 않으면 쉽지 않다.

| 실습 문제 |

1. 로마서 3:25를 개역개정한글성경, 공동번역, 새번역과 비교해보고, 어느 번역이 가장 적절한지 선택해보라.

2. 사사기 1:19를 개역개정한글성경, 공동번역, 새번역과 비교해보고, 어느 번역이 가장 적절한지 선택해보라.

3. 디모데전서 5:22를 개역개정한글성경, 공동번역, 새번역, 영어성경과 비교해보고, 어느 번역이 가장 적절한지 선택해보라.

F. 성경 묵상의 3단계 요약

성경 묵상은 통상 3단계에 따라 이루어진다. 우리가 의식하건 의식하지 않건 성경을 우리의 삶에 적용하는데, 이 세 단계를 거친다.

단계	본서 용어	중요한 질문
관찰	자세히 읽기	본문이 무엇을 말씀하고 있는가?
해석	의미 파악하기	본문은 무슨 뜻인가?
적용	삶에 실천하기	본문의 메시지를 어떻게 실천할 것인가?

자세히 읽기 (관찰)

첫 단계는 '말씀을 자세히 읽는 단계'이다. 성경해석학에서는 이를 '관찰'(observation)이라고 칭한다. 어떤 사람들은 '관찰'이라는 용어가 어떤 사물을 관찰하듯 한 인상을 주기 때문에 이 용어를 사용하길 꺼린다. 하나님의 말씀을 어떻게 감히 관찰할 수 있는가? 이런 생각 때문에 하나님과의 만남 혹은 교제라는 용어를 쓰기도 한다. 그런데 성경을 통해 하나님과 만나거나 교제하는 것도 결국 성경을 읽음을 통해서이다. 하나님의 뜻을 우리의 삶에 적용하기 전에 자세히 읽기 과정을 생략할 수 없다. 이를 생략한 하나님과의 만남과 교제는 각종 신비주의나 불건전한 신앙에 빠지기 쉽다.

성경을 자세히 읽기 단계에는 여러 가지 관찰의 기술들이 사용된다. 저자의 의도를 파악하며 읽기, 육하원칙에 따라 질문을 하면서 읽기, 문맥에 유의하며 읽기, 핵심 단어와 개념을 파악하며 읽기, 문학 양식의 특징을 알고 읽기, 구조를 파악하며 읽기, 핵심 메시지를 파악하며 읽기, 등장인물의 관점을 바꾸어가며 읽기, 망원경 시각으로 읽기, 적용을 염두에 두고 읽기 등 다양한 방법이 사용된다.

의미 파악하기 (해석)

두 번째 단계는 본문의 의미를 파악하는 단계이다. 이 단계는 자세히 읽기를 통해서 생긴 질문들을 해결하는 단계이다. 자세히 읽기 단계에서는 본문을 향해 다양한 질문을 던지는 것이 중요하다. 왜냐하면 질문한 것만큼 답을 얻을 수 있기 때문이다. 의미를 파악하는 단계는 질문을 하나하나 검토하면서 다양한 방법이나 연구 자료를 사용하여 답을 찾는 단계이다. 본문이 무엇을 의미하는지 알아야 우리의 삶에 그 메시지를 적용할 수 있다. 본문의 의미를 알지 못하고는 결코 적용할 수 없다. 의미 설명이 불충분하면 청중들은 '뜻도 모르는데 어떻게 하란 말인가?'라고 의문을 품게 될 것이다.

이 단계에서 전통적으로 주로 네 가지 관점에서 본문의 의미를 파악한다. 1) 본문의 역사적 배경은 어떻게 되는가? 이를 위해 저자, 독자, 역사·문화적 배경, 지리적 배경 등을 연구한다. 2) 본문의 문법적인 의미는 무엇인가? 이를 위해 단어 연구, 모호한 표현 연구, 비유적 표현 연구, 문맥 연구 등을 한다. 3) 본문의 문예적 특성은 무엇인가? 이를 위해서 본문의 문학 형식(장르)을 연구하고, 내러티브와 운문체와 같은 거시적 문체도 연구한다. 4) 본문의 신학적 메시지는 무엇인가? 이를 위해 구약과 신약의 다양한 관계를 연구한다. 모형론적 해석, 예언과 성취, 구속사, 하나님 섭리의 유사성에 기초한 연결, 주제의 연결 등 다양한 연구를 행한다.

삶에 실천하기 (적용)

마지막 단계는 본문의 메시지를 실천하는 단계이다. 실천에 앞서서 앞의 해석 단계에서 찾은 본문의 핵심 메시지를 현대 청중들에게 적용할 수 있는 '적실한 진리와 원리'를 찾아야 한다. 필자가 사용하는 '적실한 진리와 원리'란 말은 구약과 신약의 계시된 말씀을 오늘날 청중들에게 적용 가능한 '진리와 원리'를 의미한다. 구약시대에서 신약시대로 넘어오면서 예수 그리스도의 십자가 사건은 구약성경 이해에 큰 변화를 일으켰다. 구약의 의식법과 사회법은 신약시대에 그대로 적용할 수 없다. 성경 시대와는 다른 오늘날을 위해서 적용할 수 있는 원리를 뽑아내는 작업은 올바른 실천을 위해서 대단히 중요한 과정이다.

적용은 주로 두 가지 차원에서 이루어진다. 개인적인 차원과 공동체적인 차원에서 적용할 수 있다. 개인적인 차원에서 먼저 말씀을 나 자신에게 적용해야 한다. 그러기 위해서 우리는 자기 자신부터 잘 알아야 한다. 나의 장점은 무엇이고, 나의 약점은 무엇인가? 자신의 삶을 아는 것만큼 말씀을 자신의 삶에 효과적으로 적용할 수 있다. 교회나 사회나 국가나 조직의 구성원들에게 말씀을 잘 적용하기 위해서는 문화를 연구할 필요가 있다. 설교자는 성경을 아는 것만큼 우리 사회와 문화도 알아야 청중들에게 효과적으로 적용할 수 있다.

효과적인 실천을 위해 육하원칙에 따라 적용하면 좋다. 언제, 어디서, 누가, 무엇을, 어떻게, 왜라는 질문은 관찰 단계에도 도움을 주지만 구체적인 적용을 위해서도 충실한 하인들이 될 수 있다. 적용을 구체적으로 계획한 이후 삶의 현장에서 곧 실천해야 한다. 결국은 실천을 통해 우리의 삶이 변화되기 때문이다.

| 실습 문제 |

1. 요한복음 3장 1-16절을 읽고 다음 3가지 질문에 답해보라.

   1) 본문은 무엇에 대하여 말하고 있는가? (핵심적인 주제).

   2) 그것이 무슨 뜻인가?

   3) 발견한 진리를 나의 삶에 적용해보라.

2

자세히 읽기
(관찰편)

"내 눈을 열어서 주의 율법에서
놀라운 것을 보게 하소서"
(시 119:18)

중고등학생 시절 명탐정 셜록 홈즈(Sherlock Homnes)의 영화를 보면서 홈즈 형사의 기가 막힌 수사능력에 감탄하곤 했다. 홈즈 형사가 범인을 체포하면서 남긴 명언 중에 하나는 "그저 보는 것과 관찰하는 것과의 사이에는 큰 차이가 있습니다."라는 말이다.[20] 범인이 기발한 아이디어를 내어 촬영한 동영상으로 알리바이를 꾸며대지만 홈즈 형사는 면밀한 관찰을 통해 범인의 머리카락의 길이가 다르다는 사실을 발견하고 범인의 말이 거짓임을 밝혀낸다. 이런 수사능력은 면밀한 관찰이란 방법을 통해서 터득한 것이다.

우리가 성경을 묵상할 때도 말씀 한마디 한마디에 대한 면밀한 관찰력을 필요로 한다. 세밀한 관찰을 통해 평소에 잘 보이지 않던 부분까지 볼 수 있는 안목을 갖게 된다. 필자는 관찰이라는 말 대신 '자세히 읽기'란 말을 주로 사용하겠다.

과거 연애시절을 생각해보라. 사랑하는 사람이 전하는 말을 대충 듣지 않았을 것이다. 연애편지를 받았다면, 그 편지의 토시 하나라도 놓치지 않기 위해 세밀하게 읽었을 것이다. 성경은 하나님께서 우리에게 주신 연애편지이다. 우리가 하나님을 진정으로 사랑한다면 하나님께서 우리에게 무엇이라고 말씀하시는지 주의를 기울이며 읽게 될 것이다. 이제 성경을 자세하게 읽는 방법을 하나씩 소개하고자 한다.

제1원리
여러 번역본을 사용하여 반복해서 읽으라

단거리 육상선수들은 출발속도에 목숨을 건다. 세계에서 가장 빠른 사나이로 알려진 우사인 볼트도 출발 시간을 줄이기 위해 피나는 노력을 기울였다. 그는 출발 시간을 단축함으로써 세계신기록을 경신했다고 한다.[21] 영성 깊은 성경 묵상을 위해서도 출발점이 중요하다. 출발이 잘못되면 아무리 많은 시간과 노력을 투자한다 해도 좋은 결과가 나오지 않는다.

성경을 깊이 묵상하기 위해 가장 우선되어야 할 방법은 무엇일까? 본문의 뜻을 깨달을 때까지 본문 자체를 반복해서 읽는 것이다. 처음에는 어렵게 느껴지던 본문도 반복해서 읽어보면 서서히 그 뜻을 깨닫게 된다.

자세히
읽기

어떤 사람들은 성경을 읽다가 막히면 바로 주석을 찾아본다. 성경 자체의 의미를 깨닫기 전에 먼저 주석부터 찾아보는 것은 바른 성경 묵상법이 아니다. 주석들도 비교해 보면, 어떤 본문에 대한 설명은 주석가마다 해석이 다른 것을 발견하게 된다. 그렇다면 누구의 말을 믿어야 할까? 주석가의 의견을 묻기 전에 먼저 우리는 본문을 있는 그대로 깊이 묵상하면서 본문의 의미를 파악하는 훈련이 필요하다. 이 방법이 본문의 의미를 올바로 파악하는 정도(正道)이다.

독서백편의자현(讀書百遍義自見)이라

고사성어 중에 "독서백편의자현"이라는 말이 있다. 이는 글을 100번 반복해서 읽으면 뜻이 저절로 나타난다는 의미이다. 성경해석도 뜻을 파악하고 적용하는 과정이기 때문에 성경 본문을 정하면 뜻이 드러날 때까지 반복해서 읽는 것이 중요하다.

학생들에게 본문의 의미를 파악하는 과제를 내어줬을 때, 가장 어려워하는 부분이 핵심 메시지 파악이다. 핵심 메시지를 정확하게 파악하여 과제를 제출하는 학생들 비율이 다른 어떤 본문 분석 과제들보다 대체로 낮았다. 그 이유는 많은 경우에 본문을 충분히 읽고 소화하지 않았기 때문에 생기는 문제임을 알게 되었다. 그래서 본문을 올바로 묵상하기 위해선 될 수 있으면 수십 번, 아니 백 번이라도 반복해서 읽으면서, 본문의 핵심을 정확하게 파악하는 훈련이 필요하다. 얼마나 본문을 읽어야 할까? 눈을 감고 본문을 생각하면 핵심 메시지가 머리에 선명하게 떠오를 때까지 본문을 읽어야 한다.

여러 번역본을 사용하여 반복해서 읽으라

그런데 본문을 반복해서 읽을 때, 꼭 명심해야 할 것이 있다. 한 가지 번역본만 사용하지 말고 반드시 다양한 성경 번역본을 사용하여 읽어야 한다. 왜 다양한 번역본을 사용해서 읽어야 할까? 다양한 번역본을 비교해 보면 성경 간에 때로는 차이가 있는 것을 발견하게 된다.

성경은 정확 무오한 하나님의 말씀인데, 어떻게 해서 성경 번역본들 간에 차이가 있을까? 성경 무오설은 번역본의 무오를 말하는 것이 아니다. 이는 성경의 원래 저자가 기록한 원전 상의 무오를 말하는 것이다. 성경은 수천 년의 역사를 통해 전수되어 왔다. 인쇄술이 발명되기 전에는 필경사들이 손으로 써서 전수한 것이다. 그러니 필사 과정 중에 실수가 포함될 수 있다.

사본학을 연구하는 성경학자들은 어느 필사본이 보다 원문에 가까운 것인지 계속 연구해 오고 있다. 번역자에 따라 어느 필사본에 더 권위를 두느냐가 다르기 때문에 번역본들 간에 작은 차이가 존재하는 것이다. 그러니 성경 무오설 때문에 성경 번역본들 비교 자체에 대해 오해하지 않기 바란다.

우리가 갖고 있는 한글 성경들은 번역본 중에 하나임을 잊지 말아야 한다. 개역한글판 성경에서 개역개정판 성경으로 새로운 번역을 내놓은 것은 개역한글판이 가진 번역 상 오류들을 바로 잡기 위해서였다. 그러나 개역개정판은 개역한글판이 가진 오류들을 모두 고치지는 못했다.

사본학이 발전하면서 좀 더 성경 원전에 가까운 번역을 하기 위해서 그간 성경학자들은 힘써 왔다. 이들의 수고의 결실로 오늘날 다양한 성경 번역본이 존재하는 것이다. 그래서 성경을 묵상하는 사람이 다양한 번역본들을 비교하면서 읽게되면 원래 하나님께서 계시하신 원전의 의미에 더 가까이

갈 수 있도록 도움을 줄 것이다. 다양한 성경 번역본들을 비교해 보는 것은 어떤 의미에서 반복해서 읽는 것보다 더 중요하다. 잘못 번역된 부분을 반복해서 읽는다고 그 뜻이 그냥 드러나지 않기 때문이다.

| 실습 문제 |

1. 레위기 1장 9절을 여러 번역본을 비교하며 읽어보라. 어떤 차이점을 발견하였는가? 어느 번역이 가장 정확한 번역이라고 생각하는가?

2. 시편 55편 21절에 나오는 '우유 기름' 이란 말을 다른 번역본들은 어떻게 번역하고 있는지 비교해보라.

3. 아가서 2장 1–7절을 반복해서 읽고 그 의미를 파악해보라.

제2원리
저자의 의도를 이해하며 읽으라

　현대 성경해석학의 심각한 문제점은 저자가 사라졌다는 점이다. 대표적으로 앤터니 티슬턴의 『두 지평』은 저자가 사라진 시대의 대표적인 성경해석학 저술이다. 티슬턴이 말하는 두 지평이란 텍스트의 지평과 독자의 지평을 가리킨다. 성경에 대한 이해는 이 두 지평이 융합될 때 일어난다고 보는 것이 이 책의 골자이다. 저자는 해석의 지평에서 사라졌다.[22]

　현대 해석학에서 저자가 사라진 몇 가지 이유가 있다. 첫째, 역사비평학은 최종적 형태의 성경을 신뢰하지 않고 성경의 원래 자료나 원래 구전 형태의 양식이나 성경 편집자의 신학에서 저자의 의도를 찾으려고 하니 저자를 상실하게 되었다. 다행스럽게도 20세기 후반 성서학자들 스스로가 역사비평학의 한계를 인식하고 지금 대세는 성경을 있는 그대로 보자는 공시적 접근(synchronic approach)을 취한다. 둘째, 성경해석에 세속 문학이론이 들어오면서 저자를 상실하게 되었다. 대표적으로 신비평(New Criticism)은 저자를 배제하고 텍스트만 보려고 한다. 신비평은 텍스트 외의 저자의 심리나 외적인 증거를 텍스트에 갖고 오길 거부한다. 그렇지만 이 때문에 텍스트에서 저자의 의도를 읽을 수 없다고 주장하는 것은 잘못된 관점이다. 셋째, 해체주의(deconstruction)도 저자를 해석에서 몰아내버린 철학사상이다. 해체주의는 텍스트의 의미가 독자와 텍스트의 상호작용에서 발견된다고 보기 때문에 저자나 저자의 의도를 해석에서 배제시킨다.[23] 해체주의적 접근은 텍스트의 모순과 불합리성을 찾아내길 도모하기 때문에 텍스트의 유의미성 자체를 부정한다. 이는 성경해석에 결코 도움이 되지 않는 방법이다.

그러나 복음주의 학계에서는 저자의 중요성을 지속적으로 강조해오고 있다. 저자의 의도 발견을 일차적인 해석의 목표로 삼고 있는 대표적인 저술은 허쉬(E. D. Hirsch)의 『해석에 있어서 정당성』(Validity in Interpretation)이다.[24] 카이저(W. Kaiser)와 밴후저(K. J. Vanhoozer)는 허쉬의 이론을 받아들여 저자의 중요성을 강조하고 있는 대표적인 복음주의 학자들이다.[25]

저자의 중요성을 강조한다고 해서 텍스트나 독자의 역할을 무시해도 된다는 말이 아니다. 오늘날 성경해석학은 저자, 텍스트, 독자의 중요성을 모두 인정하는 추세이다.[26] 그런데 텍스트 중심이나 독자 중심을 강조하는 해석학 방법에는 나름대로 심각한 결함을 내포하고 있음을 먼저 알 필요가 있다.[27] 저자 중심으로 성경해석을 하되, 텍스트와 독자의 역할을 어떤 관점에서 고려해야 하는가가 균형 잡힌 성경해석에 대단히 중요하다. 성경이라는 하나님의 말씀을 다룰 때에는 인간 저자의 역할 뿐만 아니라 성경의 궁극적 계시자이신 하나님 저자의 역할이 가장 중요함을 잊어서는 안 된다.

롱맨(T. Longman III)은 의사소통 행위의 관점에서 저자의 역할을 강조한다. 의사소통 행위는 화자/저자가 메시지를 청자/독자에게 전하는 것이다. 이런 관점에서 "의미란 저자[화자]의 의도"에 달려있고 해석의 목표는 저자의 목적을 찾아내는 것이다.[28] 저자/화자를 뺀 의사소통은 존재하지 않기 때문이다. 그렇다면 인간 저자와 신적 저자의 관계는 어떤가? 하나님께

서 성경의 궁극적인 저자이시기 때문에 성경의 최종적 의미는 그분의 의도
에 달린 것이다.[29]

저자, 텍스트, 독자의 역학 관계

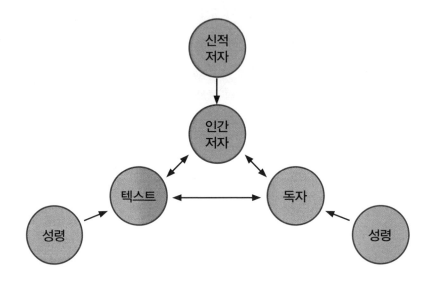

그런데 인간 저자가 하나님의 의도를 처음부터 모두 알았다고 생각하는
것은 잘못된 생각이다.[30] 인간 저자는 오직 당시의 시대적 상황 가운데 주어
진 메시지에 대해 부분적으로만 아는 경우가 많다. 예를 들면, 구약 성경에
계시된 유월절이나 제사제도의 궁극적인 의미는 당시에 이런 제도를 수여
받은 모세는 도저히 알 수 없었던 내용들이다. 계시가 점진적으로 발전하
여 신약시대에 예수 그리스도의 십자가 사건을 통해 이들 제도의 모형론적
의미를 깨닫게 된 것이다. 그래서 밴후저는 신적 저자의 의도를 파악하는
데 있어서 정경(canon) 전체의 중요성을 강조한다. 신적 저자와 연관된 성
경의 '충만한 의미'는 오직 전체 정경(구약과 신약을 모두 포함)의 수준에서만

나타나 보인다고 말한다.[31]

그런데 저자의 의도를 어떻게 알 수 있는가? 성경의 인간 저자는 오래 전에 모두 죽었다. 저자의 의도는 그가 보낸 메시지인 텍스트를 통해서만 알수 있다. 실상 저자의 의도는 텍스트를 통해서 재구성된 것이다. 그래서 텍스트를 면밀하게 읽을 필요가 있다.[32] 허쉬는 저자의 의도는 텍스트의 의도와 같다고까지 주장한다.[33] 저자의 의도를 올바로 파악하기 위해서 텍스트를 면밀히 읽을 필요가 있는데, 이를 위해 성경이 기록될 당시의 성경 기록에 영향을 준 의사소통의 관습과 언어와 문화를 잘 알 필요가 있다.[34] 하나님의 뜻을 알기 원하면 텍스트인 성경을 부지런히 읽고 연구해야 한다. 독자는 또한 성경이 어떤 의사소통의 관습 속에서 기록되었는지 면밀하게 연구할 필요가 있다. 본서에서 다양한 자세히 읽기 방법을 소개하고 있는 이유는 성경을 자세히 읽음을 통하여 저자의 의도를 정확히 파악하도록 돕기위해서이다.

여기서 많은 경우 성경해석학 책들이 빠뜨린 중요한 요소가 있다. 성경이 하나님의 영감으로 기록되었다는 사실이다(딤후 3:16). 성경의 저자에게 영감을 주신 것은 앞에서 보았다. 그런데 하나님의 계시가 기록된 성경 자체도 성령의 역사로 기록된 하나님의 말씀임을 전제하는 것은 성경을 이해하는데 있어 빠뜨릴 수 없는 요소이다. 이 사실을 인정하면 성경 텍스트 자체에 신적 저자의 의도가 내제되어 있음을 부정할 수 없다. 이런 관점에서 저자의 의도를 배제하고 텍스트 자체만 보자고 하는 그런 세속 문학이론은설 자리가 없다. 최종 텍스트인 성경 자체에 신적 저자의 개입을 인정할 수밖에 없다.

독자의 입장에서 생각할 때, 우리의 이해가 제한적이고 부분적이고 내가받은 영향 속에서 성경을 읽고 있음을 잊지 말아야 한다.[35] 독자의 이런 상황을 주관적이라고 생각할 필요는 없다. 우리 모두는 성경을 읽을 때, 자신의 선(先)이해(pre-understanding)를 갖고 간다. 개신교인의 성경 이해와 가톨릭 교인의 성경 이해가 다르고, 또 이들과 유대교인의 성경 이해가 다르다. 개신교인 중에도 장로교인과 순복음교인과 감리교인과 침례교인의 성경 이해가 세부적인 부분에 있어서 차이가 있을 수 있다.

예를 들면, 개신교인과 가톨릭교인의 신앙적 차이는 '행위'와 '구원'과의 관계의 문제가 대표적인 경우이다. 개신교인은 오직 믿음으로 구원 받는다고 말하지만 가톨릭교인은 선행도 구원받는데 필요하다고 주장한다. 개신교인은 선행은 구원받은 자에게 따라오는 것이라고 본다. 개신교인이 성경을 읽을 때 갖는 선이해는 가톨릭교인이 성경을 읽을 때 갖는 선이해와 상당한 차이가 있다. 우리 모두가 성경을 읽기 전에 갖고 있던 선이해를 떨쳐버릴 수 없다. 독자의 입장에서 내가 어떤 선이해를 갖고 성경을 읽고 있는지 의식할 필요가 있다. 그렇지만 여기에 머물러서는 안 된다. 성경을 보면서 나의 선이해가 정말 맞는지 점검할 필요가 있다. 그래서 더 나은 성경 이해로 나아가야 한다. 그래야 우리의 신앙이 개선될 수 있기 때문이다.

성경 자체의 증언에 의하면 성경을 읽는 독자는 홀로 성경을 해석하지 않는다. "보혜사 곧 아버지께서 내 이름으로 보내실 성령 그가 너희에게 모든 것을 가르치고"(요 14:26). 성령님의 중요한 역할 중에 하나는 성도를 가르치고 지도하시는 사역이다. 그래서 성경을 읽는 독자에게 하나님의 말씀이 깨달아지도록 도우시는 그분의 가르치심을 부정할 수 없다. 아니, 제대로 된 성경 이해를 위해서는 성령님의 도우심이 없이는 불가능함을 알 수 있다. 그래서 성경을 읽는 독자는 자신의 지혜만을 의지해서는 안 되고, 반드시 성령님의 도움을 받아야 한다. 이는 말씀을 연구하면서 그분의 도우심을 반드시 간구해야 함을 의미한다.

신적 저자이신 하나님은 인간 저자를 통해서 성경을 기록하여 메시지를 전달하셨고, 이는 성경을 읽는 독자를 변화시키기 위함이다. 성경 해석에 있어서 저자, 텍스트(성경), 독자가 모두 중요하다. 그런데 성경을 주신 궁극적 저자는 하나님이시기 때문에 하나님께서 성경을 통해 독자인 우리에게 무엇을 의도하셨는가를 깨닫는 것이 성경 해석의 목표가 되어야 한다.

성경해석은 세속 문헌연구와 확연히 달라야 한다. 왜냐하면 세속 문헌은 인간 저자의 의도로 기록된 것이지만 성경은 수여자가 하나님 자신이기 때문이다. 인간 저자는 단지 매개 역할을 할 뿐이다. 어느 성경 텍스트이건 간에 성경의 메시지 전달 주체는 하나님 자신이시다. 그리고 하나님의 영은 텍스트의 집필 과정 가운데도 영감을 주셨고, 성경의 독자가 성경을 묵상하는 과정 가운데도 영감을 주셔서 깨닫게 하신다. 그러므로 성경해석 과정에 가장 중요한 요소는 신적 저자이신 하나님 자신이시다.

성경의 의사소통 과정

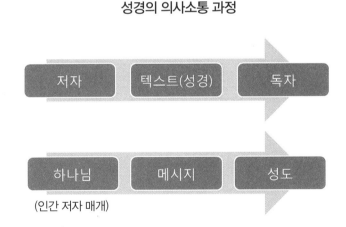

그러면 매개 역할을 하는 인간 저자는 단순한 받아쓰기 수준의 저자인가?

그렇지는 않다. 하나님께서 인간 저자의 모든 면을 활용하여 계시를 주셨다. 그의 언어, 지식, 능력, 은사, 재능, 사회 문화적 경험 등을 활용하셨다. 성경해석 과정에 인간 저자에 대해서 연구해야 하는 이유가 여기에 있다.

저자의 의도를 어떻게 찾을 수 있는가?

저자의 의도는 때로는 텍스트에 명시적으로 기록되어 있다. 예를 들면, 요한복음 20장 31절에는 요한 사도가 왜 성경을 기록하는지 그 목적을 밝힌다.

> 오직 이것을 기록함은 너희로 예수께서 하나님의 아들 그리스도이심을 믿게 하려 함이요 또 너희로 믿고 그 이름을 힘입어 생명을 얻게 하려 함이니라. (요 20:31)

성경 기록의 목적을 밝힌 이 말씀은 단지 요한복음 기록 목적만은 아닐 것이다. 이는 성경 전체를 통해 하나님께서 의도하신 뜻이다. 독자들이 예수 그리스도를 믿음으로 영생을 얻도록 하는 것이 성경 기록 목적이다. 성경을 읽는 독자는 이 목적을 항상 염두에 두고 읽어야 한다.

신명기에는 모세가 율법을 기록한 목적을 명시적으로 밝히고 있다.

> (9) 또 모세가 이 율법을 써서 여호와의 언약궤를 메는 레위 자손 제사장들과 이스라엘 모든 장로에게 주고
>
> (10) 모세가 그들에게 명령하여 이르기를 매 칠 년 끝 해 곧 면제년의 초

막절에

(11) 온 이스라엘이 네 하나님 여호와 앞 그가 택하신 곳에 모일 때에 이
율법을 낭독하여 온 이스라엘에게 듣게 할지니

(12) 곧 백성의 남녀와 어린이와 네 성읍 안에 거류하는 타국인을 모으고
그들에게 듣고 배우고 네 하나님 여호와를 경외하며 이 율법의 모든
말씀을 지켜 행하게 하고

(13) 또 너희가 요단을 건너가서 차지할 땅에 거주할 동안에 이 말씀을 알
지 못하는 그들의 자녀에게 듣고 네 하나님 여호와 경외하기를 배우
게 할지니라. (신 31:9-13)

모세가 율법을 기록하여 전달하고 매 칠 년 끝 해인 면제년의 초막절에
백성을 모아놓고 율법을 낭독하도록 지시하고 있다. 율법을 주신 목적은
당시 세대뿐만 아니라 후손들에게도 여호와 하나님을 경외하며 율법의 모
든 말씀을 지켜 행하도록 하기 위해서였다. 율법을 주신 이 목적이 모세 자
신의 생각인가? 이는 하나님의 영감으로 기록된 말씀이기 때문에 하나님
자신의 뜻이다. 하나님께서 인간 저자 모세를 사용하여 기록하게 하신 것
이다. 하나님께서 모세에게 기록하도록 지시하셨다(출 17:14; 24:4; 34:27).

성경을 묵상하는 독자는 하나님의 뜻을 발견하기 위하여 일차적으로 이
런 질문을 갖고 성경을 읽어야 하리라.

▶ 하나님께서 이 말씀을 통해 주시는 메시지는 무엇인가?

▶ 이 말씀에 나타난 하나님의 의도는 무엇인가?

▶ 이 말씀에 나타난 하나님의 뜻은 무엇인가?

계시의 주체이신 하나님의 뜻을 어디서 발견할 수 있을까? 성령님의 영

감 가운데 기록된 성경 본문의 '핵심 메시지' 속에서 신적 저자의 의도를 발견할 수 있다. 독자의 편에서 핵심 메시지를 발견하기 위해서 가르침의 영이신 성령님의 도움을 반드시 받아야 할 것이다. 핵심 메시지 파악에 대해서는 제8원리에서 구체적으로 다루고 있다.

| 실습 문제 |

1. 에베소서 4:11-12를 통해 하나님께서 목회자를 주신 목적은 무엇이라고 생각하는가?

2. 디모데후서 3:15-17에 의하면 성경을 주신 두 가지 중요한 목적은 무엇인가?

3. 열왕기와 역대기를 주신 목적은 무엇인가? 이들 성경의 기록 목적이 어떻게 다른가?

제3원리
성경의 의미를 파헤쳐주는
여섯 명의 충실한 하인들

～の⌇⌇⌇～

기사를 쓸 때 꼭 들어가야 할 기본 원칙 여섯 가지가 있다. 누가(who), 언제(when), 어디서(where), 무엇을(what), 어떻게(how), 왜(why)라는 육하원칙이다.[36] 이 여섯 명의 하인들은 약방의 감초처럼 요긴하게 사용된다. 기사뿐만 아니라 어떤 일을 계획한다면 육하원칙에 따라 작성하면 내용이 거의 누락되지 않는다. 영어로는 5W1H라고 한다.[37]

육하원칙은 글을 쓸 때뿐만 아니라, 글을 분석할 때도 매우 유용한 도구들이다. 성경 본문을 분석한다면 육하원칙에 따라 질문을 던지면서 읽게 되면 그 본문이 말하는 내용을 매우 효과적으로 파악할 수 있다. 본문을 많이 읽는 것도 중요하지만 본문을 분석할 때는 전략적인 질문을 던지면서 읽는 것이 대단히 중요하다.

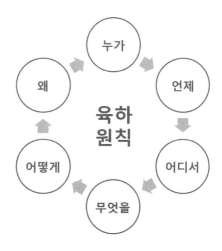

유대인들이 토라나 탈무드를 공

부활 때 사용하는 방법이 '하브루타'라는 방법인데, 이는 둘씩 짝을 지어 질문을 던지면서 토라나 탈무드를 연구하는 방법이다. 이는 성경의 의미를 파악하는데 매우 효과적인 도구이다. 요즘 교육학에서 하브루타 학습법의 중요성을 깨닫고 수업에 적극 활용하고 있다. 하브루타식 토론법은 심도 있는 학습을 위해 매우 유용한 도구이다. 하브루타 학습법의 중심에는 '질문법'이 핵심적인 위치를 차지하고 있다. 하브루타식 수업의 성공여부는 얼마나 효과적으로 질문을 던지느냐에 달려있다고 해도 과언이 아니다.

이제 요한복음 3장 1-16절의 내용을 육하원칙으로 질문을 던지면서 분석해보자.

누가

본문을 향해 '누가'라는 질문을 던져보면, 첫 절부터 여러 가지 질문이 떠오른다.

> 그런데 바리새인 중에 니고데모라 하는 사람이 있으니 유대인의 지도자라. (1절)

제일 먼저 '니고데모는 누구인가?'라는 질문이 생긴다. 그가 바리새인이라고 하는데, '바리새인은 어떤 사람인가?'라는 질문도 생긴다. 또 '유대인의 지도자라는 사람은 어떤 사람인가?'라는 질문도 생긴다.

이렇게 '누가'(who)라는 질문을 던져보면, 우리가 모르는 사람에 대한 정보를 얻을 수 있는 연결고리를 달아놓게 된다. 성경에 대한 정보는 우리가 질문을 던지는 것만큼 정보를 얻을 수 있다. 질문하지 않으면 결코 그 의미를 파악할 수 없다. 이렇게 질문을 던져봐야 그 다음 단계에 어떤 책을 찾아봐야 하는지 알게 된다. 이런 질문은 대부분 '성경 사전'을 찾아보면 답을 얻을 수 있다.

2절에 니고데모가 예수님을 가리켜 '랍비여'라고 칭하는데, '랍비는 누구인가?'라는 질문을 던질 수 있다. 10절에는 예수님이 니고데모를 가리켜 '이스라엘의 선생'이라고 칭하는데, '이스라엘의 선생은 어떤 사람인가?'라는 질문도 던질 수 있다. 11-12절에는 예수님께서 '우리'와 '너희'를 대비시키고 있다. 여기서 '우리는 누구이고, 너희는 누구인가?'라는 질문도 던질 수 있다.

13-14절에는 예수님께서 자신을 가리켜 '인자'라는 말을 사용하는데, '인자는 어떤 사람인가?'라는 질문도 던질 수 있다. 16절에는 '독생자'라는 말이 나오는데, 이 단어에 친숙하지 않은 사람은 '독생자는 누구인가?'라는 질문을 던짐으로써 그 의미를 파악할 수 있다. 성경에 친숙하지 않은 사람에 대한 정보가 나오면, 반드시 질문을 던져보라. 등장인물을 잘 알아야 본문의 의미를 올바로 파악할 수 있다.

언제

'언제'라는 질문은 때와 관계된 질문이다. 때와 관련된 말이 나오면, 꼭 언제라는 질문을 던져서 그 때를 확인해보라. 이는 사건의 상황을 이해하는 데 대단히 중요한 질문이다.

2절에 보면 니고데모가 '밤에' 예수님을 찾아왔다. '왜 니고데모가 밤에 예수님을 찾아왔을까?'라는 질문을 던져볼 수 있다. 요한복음에 '밤'이라는 시간이 주는 독특한 의미가 있다. 이를 파악하기 위해서는 '밤에'라는 말에 대해 질문을 던져봐야 알 수 있다.

카슨(D. A. Carson)은 여기에 사용된 '밤'이란 의미에 대해서 아마 사람들의 눈을 피해서 왔을 수도 있지만, 요한복음에서 '밤'은 주로 "도덕적 영적인 어둠"에 대한 은유로 사용된다고 본다.[38]

본문에 따라 시간과 관련해서 우리는 여러 가지 질문을 던질 수 있다. 저자는 언제 이 편지를 쓰게 되었는가? 수신자는 언제 이 편지를 읽게 되었는가? 여행을 하고 있다면, 얼마나 걸렸는가? 사건은 얼마나 오래 지속되었는가? 계절은 언제인가? 이런 여러 가지 질문을 던질 수 있다. 모든 사건은 특정한 때와 특정한 장소에서 발생하기 때문에 때와 장소를 잘 아는 것은 사건의 배경을 이해하는데 중요하다.

어디서

이는 장소와 관련된 질문이다. 생소한 장소가 나오면 반드시 그곳이 어떤 곳인지 질문을 던져보아야 정보를 얻을 수 있다. 저자는 어디서 글을 쓰고 있는가? 수신자는 지금 어디에 있는가? 거리는 얼마나 떨어져 있는가? 대부분 도보로 여행을 했던 옛 시절 어떤 장소가 갖는 의미는 오늘날 하루면 지구 어느 곳이든 비행기를 타고 갈 수 있는 시대와는 완전히 다른 의미를 지닌다.

생소한 장소의 이름이 나오면 '성경 지도'를 찾아보라. 그러면 본문을 이해하는데 도움이 된다. 바울이 선교여행하면서 지명을 말하고 있는데, 성경 지도를 펴놓고 그가 움직이는 동선을 파악하면서 읽는다면 사도행전에 나오는 그의 선교여정을 이해하는데 도움이 된다. 여호수아서와 사사기를 공부한다면 각 지파가 어떻게 배치되었는지 성경 지도를 찾아보면서 연구한다면 더 깊이 이해할 수 있다. 사사기 1장에 따르면 왜 유다 지파가 시므온 지파와 함께 행동하게 되었는지 성경 지도를 보면 그 이유를 알 수 있다(삿 1:3). 에스라서를 읽는다면 왜 유대인들이 바벨론에서 예루살렘까지 도착하는데 4개월씩 걸렸는지 그 이유를 알 수 있다(스 7:9). 생소한 지명들은 지도를 찾아보지 않고 읽으면 위치정보가 없기 때문에 본문이 매우 막연하게 들린다.

요한복음 3장 1-16절에도 장소와 관계된 여러 가지 표현들이 등장한다. 니고데모가 예수님께 찾아왔다고 하는데, 이곳은 어디일까? 2절에 따르면 니고데모는 예수님께서 어디서 왔다고 생각하는가? 3, 5절에 나오는 '하나님 나라'는 어떤 곳인가? 8절에 따르면 성령의 행방은 어떻게 묘사되어 있는가? 13절에 따르면 예수님은 어디서 온 자인가? 14절에 관해서 '모세가 광야에서 뱀을 든 사건은 어디서 있었던 일인가?'라는 질문을 던질 수 있다.

무엇을

'무엇'이라는 질문은 사건의 본질을 알아내는데 유용하다. 요한복음 3장 본문에 대해 질문을 한다면, 이는 '무엇에 대해서 이야기하고 있는가?'라는 질문을 던질 수 있다. 이는 니고데모의 질문과 예수님의 답변에서 오가고 있는 핵심적인 이슈가 무엇인가를 묻는 질문이다. 3, 5절은 하나님 나라에 들어가려면 어떻게 해야 하는지에 대한 것이다. 이는 본문의 핵심 메시지 파악과 밀접한 연관이 있다.

2-3절에 관해서 질문을 한다면, 니고데모는 예수님께 무엇에 대해 질문을 하는가? 이에 대해 예수님은 무엇이라고 대답하셨는가? 이런 질문은 관건의 핵심이 무엇인가를 파악하는데 요긴하다. 무엇이라는 질문을 던져봄으로써 예수님의 답변은 니고데모의 질문에 대해 동문서답처럼 보이는 답변을 하신 사실을 알게 된다. 예수님은 왜 이렇게 엉뚱한 답변을 하시고 계실까? 이는 예수님의 의도를 파악하고 본문의 핵심 메시지를 파악하는데 대단히 중요한 질문이다.

2절에 니고데모가 관심을 갖고 있는 '표적'은 무엇을 의미하는가? 5절에 '물과 성령으로 거듭난다'는 것은 무엇을 의미하는가? 특히 여기서 '물'은 어떤 의미로 사용되었는가? 12절에 하늘의 일은 무엇을 의미하는가? 14절에 인자도 들려야 한다는 말은 무슨 뜻인가? 16절에 '세상'은 무엇을 의미하는가? 우리가 살고 있는 세상을 말하는가, 아니면 세상 사람을 가리키는 말인가, 아니면 죄악된 실체로서의 세상을 의미하는가? '이처럼 사랑하사'라는 말은 무슨 뜻인가? '영생'은 무슨 뜻인가? '믿는다'는 말은 무엇을 의미하는가? 이런 질문들은 우리가 매우 당연시하는 말에 대해 더 깊은 이해에 도달할 수 있도록 도움을 주는 질문들이다.

어떻게

'어떻게'라는 질문은 우리에게 방법을 가르쳐주는 중요한 질문이다. 5절에 따르면 하나님 나라에 어떻게 들어가는가? 어떻게 물과 성령으로 거듭날 수 있는가? 16절에 따르면 하나님은 우리를 어떻게 사랑하셨는가?

'어떻게 하나님 나라에 들어가는가?'라는 질문은 본문의 핵심 메시지를 파악하여 우리에게 적용할 수 있는 가장 중요한 질문 중에 하나이다. 14-16절이 이에 대해서 답을 제공하고 있다. 예수님의 결론은 '예수님을 믿음으로' 하나님 나라에 들어간다는 사실을 분명하게 밝히고 있다. 이는 동시에 '물과 성령으로 거듭난다'는 의미를 밝혀준다. 물과 성령으로 거듭나는 일은 하늘에서 일어나는 신비한 현상이기에 우리의 이해를 초월하지만, 그 방법은 간단하다. 예수 그리스도를 믿음으로 말미암아 거듭난다는 사실을 밝히고 있다.

사람들은 요한복음 3장 1-16장을 읽지만 '물과 성령으로 거듭난다'는 말과 예수님이 결론적으로 말씀하시는 '(예수님을) 믿음을 통해 영생을 얻는다'는 진리와 연결시키지 못하는 경우가 많다.

니고데모가 질문하고 예수님께서 답변하시는 대화의 흐름의 핵심을 파악하기 위해서는 '어떻게'라는 질문을 통해 대화 속에 나타난 거듭남의 방법을 정확히 파악할 수 있다. '어떻게 하나님 나라에 들어가는가?' '어떻게 물과 성령으로 거듭나는가?' 이에 대해 예수님이 무엇이라고 답변하시는가? 결론 부분에 예수님은 그 답을 정확히 가르쳐 주신다.

왜

2절의 니고데모의 질문에 대해 3절에 '왜' 예수님은 이렇게 동문서답처럼 대답을 하셨을까? 왜 이 답변이 중요한가? 왜 니고데모는 예수님을 찾아왔는가? 니고데모가 예수님께 관심을 갖고 찾아온 의도와 예수님께서 니고데모와 대화를 이끌어 가시는 의도가 다르다.

니고데모의 질문은 예수님이 행하신 기적에 초점이 맞추어져 있다. 하나님께서 함께 하시지 않으면 아무나 이런 기적을 행할 수 없음을 알고 찾아와 질문한 것이다. 그런데 예수님의 답변은 '하나님 나라'에 초점이 맞추어져 있다. 예수님은 왜 이렇게 대답하셨을까? 예수님은 자신이 행하신 기적 자체보다 니고데모가 하나님 나라에 들어갈 수 있는 사람으로 거듭나는 것이 훨씬 중요하기 때문에 동문서답처럼 보이는 답변을 하신 것이다.

이후의 대화는 어떻게 하나님 나라에 들어갈 수 있는가에 초점이 맞추어진다. 엉뚱한 답처럼 보이는 예수님의 답변에는 비록 바리새인이지만 니고데모의 영혼을 구원하시기 위한 복음적인 배려가 깔려 있다. 아울러 누구나 하나님 나라에 들어가기 위해서 거듭남이 얼마나 중요하며, 어떻게 거듭나는지 그 방법까지 친절하게 가르쳐 주시고 있다.

14절에서는 '왜 예수님이 모세가 광야에서 뱀을 든 이야기를 하실까?'라는 질문을 던질 수 있다. 모세가 광야에서 뱀을 든 사건은 민수기 21장 5-9절에 기록되어 있다. 이스라엘 백성들이 원망과 불평을 하자 하나님께서 불뱀을 보내 범죄한 백성들을 징계하셨다. 이들이 고통 가운데 모세에게 부탁하기를 하나님께 기도하여 뱀들이 떠나도록 요청한다. 하나님은 모세에게 놋뱀의 형상을 만들어 장대 위에 매달도록 했다. 누구든지 장대 위에 매달린 놋뱀을 쳐다보는 자는 살리라고 말씀하셨다. 뱀에 물린 자들 중에 놋뱀을 쳐다본 사람들은 모두 살아났다.

장대 위에 매달린 놋뱀을 쳐다본 사람이 살아난 사건은 중요한 예표적인 의미를 담고 있다. 장대 위에 매달린 저주스러운 놋뱀의 형상이지만 하나님의 약속을 '믿고' 본 사람들은 살아났다는 점이다. 예수님은 이에 빗대어 자신도 놋뱀처럼 십자가에 매달릴 터인데, 그를 '믿음으로' 받아들이는 자는 영생을 얻을 것이라는 사실을 가르쳐 주셨다.

여기서 '왜'라는 질문을 통해 모세가 놋뱀을 든 사건과 십자가에 달린 예수님의 구속사역이 어떻게 예표적으로 연결이 되고, '(예수님을) 믿음을 통한 구원'이라는 하나님의 약속을 믿는 것이 하나님 나라에 들어가는데 얼마나 중요한가를 깨우쳐준다.

본문을 분석할 때, 육하원칙이란 충성스러운 하인들을 잘 활용하여 효과적인 질문을 던지게 되면, 본문의 의미를 파악하는데 큰 도움을 얻게 될 것이다. 좋은 질문이 있어야 좋은 답변을 얻을 수 있다. 좋은 질문은 의미 파악의 열쇠다.

| 실습 문제 |

1. 룻기 1장을 육하원칙에 따라 질문을 던지며 자세히 읽어보라.
2. 창세기 15장을 육하원칙에 따라 질문을 던지며 자세히 읽어보라.

제4원리
문맥에 유의하면서 읽으라

예수님은 죽음을 앞두고 제자들에게 놀라운 약속을 하신다. "내가 진실로 진실로 너희에게 이르노니 나를 믿는 자는 내가 하는 일을 그도 할 것이요 또한 그보다 큰 일도 하리니 이는 내가 아버지께로 감이라"(요 14:12). 이 세상에 주님처럼 위대한 일을 하신 분이 어디에 있는가? 아무도 주님의 사역을 능가하지 못할 것이다. 그런데 주님은 자신을 믿는 자는 주님께서 하셨던 그런 일도 할 것이고, 그것보다 더 큰 일도 할 것이라고 약속하신다.

그런데 주님의 이 약속은 어떤 맥락에서 나온 말인가? 예수님이 의도하신 뜻을 정확히 이해하기 위해서 본문 말씀이 나오는 문맥을 잘 살펴야 한다. 주님은 제자들이 이런 능력을 행할 수 있는 이유를 분명하게 밝힌다. 이 구절의 마지막에 나오는 "이는 내가 아버지께 감이라"(because I go to the Father)는 말이 그 비결을 가르쳐준다. 어찌 보면 의아한 생각이 들 수 있다. 예수님께서 제자들 곁에 계셔야 위대한 능력을 행할 수 있지, 주님께서 떠나 버리시는데 어떻게 이런 위대한 능력을 행할 수 있겠는가? 이 말의 깊은 의미를 깨닫기 위해서는 이 구절이 나오는 앞뒤의 문맥을 잘 살펴보아야 한다.

예수님께서 아버지께로 간다는 것은 어떤 의미를 갖는가? 요한복음 14-16장에서 예수님은 죽으시고 부활 승천하신 이후에 보혜사 성령님을 보내주실 것을 약속하신다. 주님께서 아버지께로 가신다는 것은 곧 보혜사 성령님의 오심을 의미한다. 요한복음 16:7이 이 점을 분명히 밝힌다. "그러나 내가 너희에게 실상을 말하노니 내가 떠나가는 것이 너희에게 유익이라 내가 떠나가지 아니하면 보혜사가 너희에게로 오시지 아니할 것이요 가면 내가 그를 너희에게로 보내리니." 예수님은 자신이 떠나는 것이 오히려 제자들에게 유익이라고 말씀하신다. 왜냐하면 자신이 가셔야 보혜사 성령님께서 제자들에게 오시기 때문이다. 보혜사 성령님께서 오심으로 말미암아 제자들이 성령의 권능으로 덧입고 주님처럼 위대한 사역의 능력을 발휘할 것을 예견하신 말씀이다. 정말 이 말씀대로 오순절에 제자들이 성령으로 충만함을 덧입은 후에 베드로가 말씀을 외치자 하루에 3,000명이 회개하는 역사가 일어났다. 그때까지 전혀 볼 수 없었던 위대한 회심의 역사가 일어났다. 요한복음 14:12의 의미를 명확하게 깨닫기 위해서는 이 구절이 어떤 문맥에서 나오는지 분명하게 확인할 필요가 있다. 그래서 문맥은 의미 결정에 있어서 가장 중요한 요소 중에 하나인 것이다.

말씀의 뜻을 올바로 파악하기 위해서는 먼저 문맥을 잘 살펴야 한다. 같은 말도 문맥에 따라 완전히 다른 뜻으로 사용되는 경우가 많기 때문이다. 문맥의 범위는 마치 양파껍질과도 같다. 글을 둘러싼 문맥이 겹겹이 싸여 있기 때문에 문맥의 범위를 넓혀가며 이해해야 글의 의미를 올바로 이해할 수 있다. 한 단어가 등장하면, 그 단어를 문맥 속에서 이해해야 한다. 한 절의 말씀을 묵상한다면, 그 말씀이 속한 본문 속에서 의미를 파악해야 한다. 한 본문의 의미는 그 본문이 속한 전후 문맥 속에서 의미를 파악해야 한다. 더 나아가 그 본문이 속한 책 전체 속에서 의미를 파악해야 한다.

더 나아가 같은 장르의 책 속에서 그 의미를 파악해야 한다. 예를 들면, 복음서의 본문을 다룬다면 복음서라는 문맥 속에서 갖는 의미를 분석할 필요가 있다. 더 나아가 구약과 신약이라는 더 넓은 문맥 속에서 본문을 분석할 필요가 있다. 최종적으로 성경 전체라는 정경적 맥락 속에서 본문을 분석해야 이의 구속사적인 의미를 제대로 파악할 수 있다.

성경은 우리에게 매우 친숙한 '구원'이라는 말을 얼마나 다양하게 사용하고 있는지 발견하면 놀랄 것이다. 마태복음에 나오는 몇 가지 실례를 보자.

> 아들을 낳으리니 이름을 예수라 하라 이는 그가 자기 백성을 그들의 죄에
> 서 <u>구원</u>할 자이심이라 하니라. (마 1:21)

그 제자들이 나아와 깨우며 이르되 주여 구원하소서 우리가 죽겠나이다.
(마 8:25)

이는 제 마음에 그 겉옷만 만져도 구원을 받겠다 함이라. (마 9:21)

바람을 보고 무서워 빠져 가는지라 소리 질러 이르되 주여 나를 구원하소
서 하니. (마 14:30)

이 네 성경 구절에 사용된 '구원'이라는 말이 각각 다른 의미로 사용되었
다. 마태복음 1장 21절의 구원은 영적 구원을 의미하고, 8장 25절의 구원은
제자들이 탄 배가 풍랑에 휩쓸려 빠져 죽을 위기에서 그들이 주님께 살려
달라는 말이다. 9장 21절의 구원은 병 고침을 의미하고, 14장 30절의 구원
은 베드로가 바다에 빠져 들어가면서 주님께 건져달라는 의미로 사용하고
있다. 혹시 헬라어 원문이 다른 말을 사용하고 있는 것이 아닌지 의심할 수
도 있다. 그런데 이들 구절에 '구원'이란 의미로 사용된 헬라어는 모두 '소조'
(σῴζω)라는 동일한 동사이다.

단어나 구절이나 문장의 뜻은 반드시 문맥을 통해서 파악해야 한다. 문
맥을 떠난 성경해석은 이단으로 가는 지름길이다. 신천지 이단이 얼마나
자주 문맥을 떠난 해석으로 사람들을 미혹하고 있는가? 이들은 '비둘기'(정
결한 짐승)하면 성령으로, '까마귀'(부정한 짐승)하면 사탄을 의미한다고 주장
한다. 선지자 엘리야에게 아침저녁으로 떡과 고기를 먹인 것은 까마귀인데
(왕상 17장), 이는 사탄이 먹인 것인가? 성경에 하나님은 자주 까마귀에게 먹
이를 주시는 분으로 묘사되어 있다(욥 38:41; 시 147:9; 눅 12:24). 이는 하나님
께서 사탄에게 먹이를 주시는 분으로 이해할 수 있는가?

한 구절의 말씀도 그 말씀이 속한 문맥 속에서 이해해야 올바로 이해할 수 있다. 우리가 잘 아는 빌립보서 4장 13절 말씀을 때로는 마치 요술방망이처럼 무엇이든지 믿음만 가지면 모든 것을 할 수 있다는 식으로 사용하는 경우가 많다.

"내게 능력 주시는 자 안에서 내가 모든 것을 할 수 있느니라."

사도 바울이 이 말씀을 사용한 문맥을 자세히 살펴보면 결코 그런 뜻으로 사용하고 있지 않다. 이 말씀 바로 앞에 나오는 구절을 보면 이 말씀의 의미를 분명히 알 수 있다. "나는 비천에 처할 줄도 알고 풍부에 처할 줄도 알아 모든 일 곧 배부름과 배고픔과 풍부와 궁핍에도 처할 줄 아는 일체의 비결을 배웠노라"(12절). 바울이 모든 것을 할 수 있다고 큰소리치는 이유는 믿음 만능주의 때문이 아니라, 주께서 능력 주심 가운데 풍부할 때나 궁핍할 때나, 먹을 것이 풍족할 때나 먹을 것이 부족할 때나, 부유할 때나 가난할 때나 자신이 처한 상황을 능히 극복할 줄을 알게 되었다는 뜻이다.

성경 묵상의 기본 중에 기본은 말씀이 나오는 문맥을 올바로 파악하는 것이다. 그래야 바른 이해에 도달할 수 있다.

| 실습 문제 |

1. 고린도전서 13장을 전후 문맥에서 이해하면 사랑은 어떤 의미를 갖는가?

제5원리
핵심 단어와 개념, 모호한 표현을 찾아내라

꧁❦꧂

  본문을 잘 이해하기 위해서는 본문에 등장하는 핵심 단어와 개념을 잘 이해할 필요가 있다. 어떻게 하면 핵심 단어와 개념을 잘 찾아낼 수 있을까? 헨드릭스는 이를 위해 몇 가지 좋은 방법을 소개하고 있다.

강조되고 있는 것에 주목하라[39]

  강조되고 있는 것은 할애된 지면이나 분명한 목적을 명시하거나 기록된 순서 등을 보면 어느 정도 알 수 있다. 창세기를 보면 1-11장은 원역사에 대해서, 12-50장은 네 명의 족장들에게 초점을 맞추고 있다. 지면의 거의 오분의 사가 네 명의 족장들에게 할애되었다. 아브라함, 이삭, 야곱, 요셉으로 이어지는 아브라함 언약을 강조하고 있음을 알 수 있다.[40]

  요한복음 1-11장은 예수님의 3년간의 공생애에 대해서 다루고 있고, 12-21장은 십자가 처형 전후의 한 주간에 초점을 맞추고 있다. 요한복음에서는 예수님의 생애에 있어서 마지막 일 주일을 얼마나 중요하게 다루는지 알 수 있다.

요한복음 20장 30-31절에는 요한복음을 기록한 목적을 명시하고 있다. 예수님이 하나님께서 보내신 그리스도이심을 믿고 영생을 얻게 하는 것이 목적임을 밝힌다.[41] 이를 통해 요한복음에서 가장 중요하게 다루는 용어들이 예수, 그리스도, 믿음, 영생 등임을 알 수 있다.

십계명의 배열 순서를 보면 첫 네 계명은 하나님과 관계된 것이고 나머지 여섯 계명은 이웃과의 관계에 대한 것이다. 하나님에 대한 계명이 가장 중요함을 알 수 있다. 그 중에서도 오직 여호와 하나님 한 분만을 섬기는 것이 언약 백성의 삶에 가장 우선된 요소임을 알 수 있다. 십계명을 어길 경우에 제7계명까지는 대부분의 경우 사형에 처해진다. 그러나 8, 9, 10계명은 대부분 그렇지 않다. 앞에 배열된 계명들이 그만큼 중요한 계명임을 알 수 있다. 성경에 나오는 사도들 이름의 배열순서도 보면, 제일 먼저 나오는 이름은 베드로이고 맨 마지막에는 예수님을 팔아버린 가룟 유다의 이름이 나온다(마 10:2-4).[42] 이름의 배열 순서를 보면, 누가 가장 중요한 역할을 한 사도인지 알 수 있다.

반복되고 있는 용어나 구절에 주목하라.[43]

창세기 1장에는 "보시기에 좋았더라"라는 말이 반복되는데, 이를 통해 하나님께서 창조하신 피조물이 하나님 보시기에 얼마나 아름답게 창조된 것인지 잘 알 수 있다. 원래 하나님은 이 세상을 좋게 만드셨는데, 인간의 타락으로 말미암아 피조세계가 망가지게 된 사실을 알 수 있다. 히브리서 11장에는 "믿음으로"라는 말이 반복해서 나타난다.[44] 구약시대 하나님의 사람들을 믿음의 관점에서 모두 평가하고 있다. 여기서 '믿음'이란 단어의 중요성이 부각된다.

역사서에 자주 반복되는 말이 있다. 이스라엘 왕들을 주로 두 인물의 관점에서 평가한다. 다윗과 여로보암이 그들이다. 다윗은 선한 왕의 대명사로 여로보암은 악한 왕의 대명사로 사용된다. "다윗의 마음과 같지 아니하여"(왕상 11:4; 15:3; 왕하 14:3; 16:2), "다윗 같이 여호와 보시기에 정직하게 행하여"(왕상 15:11; 왕하 18:3; 22:2) 혹은 "느밧의 아들 여로보암의 길로 행하며 (혹은 느밧의 아들 여로보암의 죄에서 떠나지 아니하고)"(왕상 16:26, 31; 22:52; 왕하 3:3; 10:29; 13:2, 11). 다윗은 하나님을 신실하게 섬긴 대표적인 왕으로 묘사되고, 여로보암은 이스라엘 백성을 우상숭배에 빠뜨린 악한 왕의 대명사로 사용된다.

서로 연관된 것에 주목하라.[45]

사도행전 1장 8절은 사도행전 전체의 메시지와 연관되어 있다. "오직 성령이 너희에게 임하시면 너희가 권능을 받고 예루살렘과 온 유대와 사마리아와 땅 끝까지 이르러 내 증인이 되리라 하시니라"(행 1:8). 오순절에 이 약속의 말씀대로 성령님이 임하시고 120여명의 성도들은 성령 충만을 체험한다(2장). 이로 인해 복음이 예루살렘에서 전파되고(2-6장), 스데반의 순교와 함께 성도들이 흩어지면서 온 유대에 전파되며(7장), 빌립 집사에 의해 복음이 사마리아에 전파되었다(8장). 이어서 바울의 회심(9장)과 함께 복음이 이방 땅을 향해 힘차게 전파되는 것을 보여준다(10장 이후).

마태복음 6장을 보면 맨 먼저 일반적인 원리를 설명한다. 사람들에게 보이러고 외식적인 선을 행하지 말라고 예수님은 가르친다(1절). 2-4절은 구제할 때 사람들 앞에서 나팔을 불어 외식하지 말라고 가르치고, 5-7절에는 기도할 때 사람들에게 보이려고 외식하지 말고 골방에 들어가서 은밀하게 기도하라고 가르친다. 또한 16-18절에는 금식할 때 사람들에게 보이려고 표시내지 말고 은밀하게 하라고 가르친다.[46] 마태복음 6장 1절 말씀은 나머지 구절들과 연관되어 있다. 구제, 기도, 금식과 같은 중요한 영적인 활동을 사람에게 보이지 말고 은밀하게 하라고 가르친다.

이렇게 본문의 중요한 단어나 개념을 파악하는 것을 잊지 말아야 하지만, 본문을 이해하는데 어려움을 주는 모호한 표현이나 구절도 연구할 필요가 있다. 본문의 의미를 정확히 알기 위해서는 무엇이든지 모르는 것은 그 의미를 찾고 찾아야 본문의 의미를 분명하게 깨달을 수 있다. 예를 들어, 아가서를 공부한다면 그곳에 나오는 그림 언어나 은유의 의미를 깨달아야 해석을 바로 할 수 있다.

> (12) 내 누이, 내 신부는 잠근 동산이요 덮은 우물이요 봉한 샘이로구나
>
> (13) 네게서 나는 것은 석류나무와 각종 아름다운 과수와 고벨화와 나도풀과
>
> (14) 나도와 번홍화와 창포와 계수와 각종 유향목과 몰약과 침향과 모든 귀한 향품이요
>
> (15) 너는 동산의 샘이요 생수의 우물이요 레바논에서부터 흐르는 시내로구나
>
> (16) 북풍아 일어나라 남풍아 오라 나의 동산에 불어서 향기를 날리라 나의 사랑하는 자가 그 동산에 들어가서 그 아름다운 열매 먹기를 원하노라. (아 4:12-16)

여기서 왜 신부를 누이라고 칭하고 있을까? 잠근 동산, 덮은 우물, 봉한 샘은 무슨 뜻일까? 여기 등장하는 각종 과일들은 무엇을 의미하는가? 무엇보다 가장 다양하게 열거하고 있는 향 재료나 향품은 무엇을 상징하는 것일까? 왜 신부를 동산의 샘, 생수의 우물, 흐르는 시내에 비유하고 있을까? 나의 동산은 무엇을 가리키는가? 나의 사랑하는 자는 누구인가? 열매를 먹는 것은 무엇을 의미하는가?

이런 모호한 표현은 좋은 주석을 참고하지 않고는 해석하기 힘들다. 때로는 주석이나 성경 사전과 같은 보조자료 사용이 필수적이다. 이는 제3부에서 다룬다.

| 실습 문제 |

1. 요한복음 15:1–12에 나오는 핵심 단어/개념은 무엇인가? 그것은 무엇을 뜻하는가?

2. 창세기 12–50장에 아브라함, 이삭, 야곱과 연관되어 자주 반복되는 주제는 무엇인가? 이것이 갖는 의미는 무엇인가?

3. 사도행전 2, 4, 8, 10, 19장에 성령 충만 사건과 연관되어 자주 나타나는 영적인 은사들은 어떤 것이 있는가? 그 중에 가장 두드러진 것은 무엇인가?

제6원리
문학 양식(장르)의 특징을 알고 읽으라

⟪✦⟫

　성경은 다양한 문학 양식을 사용하고 있다. 문학 양식을 장르(genre)라고 칭한다. 장르라는 말이 여러 가지 용도로 사용되지만 문학에 사용될 때, 이는 문학의 종류를 의미한다.[47] 장르를 정확히 파악하는 것은 성경을 올바로 이해하는데 대단히 중요한 요소이다. 우리가 신문의 사건 보도를 읽으면서 소설처럼 만들어낸 이야기라고 생각하지 않는다. 실제 일어난 일로 믿고 읽는다. 반면에 소설을 읽으면서 마치 실제 있었던 것으로 생각하지 않는다. 소설은 픽션(fiction) 장르에 속하기 때문이다.

　성경을 읽을 때도 묵시록에 나오는 숫자를 읽을 때와 역사서에 나오는 숫자를 읽을 때 다른 전제를 갖고 읽는다. 묵시록에 나오는 대부분의 숫자들은 상징적인 숫자들이다. 반면에 역사서에 나오는 숫자들은 대부분 실제 수치로 이해한다. 왜냐하면 장르를 구성하는 문예적 전통이 그렇게 읽도록 의도되었기 때문이다. 성경을 읽을 때 장르를 올바로 파악하는 것은 독자가 그 의미를 파악하는데 때로 결정적인 요인으로 작용한다. 예를 들면, 아가서를 묵상한다면 이를 알레고리로 이해할 것인가 아니면 사랑의 시로 이해할 것인가에 따라 그 의미는 완전히 다르다.

장르는 범주화의 레벨에 따라 다양한 종류가 있다. 성경에는 큰 범주에서 작은 범주에 이르기까지 다양한 종류의 장르가 사용된다.

성경의 장르를 큰 범주로 나누어보면, 모세오경(창~신), 역사서(수~에, 행), 시가서(시, 아), 지혜서(욥, 잠, 전), 선지서(사~말), 묵시문학(단, 계), 복음서(마~요), 서신서(롬~유) 등으로 분류할 수 있다. 이를 더 큰 장르로 분류해보면 산문과 시로 분류할 수 있다. 구약의 예를 들면, 산문은 창세기부터 에스더까지 대부분 여기에 속한다. 시는 욥기부터 말라기까지 대분이 여기에 속한다. 선지서 대부분이 운문체(시)로 되어 있다는 사실을 발견하면 놀랄 것이다. 물론 산문에 속한 부분 중에 운문체가 등장하는 경우도 있고, 시에 속한 부분 중에 산문이 등장하기도 한다.

산문체로 구성된 부분에 가장 빈번하게 등장하는 문학 양식은 내러티브(이야기) 장르이다.[48] 내러티브에는 두드러진 특징이 있다. 서설, 갈등의 시작, 갈등의 고조, 클라이맥스, 전환점, 해결, 결론 등과 같은 플롯 구조이다. 내러티브를 읽을 때, 이런 플롯 구조를 의식하고 읽느냐 그렇지 않으냐에 따라 그 차이는 천양지차이다.

성경의 운문체에는 독특한 문예적 특성이 있다. 그림 언어와 대구법과 간결한 표현을 빈번히 사용한다는 점이다. 시에 사용된 풍성한 그림 언어의 의미와 이의 미적인 특성을 제대로 분석할 때 시의 효과도 심도 있게 맛볼 수 있다. 대구법도 마찬가지이다. 히브리 시인이 자주 사용하는 대구법은 어떤 효과를 낳는지 알고 시를 읽어야 제대로 음미할 수 있다. 언어의 경제학이라고 불리는 간결한 표현이 어떻게 사용되었는지 알아야 시 자체를 올바로 이해할 수 있다.

좀 더 세부적으로 들어가게 되면 엄청나게 다양한 장르들이 성경에 사용되고 있음을 발견하게 된다. 시편에 사용되고 있는 장르들은 대체로 탄원시, 찬양시, 감사시, 확신시, 역사시, 지혜시, 제왕시 등이 있다.[49] 이들 시편 장르들은 각각의 독특한 내용상 구조상 특징을 갖고 있는데, 시편을 읽을 때 이들 장르를 의식하고 읽는 훈련이 필요하다.

헨드릭스의 분류에 따르면 성경에는 다양한 하위 장르들이 존재한다. 한 개인의 삶에 초점을 맞추고 있는 '전기' 장르에서 다루는 인물은 아브라함, 이삭, 야곱, 요셉, 모세, 사울, 다윗, 엘리야, 예수님 등이다. 논리적인 설명을 제공하는 '강론' 장르에 속한 것은 바울 서신, 히브리서, 야고보서, 베드로전후서, 요한 서신, 유다서 등이다. 예수님이 자주 사용한 '비유' 장르도 성경의 여러 곳에 등장한다(마 13:1-53; 막 4:1-34; 눅 15:1-16:31; 삼하 12:1-6). 청중을 설득하는 것을 목표로 삼은 '연설' 장르도 성경에 등장하는데, 특히 사도행전에 나오는 바울이 행한 연설들이 이에 속한다(행 22:1-21; 24:10-21; 26:1-23). 사람들의 실패를 묘사하는 '비극' 장르에 속한 인물은 롯, 삼손, 사울, 아나니아와 삽비라(행 5:1-11)이다. 인간의 어리석음을 드러내는 '풍자' 장르에 속한 것도 있는데, 잠언 24:30-34, 에스겔 34장, 누가복음 18:1-8, 고린도후서 11:1-12:1이 여기에 속한다.[50] 한 이야기로 다른 진리를 전하는 '풍유' 장르에 속한 것도 성경에 등장한다. 시편 80:8-15에 이스라엘을 애굽에서 온 포도나무로 묘사한 것, 잠언 5:15-18에 결혼의 정절을 자기 샘에서 물을 마시는 이미지로 묘사한 것, 전도서 12:3-7에 늙음과 죽음을 묘사한 것, 신약에 그리스도인의 전신갑주를 묘사한 것(엡 6:11-17) 등은 모두 풍유들이다. 풍유 장르는 풍유적 해석과 절대 혼동해서는 안 된다. 이에 대해서는 해석 파트에서 다룰 것이다.

| 실습 문제 |

1. 욥기 6:1–7은 어떤 장르에 속하는가? 장르의 특징을 파악해보라.

2. 창세기 12:10–20은 어떤 장르에 속하는가? 장르의 특징을 파악해보라.

3. 다니엘 8:1–14는 어떤 장르에 속하는가? 장르의 특징은 무엇인가?

제7원리
구조를 파악하면서 읽으라

❧

글의 구조를 정확히 파악하면 할수록 글의 의미를 더욱 명확하게 이해하게 된다. 성경을 읽을 때도 본문의 구조를 의식하면서 읽으면 뜻을 더욱 분명하게 이해할 수 있다. 이제 본문의 구조를 효과적으로 파악할 수 있는 방법을 알아보자.

본문이 어떤 논리 구조로 되어 있는가?

내러티브는 본문의 플롯 구조를 파악해보라. 어디서 어디까지가 서론 부분이고, 어디서 갈등이 시작되고, 어디서 갈등이 고조되어 어디서 절정에 도달하며, 또한 어디서 전환점이 시작되고, 어디서 갈등이 해결되며, 어디서 결말을 맺고 있는지 파악해보라.

운문체로 된 시편 같은 본문은 연 단위로 나누어 보고, 각 연의 소제목을 붙여보라. 시에 사용된 대구법의 구조가 어떤 형태인지 파악해보라(동의적 대구법, 대조적 대구법, 계단식 대구법, 수미상관법, 후렴 등).

대화체로 된 본문은 대화의 흐름을 파악해보라. 대화의 흐름에 따라 소제목을 붙여보라.

논리적인 글은 어떻게 논리가 전개되고 있는지 파악해보라. 본문 내의 사상이 어떻게 흐르는지 파악해보라.

예를 들어보자. 요한복음 3장 1-16절의 구조를 파악한다면, 니고데모와 예수님의 대화에 초점을 맞추어서 구조를 파악할 수 있다.

〈니고데모의 방문과 표적에 대한 질문〉

(1) 그런데 바리새인 중에 니고데모라 하는 사람이 있으니 유대인의 지도 자라

(2) 그가 밤에 예수께 와서 이르되 랍비여 우리가 당신은 하나님께로부터 오신 선생인 줄 아나이다 하나님이 함께 하시지 아니하시면 당신이 행하시는 이 표적을 아무도 할 수 없음이니이다

〈예수님의 하나님 나라에 대한 답변〉

(3) 예수께서 대답하여 이르시되 진실로 진실로 네게 이르노니 사람이 거듭나지 아니하면 하나님의 나라를 볼 수 없느니라

〈니고데모의 거듭남에 대한 질문〉

(4) 니고데모가 이르되 사람이 늙으면 어떻게 날 수 있사옵나이까 두 번째 모태에 들어갔다가 날 수 있사옵나이까

〈예수님의 거듭남의 의미 설명〉

(5) 예수께서 대답하시되 진실로 진실로 네게 이르노니 사람이 물과 성령

으로 나지 아니하면 하나님의 나라에 들어갈 수 없느니라

(6) 육으로 난 것은 육이요 영으로 난 것은 영이니

(7) 내가 네게 거듭나야 하겠다 하는 말을 놀랍게 여기지 말라

(8) 바람이 임의로 불매 네가 그 소리는 들어도 어디서 와서 어디로 가는
지 알지 못하나니 성령으로 난 사람도 다 그러하니라

〈니고데모의 거듭남의 신비에 대한 질문〉

(9) 니고데모가 대답하여 이르되 어찌 그러한 일이 있을 수 있나이까

〈예수님의 거듭남의 신비에 대한 설명〉

(10) 예수께서 그에게 대답하여 이르시되 너는 이스라엘의 선생으로서
이러한 것들을 알지 못하느냐

(11) 진실로 진실로 네게 이르노니 우리는 아는 것을 말하고 본 것을 증언
하노라 그러나 너희가 우리의 증언을 받지 아니하는도다

(12) 내가 땅의 일을 말하여도 너희가 믿지 아니하거든 하물며 하늘의 일
을 말하면 어떻게 믿겠느냐

(13) 하늘에서 내려온 자 곧 인자 외에는 하늘에 올라간 자가 없느니라

〈예수님의 거듭남의 비밀 설명〉

(14) 모세가 광야에서 뱀을 든 것 같이 인자도 들려야 하리니

(15) 이는 그를 믿는 자마다 영생을 얻게 하려 하심이니라

(16) 하나님이 세상을 이처럼 사랑하사 독생자를 주셨으니 이는 그를 믿
는 자마다 멸망하지 않고 영생을 얻게 하려 하심이라

대화를 중심으로 본문을 분석하면 니고데모의 질문과 예수님의 답변으로 구성된 대화의 흐름을 파악할 수 있다. 니고데모는 처음에 표적에 대해 의문을 갖고 왔지만 예수님은 그가 거듭나야 하나님 나라에 들어갈 수 있다고 말씀하신다. 니고데모는 다시 거듭남의 의미에 대해서 질문을 하고, 예수님은 거듭남의 의미에 대해서 설명하신다. 니고데모는 다시 거듭남의 신비에 대해 질문을 하고, 예수님은 거듭남의 신비에 대해 설명하신다. 이어서 예수님의 대화의 주제인 거듭남의 비밀에 대해 설명하신다. 대화의 흐름을 보면 예수님은 하나님 나라에 들어가려면 마지막 부분에 나오는 거듭남의 비밀에 대한 설명에서 답을 찾을 수 있도록 가르쳐 주신다. 대화의 흐름을 파악해보면 본문의 구조가 보이고 본문의 핵심 메시지가 무엇인지 쉽게 파악할 수 있다.

이제 요한복음 3:1-16을 논리 구조로 분석해보면 다음과 같이 분석할 수 있다.

〈하나님 나라에 들어가려면 물과 성령으로 거듭나야 한다〉

(1) 그런데 바리새인 중에 니고데모라 하는 사람이 있으니 유대인의 지도자라

(2) 그가 밤에 예수께 와서 이르되 랍비여 우리가 당신은 하나님께로부터 오신 선생인 줄 아나이다 하나님이 함께 하시지 아니하시면 당신이 행하시는 이 표적을 아무도 할 수 없음이니이다

(3) 예수께서 대답하여 이르시되 진실로 진실로 네게 이르노니 사람이 거듭나지 아니하면 하나님의 나라를 볼 수 없느니라

(4) 니고데모가 이르되 사람이 늙으면 어떻게 날 수 있사옵나이까 두 번째 모태에 들어갔다가 날 수 있사옵나이까

(5) 예수께서 대답하시되 진실로 진실로 네게 이르노니 사람이 물과 성령으로 나지 아니하면 하나님의 나라에 들어갈 수 없느니라

(6) 육으로 난 것은 육이요 영으로 난 것은 영이니

(7) 내가 네게 거듭나야 하겠다 하는 말을 놀랍게 여기지 말라

〈거듭남은 하늘의 신비에 속한다〉

(8) 바람이 임의로 불매 네가 그 소리는 들어도 어디서 와서 어디로 가는지 알지 못하나니 성령으로 난 사람도 다 그러하니라

(9) 니고데모가 대답하여 이르되 어찌 그러한 일이 있을 수 있나이까

(10) 예수께서 그에게 대답하여 이르시되 너는 이스라엘의 선생으로서 이러한 것들을 알지 못하느냐

(11) 진실로 진실로 네게 이르노니 우리는 아는 것을 말하고 본 것을 증언하노라 그러나 너희가 우리의 증언을 받지 아니하는도다

(12) 내가 땅의 일을 말하여도 너희가 믿지 아니하거든 하물며 하늘의 일을 말하면 어떻게 믿겠느냐

(13) 하늘에서 내려온 자 곧 인자 외에는 하늘에 올라간 자가 없느니라

〈거듭남은 예수님 믿음을 통해서 이루진다〉

(14) 모세가 광야에서 뱀을 든 것 같이 인자도 들려야 하리니

(15) 이는 그를 믿는 자마다 영생을 얻게 하려 하심이니라

(16) 하나님이 세상을 이처럼 사랑하사 독생자를 주셨으니 이는 그를 믿는 자마다 멸망하지 않고 영생을 얻게 하려 하심이라

대화체 구조와는 달리 논리 구조는 본문의 하위 단락의 주요 사상이 어

떻게 흐르고 있는가에 초점을 맞추고 있다. 1-7절의 중요한 토픽은 하나
님 나라이고, 물과 성령으로 거듭나야 그곳에 들어갈 수 있다는 사실이다.
8-13절은 거듭남은 오직 하늘에서 내려오신 예수님만이 아는 하늘에 속한
신비임을 계시하신다. 14-16절에 따르면 거듭남은 십자가에서 우리의 죄를
위해 매달리신 예수님을 믿음으로 이루어진다는 사실을 알 수 있다. 논리
의 흐름을 따라가면 하나님 나라에 들어가는 비밀은 예수 그리스도를 믿음
으로 말미암는다는 사실을 확인할 수 있다.

본문의 개요를 만들어보라

본문을 반복해서 읽으면서 구조를 파악했으면 본문의 구조 속에 드러난
소주제를 간략하게 요약해서 기록하면 한 눈에 볼 수 있다. 두 번째 논리 구
조에 따라 요한복음 3:1-16의 구조를 기록해보면 다음과 같다.

1. 하나님 나라에 들어가려면 물과 성령으로 거듭나야 한다. (1-7절)

    가. 니고데모의 표적에 대한 질문 (1-2절)

    나. 예수님의 거듭남에 대한 답변 (3-7절)

2. 거듭남은 하늘의 신비에 속한다. (8-13절)

3. 거듭남은 예수님 믿음을 통해서 이루진다. (14-16절)

위의 개요를 보면 상위 레벨에는 세 가지가 등장한다. 첫 항목에 하위 레
벨의 소제목 두 개를 달았다. 이렇게 상위 레벨과 하위 레벨로 나누어 개요
를 만들 수 있다. 하위 레벨을 보면 니고데모의 질문과 예수님의 답변이 어

떻게 보면 동문서답처럼 보인다. 예수님은 니고데모의 표적에 대한 관심을 하나님 나라에 대한 관심으로 돌려 답변하신 것을 볼 수 있다. 이를 통해 니고데모에게 정말 중요한 것은 표적에 도취되는 것이 아니라 하나님 나라에 들어가야 함을 깨우치신 것이다. 결론 부분에 예수님은 니고데모에게 그 방법까지 가르쳐주셨다.

| 실습 문제 |

1. 창세기 12:1–9의 구조를 파악해보라.
2. 출애굽기 17:8–16의 구조를 파악해보라.

제8원리
핵심 메시지를 파악하면서 읽으라

설교를 다 들은 후에 머릿속에 뭔가 잡히는 것이 없어, '오늘 메시지가 무엇이었지?'라는 의문을 던져본 적이 있는가? 말씀 설명 자체는 한 말씀 한 말씀 은혜가 되었으나, 설교 전체가 무슨 메시지를 전하는지 도무지 감이 잡히지 않을 때가 있다. 이런 설교의 문제점은 무엇인가? 이런 현상은 강해설교에서 자주 발생하는 현상인데, 말씀의 각 요소의 설명에 매여 본문 전체가 전하는 핵심 메시지를 놓쳤을 때 일어나는 현상이다.

이런 문제를 극복하기 위해서 설교학자들은 설교를 가장 중요한 핵심 사상 중심으로 엮어야 한다고 말한다. 이것이 효과적인 의사소통 원리 중에 하나이다. 그래서 본문을 읽고 묵상할 때, 항상 염두에 두어야 할 일은 본문이 전하는 핵심 메시지가 무엇인가이다.

우리의 삶에 적용하는 메시지는 한두 단어나 한두 구절에 기초하고 있는 것이 아니라, 본문 전체가 전하는 분명한 핵심 사상에 기초해야 한다. 예를 들면, 누군가로부터 편지를 받았다면, 편지의 핵심적인 내용이 무엇인지 파악하기 위해서 힘쓸 것이다. 그가 사용한 한두 단어나 한두 문장으로부터 그가 말하는 의도 전체를 파악하려고 한다면, 환원주의(reductionism)

오류에 빠질 가능성이 많다. 성경을 묵상할 때도 마찬가지이다. 본문을 묵상하는 목적은 본문 전체가 전하는 구체적인 핵심 사상을 파악하기 위해서이다.

핵심 메시지 파악을 위해서 해돈 로빈슨은 좋은 방법을 가르쳐 준다. 핵심 사상은 주제부와 보충부로 구성되어 있다. 주제부란 본문이 무엇에 대해서 말하는 것인가를 의미하고, 보충부는 그 무엇(주제)에 대해서 무엇이라고 말하는가와 관계된다.[51]

 • 주제부: 본문이 무엇에 대하여 말하는가?
 • 보충부: 그 무엇(주제)에 대해 무엇이라고 말하는가?

그런데 핵심 사상은 반드시 주제부 + 보충부로 구성되어야 한다. 요한복음 3:1-16의 예를 들어보자. 이 본문의 주제부는 '하나님 나라에 들어가려면'(3절)이라고 볼 수 있다. 이 주제는 본문을 반복해서 읽으면서 본문이 전하는 핵심적인 주제가 뭔가를 파악할 때 드러난다. 예수님께서 니고데모와 대화하면서 그가 니고데모에게 가르쳐 주기 원하는 것이 바로 '하나님 나라'에 들어가는 방법이다(3절). 이런 핵심 주제를 파악하기 위해서는 본문을 반복해서 읽는 수밖에 다른 방법이 없다.

'하나님 나라에 들어가려면'이란 주제를 설명하는 보충부는 세 부분으로 나누어서 설명할 수 있다. 보충부는 드러난 주제에 대해서 무엇이라고 설명하고 있는가를 정확히 파악할 때, 올바른 이해에 도달할 수 있다. '하나님 나라에 들어가려면'이란 주제를 두고, 1-7절은 '물과 성령으로 거듭나야 한다.'는 사실을, 8-13절은 '하늘에 속한 신비한 현상임을 알아야 한다.'라는 사실을, 14-16절은 '예수님을 믿어야 한다.'는 사실을 밝힌다. 이를 요약하면 다음과 같다.

〈요한복음 3:1-16의 핵심 사상〉

1. 하나님 나라에 들어가려면, 물과 성령으로 거듭나야 한다.
2. 하나님 나라에 들어가려면, 거듭남이 하늘에 속한 신비한 현상임을 알아야 한다.
3. 하나님 나라에 들어가려면, 예수님을 믿어야 한다.

핵심 메시지를 세 가지로 요약해보면 본문의 핵심이 어디에 있는지 알게 된다. 하나님 나라에 들어가려면 먼저 물과 성령으로 거듭나야 한다는 사실을 밝힌다. 그러면 물과 성령으로 거듭나는 비결은 어디에 있는가라는 의문이 생긴다. 물과 성령으로 거듭나는 길은 하늘에 속한 신비한 현상임을 깨닫게 된다. 이는 오직 하늘에서 내려오신 예수 그리스도만 아시는 사실이다. 세 번째 메시지가 본문의 핵심을 밝히 드러낸다. 물과 성령으로 거듭나는 비결은 곧 십자가에 달린 예수 그리스도를 믿음으로 말미암는다는 사실을 밝힌다.

본문의 핵심 메시지는 본문의 의미를 분명하게 깨닫도록 도움을 준다. 이는 또한 설교의 3대지로 활용할 수 있는 좋은 안내역을 한다. 본문의 핵심 사상을 분명하게 파악하고 설교할 때, 청중도 오늘 설교의 핵심 메시지가 무엇이었는지 분명하게 파악하게 될 것이다.

| 실습 문제 |

1. 창세기 12:1-9의 핵심 메시지를 파악해보라.

2. 출애굽기 17:8-16의 핵심 메시지는 무엇인가?

제9원리
등장인물의 관점을 바꾸어가면서 읽으라

꧁꧂

　성경을 늘 읽는 사람들이 자주 빠지기 쉬운 함정은 무엇일까? 자신이 좋아하는 말씀만 골라서 읽는 경향이다. 자신이 이렇게 성경을 편식하고 있다는 사실을 정작 본인 자신은 잘 모르는 경우가 많다. 성경의 편식은 음식의 편식보다 훨씬 더 큰 영적인 해악을 끼칠 수 있다.

　바리새인들과 서기관들이 성경을 달통하고 있었지만 성경의 편식이 이들의 눈을 가리게 만들었다. 왜 메시아 예수 그리스도를 알아보지 못하고 십자가에 못 박았는가? 그들은 구약의 메시아관에 대해서 성경을 편식하고 있었기 때문이다. 메시아를 주로 다윗의 혈통에서 태어날 정치적인 왕으로만 알고 있었지, 그분이 하나님의 아들이란 사실이나 그분이 고난의 종으로 오실 사실은 전혀 깨닫지 못했다. 결과 그들은 예수님을 십자가에 못 박는 주체세력이 되었다. 예수님은 어떤 누구보다 바리새인과 서기관들의 위선을 신랄하게 비판하셨다.

　그래서 본문의 핵심 메시지를 파악하여 우리에게 적용하는 훈련을 하는 것이 매우 중요하다. 내가 좋아하는 말씀이든 아니든 상관없이 본문에서 전하는 핵심적인 사상을 나의 삶에 적용하고 변화시키는 훈련이 필요하다.

그래야 진짜 균형 잡힌 신앙인이 될 수 있기 때문이다.

우리가 종종 성경을 읽으면서 오류에 빠지는 점은 자신이 영웅처럼 여기는 인물들에게만 주로 초점을 맞추어서 본다는 점이다. 복음서를 읽는다면, 예수님에게 초점을 맞추어서 주로 읽는다. 이 점이 복음서를 읽을 때, 가장 중요한 점인 것은 부정할 수 없다. 그런데 우리는 종종 예수님의 제자들의 미성숙한 면모들은 간과할 때가 많다. 예수님과 제자들이 예루살렘을 향하여 올라가면서 제자들이 서로 높아지려고 싸운 일이나 야고보 요한의 어머니가 예수님께 찾아와 치맛바람까지 날리면서 높은 자리를 청탁한 이런 인간적인 면모들, 이 광경을 지켜본 나머지 열 제자들이 이들 형제 제자들에게 분개한 일들 등은 무시할 때가 많다. 그런데 실상 우리의 모습을 분석해보면 예수님의 거룩한 모습보다 제자들이 지닌 이런 인간적인 모습들이 우리와 비슷한 점이 때론 더 많다. 이런 인간적인 모습을 보면서 나에게도 존재하는 이런 동일한 문제점을 어떻게 해결할 것인지 고민하는 것이 설교자 자신이나 성도들에게 훨씬 더 은혜가 될 때가 있다. 예수님은 제자들의 이런 문제를 해결하시기 위해서 어떤 가르침과 조치를 취하셨는지 발견하게 되면 실제 우리의 삶의 변화에도 큰 도움이 된다.

성경의 내용을 다각도에서 분석하기 위해서 내러티브 분석 방법을 사용하면 도움이 될 것이다. 내러티브 분석 방법에는 등장인물 분석 방법이 있다. 스카(J. L. Ska)에 의하면 주인공 혹은 영웅, 포일(foils; 다른 사람을 돋보이게 하는 인물), 기능인 혹은 대리인, 군중, 단역, 합창단 등과 같은 등장인물들이 있다. 영웅이나 주인공은 가장 중요한 인물을 가리키고, 포일은 "다른 인물의 특성을 향상시키기 위해서" 나오는 인물이다. 기능인이나 대리인은 플롯을 위한 도구로만 사용되는 인물이고, 군중, 단역, 합창단은 플롯에 거의 기여하지 않는 수동적인 인물을 가리킨다.[52] 성경 중에 특히 내러티브(이야기체)를 읽을 때는 이런 등장인물들과 이들의 관점을 염두에 두고 읽으면 도움이 될 것이다.

창세기 50장을 읽어보면 아버지 야곱이 죽은 후에 요셉의 형들은 두려움에 빠져 그를 찾아온다. 그들은 아버지의 말을 빙자하여 자신들을 용서하도록 요셉에게 요청한다. 형들의 관점은 과거에 자신들이 그를 팔아버렸기 때문에 아버지의 사후에 자신들에게 언제든지 보복할 수 있을 것이라고 생각한다. 실제 형들이 요셉에게 찾아와 엎드려 "우리는 당신의 종들"(18절)이라고 고백한다. 얼마나 비참한 관점인가? 요셉은 형들의 얘기를 듣고 울었다. 그러나 요셉의 관점은 형들의 관점과는 완전히 다르다. 형들이 자신을 미워해서 팔아버렸지만 결코 그런 관점으로 보지 않는다. 자신이 애굽에 종으로 팔려온 것을 하나님의 섭리의 관점으로 본다.

(19) 요셉이 그들에게 이르되 두려워하지 마소서 내가 하나님을 대신하리이까

(20) 당신들은 나를 해하려 하였으나 하나님은 그것을 선으로 바꾸사 오늘과 같이 많은 백성의 생명을 구원하게 하시려 하셨나니

(21) 당신들은 두려워하지 마소서 내가 당신들과 당신들의 자녀를 기르리이다 하고 그들을 간곡한 말로 위로하였더라. (창 50:19-21)

요셉이 자신을 팔아버린 형들을 용서할 수 있었던 것은 하나님의 관점으로 자신의 과거를 보았기 때문이다. 과거에 보디발의 집에서의 종살이, 죄수생활을 하면서 경험했던 아픈 경험들을 형들에 대한 원한의 관점으로 보지 않고, 하나님께서 자신의 가족을 구원하시기 위한 구원사적 관점에서 볼 때, 능히 용서할 수 있었을 뿐만 아니라 그들을 극진히 대우할 수 있는 넓은

아량을 지닌 자리까지 나아가게 된 것이다.

특히 성경을 묵상할 때는 '하나님의 관점'을 항상 염두에 두고 읽을 필요가 있다. 창세기 22장에 나오는 아브라함이 이삭을 모리아 산에 바친 사건은 구약과 신약을 연결하는 정경적 관점에서 보지 않으면 하나님께서 이 사건을 통해서 의도하신 모형론적 의미를 볼 수 없다.[53]

이삭은 아브라함의 사랑받는 언약의 독자인데, 이는 예수님이 하나님의 사랑받는 외아들이심을 보이는 예표이다. 아버지 아브라함에게 아들 이삭을 번제로 드리라고 하신 것은 하나님 아버지께서 외아들 예수님을 십자가에서 제물로 드린 것의 예표이다. 모리아 산까지 삼일 길을 걸어가게 하신 것은 아브라함의 마음속에는 이삭이 삼일 동안 죽어있었던 것과 같은 것이다. 이는 예수님께서 죽음 후 삼일 간 무덤 속에 있었던 것의 예표이다. 이삭이 번제 나무를 지고 모리아 산으로 걸어 올라간 것은 예수님께서 십자가를 지시고 골고다 산상으로 걸어 올라가신 것의 예표이다. 이삭이 아버지 아브라함에게 모리아 산에서 저항하지 않은 것은 예수님께서 아버지 하나님의 뜻을 받들어 순순히 십자가를 지신 것의 예표이다.

아브라함이 이삭을 기꺼이 내어준 것은 하나님께서 예수님을 우리를 위해 기꺼이 내어주신 것의 예표이다(요 3:16). 하나님께서 이삭 대신에 숫양을 예비하신 것은 하나님께서 속죄양으로 예수님을 예비하신 것의 예표이다. 죽은 것과 같은 이삭을 되돌려 받은 것은 예수 그리스도께서 부활하신 것의 예표이다.[54] "네 씨로 말미암아 천하 만민이 복을 받으리라"는 하나님의 약속은 예수 그리스도로 말미암아 천하 만민이 복음의 복을 받을 것의 예표이다. 하나님께서 아브라함에게 언약의 독자 이삭을 바치도록 명령하신 것은 앞으로 인류 구원을 위해서 자신의 독자 예수 그리스도를 십자가에 내어주실 때, 깊은 고뇌와 번민을 자아내는 하나님의 아픈 마음을 우리에게 보여주신 의미 깊은 사건이다.

이삭 바친 사건의 예표적 의미

모리아 산	십자가
• 독자 이삭	• 독자 예수님
• 번제물로 죽음	• 대속물로 죽음
• 삼일 간의 죽음의 길	• 삼일 간 죽음
• 번제 나무 지고 감	• 십자가 지고 감
• 이삭의 순종	• 예수님의 순종
• 아브라함의 내어줌	• 하나님의 내어줌
• 숫양	• 어린 양 예수님
• 이삭 돌려 받음	• 삼일 후 부활
• 만민의 복의 통로	• 만민의 복의 통로

| 실습 문제 |

1. 사도행전 24:24-27을 바울의 관점, 벨릭스의 관점에서 읽어보라. 각자의 관점에서 어떤 적용점을 볼 수 있는가?

2. 누가복음 15:11-32를 아버지의 관점, 탕자의 관점, 탕자의 형의 관점에서 읽어보라. 각자의 관점에서 어떤 적용점을 볼 수 있는가?

제10원리
망원경 시각을 갖고 읽으라[55]

꧁ꕥ꧂

성경 묵상을 나무를 조사하는데 비유한다면, 성경을 읽고 해석하는 과정은 마치 나무와 나뭇가지, 나뭇잎을 세세히 보는 것과 같다. 잎 모양은 어떻게 생겼고 색깔은 어떻고 크기는 어떻고 가지는 어떻게 생겼고 나무의 크기는 어떻고 등을 보는 것과 같다. 성경을 묵상하다 보면, 단어나 문장이나 문단에 주로 신경을 쓰기 때문에 시각이 좁아질 수 있다. 무엇보다 단어의 뜻이나 문장의 구조나 문단의 메시지를 파악하는 것이 본문의 뜻을 이해하는데, 우선되어야 할 과제이다. 그런데 성경 묵상은 여기서 머물러서는 안 된다. 보고 있는 나무가 숲속에서는 어떤 위치를 차지하고 있고 어떤 모양인지 볼 필요도 있다. 성경 해석도 마찬가지이다. 단어, 문장, 문단의 범위를 넘어 이들이 속한 책 전체, 구약이나 신약성경 전체, 정경 전체 속에서 어떤 의미를 갖는지 살펴볼 필요가 있다.

현대 성경해석학은 마치 나뭇잎 하나하나를 분석하여 분자구조까지 분석하면서 정작 숲은 보지 못하는 것과 같은 오류에 자주 빠진다. 이런 문제를 해결하기 위해서 본문의 더 큰 문맥을 반드시 고려할 필요가 있다. 다루는 텍스트를 멀리 떨어져서 볼 필요가 있다.

예를 들어, 사도행전 1장 8절(오직 성령이 너희에게 임하시면 너희가 권능을 받고 예루살렘과 온 유대와 사마리아와 땅 끝까지 이르러 내 증인이 되리라 하시니라)을 연구한다면, 먼저 이의 근접맥락을 연구할 필요가 있다. 제자들이 당시 유대교적인 관점에서 하나님 나라가 지상에 이루어질 것을 기대하지만 예수님은 하나님 나라가 보혜사 성령님의 오심으로 복음전파를 통해 이루어질 것을 예언하신 말씀이다. 근접맥락에서는 제자들이 예수님이 약속하신 성령을 받고 권능을 받아 예루살렘을 중심으로 증인의 사역을 감당하게 되는 내용이다.

그런데 이 본문은 사도행전 전체의 관점에서 조망할 때, 훨씬 더 큰 의미를 지닌 말씀이다. 사도행전 전체는 이 말씀이 예언한대로 성취되어가는 과정을 보여주고 있다. 제자들을 비롯한 120명의 성도들은 성령 충만을 체험한 후에 베드로의 주도로 예루살렘과 온 유대를 변화시키는 복음전파의 역사가 시작되었다. 사도행전 8장에 가면 빌립 집사가 사마리아에 복음을 전파하여, 이 본문이 예언한대로 성취되었다. 사도행전 10장에 가면 이방인으로서 최초로 개종한 고넬료 가정의 개종 이야기가 나온다. 사도행전 13장 이후에는 안디옥교회가 바울과 바나바를 이방 땅을 위한 선교사로 파송하면서 복음은 땅 끝을 향해 전파되기 시작한다. 사도행전 28장은 바울이 로마에서 석방되어 이방인들에게 힘차게 복음을 전하고 있는 장면을 보여주면서 마감한다. 이는 구약의 맥락 속에서 보면, 메시아의 시대에 이방인들이 하나님께 돌아와 여호와를 섬기게 될 시대의 성취를 보여준다(예, 시 96, 98; 사 2:2-4). 오순절 성령강림 사건은 이방인의 충만한 숫자가 차기까지 하나님 나라가 확장되어 가는 기폭제가 됨을 보여준다(롬 11:25).

때로는 구약성경에 나오는 사건, 제도, 인물에 대해 망원경 시각으로 조망하게 될 때, 신약성경에서 완성될 놀라운 예표적인 의미를 볼 수 있다. 유월절 사건이나 제사 제도나 성막/성전 제도는 예수 그리스도께서 '세상 죄를 지고 가는 하나님의 어린 양'으로서의 대속적 죽음의 의미를 깨닫게 하는데 결정적으로 기여한다. 이는 구약에 계시된 중요한 사건, 제도, 인물을 신약의 완성된 관점에서 조망해볼 때, 깨달을 수 있는 진리이다. 특히 구속사에 흐르는 '메타역사'(metahistory)는 망원경 시각으로 볼 때만 보이는 특수한 메시지이기 때문에 이를 결코 놓쳐서는 안 될 것이다. [56]

| 실습 문제 |

1. 출애굽기 40:32-38에 성막에 임하신 구름의 중요성을 모세오경 전체의 관점에서 살펴보라.

2. 마가복음 전체 속에서 8:27-30을 이해해보면, 이 본문은 어떤 의미를 갖는가?

제11원리
인간의 타락과 구원에 초점을 맞추어 읽으라[57]

이 관찰법은 미국의 탁월한 설교학자인 브라이언 채플(Bryan Chapell)에 의해서 고안된 그리스도 중심적 설교 방법에서 통찰을 얻은 것이다. 본문을 볼 때, 두 축을 염두에 두고 읽으라고 제안한다. 한 축은 인간의 타락한 상태를 보여주는 축이고, 다른 한 축은 타락한 상태로부터 하나님의 구원을 보여주는 축이다.[58]

어떤 본문을 묵상하던 간에 먼저 본문 속에 나타난 인간의 타락한 상태를 찾아내라고 채플은 말한다. 본문이 계시한 인간의 타락한 상태를 파악하기까지는 "본문에 대한 많은 진실한 사실들을 안다고 할지라도 본문이 무엇에 관한 것인지 우리는 정말 알지 못한다."라고 채플은 주장한다.[59] 그 다음에는 본문을 통해 이에 대한 구속의 메시지를 찾는 단계이다. 본문을 통해 드러난 인간의 타락한 상태에 대해서 어떤 구원의 메시지를 본문이 전하는지 밝히라는 말이다. 채플은 이렇게 말한다. "설교자들이 본문에 관한 많은 진실한 것들을 말한다고 할지라도 그것이 모든 성경이 궁극적으로 드러내기를 의도한 하나님의 구원의 사역과 연결이 되지 않으면 성경적 계시를 적절히 설명할 수 없다."[60]

그렇다면 본문이 항상 인간의 타락한 상태와 이에 대한 구속의 메시지를 포함하고 있는가라는 의문이 생긴다. 많은 경우에 그렇지 않

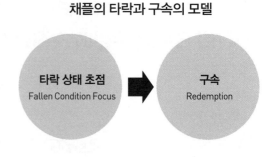

채플의 타락과 구속의 모델

타락 상태 초점
Fallen Condition Focus

구속
Redemption

음을 안다. 그렇다면 어떻게 이 두 축을 항상 찾을 수 있을까? 채플은 이에 대해서 "맥락은 본문의 일부이다."라는 명제에서 답을 찾는다.[61] 그는 "계시는 구원의 활동과 불가분하게 연결되어 있다. … 계시는 구원에 대한 해석이다"라고 주장한 보스(G. Vos)의 성경신학 이론을 인용하여 자신의 이론을 뒷받침한다.[62] 보스가 말하는 구속사의 점전성과 유기성을 받아들여, 채플은 그리스도 중심적 설교는 구원역사의 전체적인 흐름 속에서 볼 때 어떤 본문도 그리스도의 구원과 연결시킬 수 있다고 본다.[63] 채플의 이 원리는 성경을 관찰할 때, 본문에 나타난 복음의 메시지를 발견하는데 큰 도움을 준다.

이 독법을 위한 좋은 실례는 창세기 3장 1-24절일 것이다.[64] 본문에는 인간 타락의 과정과 결과를 생생하게 보여준다. 사탄의 유혹으로 말미암아 하와가 금단의 열매인 선악과를 먹게 된 내력(1-6절)과 인간의 타락으로 말미암아 인간에게 어떤 고통이 왔는지 생생하게 묘사한다(7-21절).

타락으로 말미암아 인간은 벗었음에 대해서 부끄러움을 느끼게 되었고, 하나님을 두려워하여 회피하게 되었으며, 부부는 서로 탓하는 신세가 되었으며, 뱀은 저주를 받아 배로 다니고 치욕거리가 되었다. 또한 여자는 해산의 고통과 남편을 사모하고 남편의 지배를 받는 고통을 당하게 되었으며, 남자는 땅이 저주를 받음으로 말미암아 노동이 고통스럽게 되었고 이마에

땀이 흘러야 먹고 살게 되었다. 마지막엔 인간은 죽음을 기다리는 신세가되었다. 가장 큰 비극은 하나님의 임재의 처소인 에덴동산에서 쫓겨나 하나님과의 관계가 깨어진 것이다. 이는 곧 영적인 죽음을 의미한다. 이렇게읽는 것이 채플이 말하는 타락한 상태에 초점(fallen condition focus)을 맞춘독법이다.[65]

그 다음에는 하나님의 구속(redemption)에 초점을 맞추어 읽어야 한다.사실 본문에서 구속에 대한 분명한 메시지가 드러난 구절은 15절이다. 이한 구절에 엄청난 구원의 메시지를 담고 있고, 창세기 3장은 인간의 타락으로 말미암아 생긴 모든 문제를 해결하는 구원의 메시지를 담고 있다.

> 내가 너로 여자와 원수가 되게 하고 네 후손도 여자의 후손과 원수가 되게
> 하리니 여자의 후손은 네 머리를 상하게 할 것이요 너는 그의 발꿈치를 상
> 하게 할 것이니라 하시고. (창 3:15)

하나님께서 구원역사를 전개하는 방식은 인간의 범죄를 그냥 심판만 하시는 하나님이 아니라, 반드시 구원의 은혜를 함께 베푸시는 하나님이심을보인다. 아담과 하와의 타락으로 말미암아 심판은 하셨지만 더 놀라운 구원의 메지시를 전하신다.

먼저 뱀이 하와를 꾀어 타락하게 만들었기 때문에 이를 방지할 대책을 마련하셨다. 뱀과 여자 사이, 뱀의 후손과 여자의 후손 간에 원수 관계를 만들어버렸다. 더 이상 협력해서 죄를 짓지 못하도록 방범장치를 만드신 하나님의 은혜를 엿볼 수 있다. 뱀의 후손과 여자의 후손 간 갈등 관계 속에서 뱀과 뱀의 후손이 여자의 후손의 발꿈치를 상하게 하지만 여자의 후손이 궁극적으로 뱀의 머리를 깨뜨리게 될 것을 약속하신다. 뱀의 머리를 깨뜨리는

것은 그에게 치명타를 의미한다.

이는 결국 하나님의 백성과 사탄의 자식들 간의 알력 관계를 그림자 형태로 보인 것이다. 셈의 후손과 가인의 후손 간의 알력이 있었다. 그러나 노아 홍수 때 가인의 후손들은 모두 멸절당하고 셈의 후손으로 난 노아의 가정이 구원을 얻었고 제2의 인류의 조상이 되었으며, "생육하고 번성하여 땅에 충만하라"(창 9:1)는 하나님의 복을 다시 전수받았다.

인류는 다시 타락하여 시날 평지에 바벨탑을 쌓고 하나님께 도전하였지만 하나님께서 언어를 혼잡케 하여 인류를 흩으시고(창 11장), 아브라함을 선택하여 선민을 만드시고 인류 구속의 계획을 세우신다(창 12:1-3). 아브라함 언약대로 나중에 그의 후손은 큰 민족을 이루었고 약속의 땅 가나안을 얻게 되었다. 다윗과 솔로몬 시대에 전성기를 누리며 열방의 복의 통로가 되었지만 아브라함의 후손인 이스라엘 백성들이 하나님의 백성으로 합당하게 살지 못하고 타락하게 되자 포로생활을 통하여 연단하셨다. 그 이후 포로생활에서 귀환케 하셨지만, 그들의 상태는 매우 미약한 모습이다. 그렇다면 하나님의 구원은 실패한 것인가? 그렇지 않다.

나중에 아브라함의 후손으로 나신 예수 그리스도께서 십자가에서 죽으심으로 사탄의 머리를 깨뜨리고 승리를 거두게 되었다. 사탄은 예수님에게 십자가에 못 박히는 고난을 주었지만 예수 그리스도는 부활하여 최후의 승리를 거두게 되었다. 사탄의 머리를 깨뜨리는 일격을 가했다. 예수 그리스도의 십자가와 부활은 인간의 타락으로 말미암아 생긴 모든 문제를 해결했다. 수치심, 두려움, 탓하는 마음, 관계의 문제, 영적 죽음의 문제까지 다 해결했다. 예수님께서 재림하시는 그날 육신의 죽음의 문제, 인간의 고통 문제, 해산의 고통 문제도 모두 해결될 것이다.

이렇게 타락과 구속이란 두 축으로 성경을 읽을 때, 본문을 통하여 복음의 분명한 메시지를 볼 수 있고, 본문을 그리스도 중심으로 읽는 탁월한 독서 전략을 배울 수 있다.

| 실습 문제 |

1. 시편 53편을 읽고 본문에 나타난 인간의 타락상은 무엇이고, 이에 대한 하나님의 구원의 메시지는 무엇인지 파악해보라.

2. 에베소서 2장 1-10절을 읽고 본문에 나타난 인간의 타락상은 무엇이고, 이에 대한 하나님의 구원의 메시지는 무엇인지 파악해보라.

제12원리
실생활에 도움이 되는 것에 주목하라

성경을 읽다보면 모든 말씀이 나에게 와 닿는 것은 아니다. 어떤 말씀들은 이미 내가 상당 부분 실천하고 있기 때문에 새롭게 적용할 것이 별로 없는 것도 있고, 어떤 말씀은 사회문화적으로 거리가 멀기 때문에 적용하기 힘든 말씀도 있다. 그런데 어떤 말씀은 나의 삶에 직접적으로 도전하고, 자극하고, 감동을 주고, 회개의 눈물을 흘리게 만드는 말씀도 있다. 이런 말씀은 골라내어 나의 삶에 적용할 필요가 있다. 그렇다고 해서 말씀을 편식하라는 말은 아니다. 골고루 적용하되 나의 삶에 특별히 적용점이 많은 말씀을 찾아내어 적용하자는 뜻이다.

설교를 할 때 특별히 그 시대 그 상황 가운데 청중들에게 적용점이 많은 말씀이 있을 수 있다. 본문 속에 포함된 모든 말씀을 30여분 안에 모두 담아낼 수도 없다. 이런 경우에 청중들의 실생활에 도움이 되는 말씀을 골라내어 적용할 수 있다. 그럼에도 불구하고 성경 본문이 전하는 핵심 메시지에서 벗어나지는 말아야 한다는 전제는 염두에 두고 적용할 점을 찾아야 한다.

예를 들어, 집사로서 집사의 자격에 대한 말씀을 묵상한다면 성경이 말하는 집사의 자격 중에서 자기 자신에게 특별히 약한 부분에 대해 가르치는 말씀을 찾아내어 집중 적용한다면 연약한 부분들을 훈련할 수 있는 기회가 될 것이다.

> (8) 이와 같이 집사들도 정중하고 일구이언을 하지 아니하고 술에 인박히
> 지 아니하고 더러운 이를 탐하지 아니하고
> (9) 깨끗한 양심에 믿음의 비밀을 가진 자라야 할지니
> (10) 이에 이 사람들을 먼저 시험하여 보고 그 후에 책망할 것이 없으면
> 집사의 직분을 맡게 할 것이요. (딤전 3:8-10)

만약 자신의 언어에 불성실한 모습이 있다면 위의 말씀 중에 "일구이언을 하지 아니하고"라는 말씀의 뜻을 깊이 묵상하면서 적용하면 좋을 것이다.

고린도전서 8장에는 '우상에게 바친 제물'을 먹는 문제에 대해 바울이 논하고 있다. 이 본문의 내용은 현대 교인들에게 대부분 걸리지 않는 말씀이다. 옛날 고린도교회처럼 우상에게 바친 제물 문제로 고민하는 일은 별로 없다. 그리고 오늘날 한국에 제사가 남아 있지만, 대부분의 성도들은 제사 음식에 대해서 바울 당시의 유대인들이 갖던 그런 마음의 태도를 갖지 않는다.

그런데 이 본문을 자세히 읽어보면 우리에게 적용할 수 있는 중요한 교훈이 있다. 신앙이 강한 자들이 우상은 아무것도 아니라고 생각하여 우상의 제물을 마음 놓고 먹을 수 있지만, 이 때문에 신앙이 연약한 성도들로 하여금 양심에 죄를 짓게 할 수 있다는 점이다(4-12절).[66] 이런 경우에 신앙이 강한 자들은 신앙이 연약한 성도를 위해서 자신의 자유를 절제할 필요가 있다는 점을 바울은 가르친다. "그런즉 너희의 자유가 믿음이 약한 자들에게 걸려 넘어지게 하는 것이 되지 않도록 조심하라"(9절).

이 원리는 오늘날 대부분의 그리스도인에게 적용할 수 있는 것이다. 이

런 관점에서 바울은 만약 음식이 형제를 넘어지게 한다면 나는 영원히 고기를 먹지 않겠다고 선언한다(13절). 자신의 자유가 연약한 성도를 넘어지게 한다면 그 자유는 영원히 사용하지 않겠다는 결심이다. 신앙이 강한 자는 신앙이 연약한 자의 신앙양심에 상처를 주지 않도록 배려해서 행동해야 한다는 중요 원리를 가르친다. 이렇게 본문 가운데서 실생활에 도움이 되는 진리나 원리에 주목할 필요가 있다.

| 실습 문제 |

1. 마태복음 25장에 나오는 3가지 비유를 실생활에 도움이 되는 것에 주목하며 묵상해 보라.

3

의미 파악하기
(해석편)

"나로 하여금 깨닫게 하여 주소서
내가 주의 법을 준행하며 전심으로 지키리이다"

(시 119:34)

이번 단계는 본문의 의미를 파악하는 단계이다. 이를 성경해석학에서 주로 '해석'(interpretation) 단계라고 칭한다. 자세히 읽기를 통해 발견한 문법적으로 모호한 표현이나 구절의 의미를 밝히고, 중요한 단어나 비유적 표현 등의 의미를 파악하며, 문예적 특성을 분석하며, 역사적 배경에 대해 자세히 연구하며, 구약과 신약성경이라는 전체적인 맥락 속에서 본문의 의미를 파악하는 단계이다.

전통적으로 성경해석학은 문법적, 역사적, 신학적 해석에 초점을 맞추어왔다. 이 세 가지 해석에 대한 고전적인 저술은 아마 루이스 벌코프(L. Berkhof)의『성경해석의 원리들』일 것이다.[67] 그런데 20세기 후반 성경해석 연구에 새로운 바람이 불어왔다. 성경의 문예적 특성에 초점을 맞추면서, 지금은 성경해석학에서 문법적, 문예적, 역사적, 신학적 해석으로 자리를 굳히게 되었다. 복음주의 계통에서 문예적 해석의 초석을 놓은 사람은 아마 트렘퍼 롱맨 교수일 것이다.[68]

제13원리
단어를 신중하게 선택하여 연구하라[69]

{ornament}

영어공부를 해본 사람들은 단어의 뜻을 정확히 아는 것이 얼마나 중요한지 경험적으로 잘 알고 있다. 모르는 단어가 나오면 반드시 사전을 통해 그 의미를 확인해본다. 어떤 단어는 뜻이 여러 개이기 때문에 어떤 의미가 문맥에 가장 정확한지 오랜 시간동안 고민하기도 한다. 전후 문맥을 잘 살핀 다음에 그 문맥에 맞는 뜻을 선택할 수 있다. 성경해석 과정에도 똑같은 절차가 필요하다.

본문에 나오는 단어의 뜻을 정확히 알지 못하면 본문의 의미를 제대로 파악할 수 없다. 그래서 모호한 단어의 연구는 빼놓지 말아야 한다. 또 연구할 단어를 선택할 때 본문에 나오는 중요한 단어를 우선적으로 선택하여 연구할 필요가 있다. 그냥 보기에는 의미를 잘 아는 단어 같지만 성경사전을 찾아 연구해보면 심오한 의미를 발견하게 되는 경우가 많다. 이런 깊은 의미를 모르면 성경을 수박 겉핥기식으로 읽게 된다. 단어를 연구할 때, 다음 몇 가지 절차를 따라서 연구하는 것이 좋다.

연구할 단어를 신중하게 선택하라

먼저 본문에 나오는 중요한 단어들을 연구할 필요가 있다. 중요한 단어들은 심오한 신학적 의미를 내포하고 있는 경우가 많다. 그 의미를 놓치게 되면 제대로 해석할 수 없다.

중요한 단어를 어떻게 알 수 있을까? 중요한 단어는 주로 강조되거나 반복되거나 개념이 서로 연관된 단어들을 보면 알 수 있다. 예를 들어, 요한복음 15:1-12를 연구한다면, 이 본문에 나오는 중요한 단어가 무엇일까? 이 본문에는 '거하다'($\mu\acute{\epsilon}\nu\omega$)라는 말이 10번 등장한다(개역개정판 한글성경은 8회 이 단어로 번역함). 이렇게 자주 반복해서 사용되는 단어가 중요한 단어이다. 이 본문을 올바로 해석하기 위해서는 '거하다'는 말의 뜻을 정확히 파악하는 것이 결정적이다.

요한복음 3장 16절을 연구한다면, 여기에 사용된 '세상'이란 단어가 어떤 의미로 사용되었는지 정확히 알 필요가 있다. 사도 요한은 '세상'이란 단어를 다양한 의미로 사용한다. 예를 들면, "이 세상이나 세상에 있는 것들을 사랑하지 말라 누구든지 세상을 사랑하면 아버지의 사랑이 그 안에 있지 아니하니"(요일 2:15)에 사용된 '세상'은 어떤 의미로 사용된 것일까? 여기에 사용된 '세상'이란 말은 요한복음 3:16에 사용된 '세상'과는 상당히 다른 뜻으로 사용되었다. 이런 경우에 '세상'이란 단어를 연구할 필요가 있다.

단어를 연구할 때 '의미가 모호한 단어'도 연구하는 것을 잊지 말아야 한다. 요한복음 3장 1-16절을 연구한다면, '거듭나다'라는 단어는 반복되기 때문에 중요한 단어인 것을 안다. 그런데 '물과 성령'으로 거듭나야 한다고 말하는데, 여기서 '물'은 어떤 의미로 사용되었는가? 이는 간단한 문제가 아니다. '물'은 물세례를 의미하는가? '물'은 성령과 같은 의미로 사용되었는가?

'물'은 말씀을 의미하는가? 물은 씻음을 의미하는가? 이렇게 의미가 모호한 단어는 반드시 연구해야 한다. 그래서 연구할 단어를 신중하게 선택하는 것이 본문의 의미를 올바로 파악하는데 있어서 중요한 요건이다.

단어의 의미를 사전을 통해 확인하라

연구해야 할 단어를 결정하였으면, 다음 단계는 단어를 연구해야 한다. 우리말 성경에 나오는 단어는 원어에서 한국어로 번역된 단어임을 잊지 말아야 한다. 원래 그 단어는 히브리어나 헬라어나 아람어로 쓰였다. 그래서 단어를 제대로 연구하기 위해서는 그 단어의 원어의 의미를 찾아보아야 한다.

그렇다면 원어를 공부하지 않은 사람은 단어를 연구할 수 없는가? 그렇지는 않다. 단어의 뜻이 꼭 사전으로만 결정되는 것이 아니기 때문이다. 그 단어가 사용되는 용례나 무엇보다 그 단어가 사용된 문맥이 그 의미를 결정하는데 가장 중요한 역할을 하기 때문에 단어의 의미를 결정할 수 있는 변수들은 다양하다.

그런데 잊지 말아야 할 사실은 우리말로 번역된 단어의 의미의 범위('의미장'이라고 칭함; semantic field)와 원문의 의미의 범위가 많은 경우에는 다르다는 사실을 염두에 둬야 한다. 그래서 원어사전을 사용하여 그 의미를 확인하기 위해서는 최소한의 기본적인 원어 공부는 꼭 필요하다. 목회자나 신학도라면 그렇다는 말이다.

요한복음 3장 16절에 사용된 '세상'이라는 단어를 연구한다면 먼저 '세상'이라는 말의 원문이 무엇이며, 사전 상의 그 의미가 무엇인지 확인할 필요가 있다. 요즈음은 성경 소프트웨어들이 좋기 때문에 원문을 공부하지 않아도 그 원문을 쉽게 확인할 수 있는 방법이 있다. 목회자들이 많이 사용하는 〈디럭스바이블 인터내셔널〉은 '원어 분해' 창이 있어 누르면 원문을 바로 볼 수 있다.

'원어 분해' 창을 보면 '세상을' 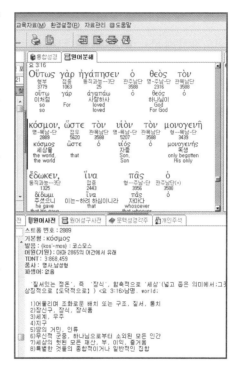 에 해당되는 헬라어 원문과 이의 기본형과 그 의미를 한국어와 영어로 달아 놓았다. '세상'이란 말의 원문은 '코스모스'(κόσμος)임을 알 수 있다. 밑에 '원어사전' 창에 보면 '코스모스'의 뜻을 8가지로 수록하고 있다. 이는 단어의 뜻을 연구하는데, 유용한 정보이다. 사용하기도 너무나 편리하게 구성되어 있다. 그런데 여기에 사용된 사전은 간추린 것이기에 전문적인 연구를 위해서는 이

챕터의 뒤에 나오는 추천 도서를 반드시 활용하도록 하라.

만약 영어가 된다면 사전은 가능하면 BDB 히브리어 사전이나 BAG 헬라어 사전을 사용하면 좋다.

성경연구 소프트웨어는 Bible Works나 Logos Bible Software를 사용하면 훨씬 더 다양하고 풍성한 자료를 활용할 수 있다. 대한성서공회에서 나온 태블릿 PC 전용 〈연구성경〉은 번역본 비교나 원어공부를 위해 매우 편리한 도구이다.

요즘 무료 스마트폰 앱 중에서도 원문을 쉽게 볼 수 있는 앱들이 있다. 한

국어로 된 것은 〈픽트리 성경〉을, 영어로 된 것은 〈Bible Hub〉을 추천한다.

요한복음 3장 16절의 '세상'(코스모스)을 연구한다면 헬라어사전을 활용하여 그 의미를 파악한다. 이는 사전에서 이 단어가 어떤 의미로 사용될 수 있는지 그 의미장을 확인하기 위해서이다. 〈디럭스바이블 인터내셔널〉의 '원어사전'에 따르면 그 의미를 다음과 같이 요약하고 있다.

1) 어울리며 조화로운 배치 또는 구조, 질서, 통치

2) 장신구, 장식, 장식품

3) 세계, 우주

4) 지구

5) 땅의 거민, 인류

6) 무신적 군중, 하나님으로부터 소외된 모든 인간

7) 세상의 헛된 모든 재산, 부, 이익, 즐거움

8) 특별한 것들의 종합적이거나 일반적인 집합

이 의미들 중에서 요한복음 3장 16절에 사용된 '세상'에 가장 가까운 뜻이 무엇인지 먼저 짐작해 본다. 그러나 최종적인 결정은 다른 연구들을 마친 후에 하도록 한다.

성구사전을 활용하여 단어의 용례를 살펴보라

지금은 책으로 된 성구사전이 더 이상 필요 없는 시대가 되었다. 스마트폰 앱 하나면 웬만한 성구사전의 기능을 대체할 수 있기 때문이다. 스마트폰 앱 중에서 여러 성경 번역본을 볼 수 있는 좋은 앱들이 많다. 대한성서공회에서 나온 〈모바일성경〉 앱을 추천하는데, 이 앱에는 개역개정, 개역한글, 새번역, 공동번역개정, 국한문성경, ESV, KJV, ASV, GNB, CEV 등의 성경이 들어 있다. '검색' 버튼을 누른 후 단어를 입력하면 책별로 그 단어가 몇 회 나오는지 확인할 수 있고, 찾은 곳을 누르면 그 단어가 들어있는 모든 구절들이 순서대로 나타난다.

〈모바일성경〉의 큰 장점은 개역개정판의 관주가 들어있어, 관주를 매우 편리하게 찾아볼 수 있다는 점이다.

〈모바일성경〉 앱을 활용하여 '세상'이란 단어를 검색하면 요한복음에 56회 나온다. 각 구절에 사용된 '세상'이란 단어의 의미를 점검해보면 요한복음 3장 16절에 사용된 의미와 동일한 뜻으로 사용된 곳을 찾을 수 있다. 이런 용례를 통하여 요한 사도가 '세상'이란 말을 동일한 의미로 다른 곳에서 사용하고 있음을 확인할 수 있다. 검색을 통해 찾은 유사한 구절들은 다음과 같다.

이튿날 요한이 예수께서 자기에게 나아오심을 보고 이르되 보라 세상 죄를 지고 가는 하나님의 어린 양이로다. (요 1:29)

(16) 하나님이 세상을 이처럼 사랑하사 독생자를 주셨으니 이는 그를 믿는 자마다 멸망하지 않고 영생을 얻게 하려 하심이라 (17) 하나님이 그 아들을 세상에 보내신 것은 세상을 심판하려 하심이 아니요 그로 말미암아 세상이 구원을 받게 하려 하심이라. (요 3:16-17)

그 여자에게 말하되 이제 우리가 믿는 것은 네 말로 인함이 아니니 이는 우리가 친히 듣고 그가 참으로 세상의 구주신 줄 앎이라 하였더라. (요 4:42)

하나님의 떡은 하늘에서 내려 세상에 생명을 주는 것이니라. (요 6:33)

요한복음 3장 16절에 사용된 '세상'과 유사한 의미로 사용된 경우를 몇 가지 뽑아보았다. 위에 인용한 구절들이 '세상'을 비슷한 의미로 사용하고 있다. 그 의미는 위의 '원어사전'에 나오는 정의 중에 다섯 번째 정의와 가장 가깝다. "땅의 거민, 인류"라는 의미로 사용하고 있음을 알 수 있다. 위에 인용한 구절들의 '세상'을 '인류'로 바꾸어 읽어보면 뜻이 적절함을 알 수 있다.

이렇게 단어의 의미를 확인하기 위해서 성구사전을 활용하여 저자의 유사한 사용 용례를 찾아보면 그 뜻을 확인하는데 도움이 된다.

관주성경을 활용하여 단어의 배경을 확인해보라

좋은 관주성경은 단어나 구절의 의미를 파악하는데 큰 도움을 준다. 그런데 요즘 성경에는 점차 관주가 사라져 아쉬움이 많다. 관주는 성경 묵상에 아주 유용한 정보를 제공하기 때문에 다른 자료를 참고하기 전에 관주 성경을 활용하여 그 의미를 파악해보면 좋다. ESV 스터디 바이블(앞으로 ESVSB로 인용)이나 NIV 스터디 바이블(앞으로 NIVSB로 인용)은 좋은 관주를 제공한다. 한글 성경 중에 대한성서공회에서 내놓은 『관주 성경전서: 개역개정판』(2007)도 가뭄에 단비처럼 유용한 관주성경이다(앞에서 말한 〈모바일성경〉 앱에 포함되어 있음).[70] Nestle Aland 제28판 헬라어 성경은 탁월한 관주를 제공하는 것으로 정평이 나있다.

요한복음 3장 5절에 나오는 '물'에 대한 『개역개정 관주성경』(아가페)의 관주는 좋은 안내역을 한다. 사실 '물'이란 말이 성경에 광범위하게 사용되기 때문에 본문에 나오는 이 단어의 뜻으로 사용된 용례를 미리 확인하여 정리해둔 관주성경을 활용하면 효과적으로 연구할 수 있다.

『개역개정 관주성경』(아가페)은 요한복음 3장 5절의 '물'이라는 단어 앞에 작은 한글로 '으'라고 표시해 놓았다. 오른쪽 관주 칼럼에 보면 '으'라는 작은 글씨 곁에 성경구절을 약어로 표시해놓았다. 겔 36:25~27; (막 16:16); 행 2:38; 엡 5:26; 딛 3:5; 히 10:22라고 표시되어 있다. 이 구절들이 본문의 '물'의 이해에 도움이 되는 성구들이다.

그런데 주의할 것은 모두 다 적절한 것이 아니기 때문에 하나씩 찾아볼 필요가 있다. 먼저 첫 구절을 보자.

> (25) 맑은 물을 너희에게 뿌려서 너희로 정결하게 하되 곧 너희 모든 더러운 것에서와 모든 우상 숭배에서 너희를 정결하게 할 것이며
> (26) 또 새 영을 너희 속에 두고 새 마음을 너희에게 주되 너희 육신에서 굳은 마음을 제거하고 부드러운 마음을 줄 것이며
> (27) 또 내 영을 너희 속에 두어 너희로 내 율례를 행하게 하리니 너희가 내 규례를 지켜 행할지라. (겔 36:25-27)

이 구절의 문맥을 먼저 검토해볼 필요가 있다. 이 말씀은 이스라엘 백성들이 범죄로 말미암아 포로로 잡혀가게 되었는데, 이 때문에 하나님의 이름이 더럽혀졌다는 것이다. 그래서 하나님께서 자신의 이름을 위하여 이스라엘 백성을 포로생활에서 돌아오게 한 다음에 이루어질 예언의 말씀이 바로 이 구절이다. 이스라엘 백성들에게 물을 뿌려서 정결케 하시고 모든 더러운 것과 우상숭배에서 이들을 정결하게 하실 것이며, 이들에게 '새 영' 즉 하나님의 영('내 영')을 주어서 새 마음을 주시고 굳은 마음을 제거하고 부드러운 마음을 주셔서 하나님의 율례를 순종하도록 만드시겠다는 말씀이다. 이 구절에는 요한복음 3장 5절처럼 물과 성령의 사역에 대해 모두 포함하고 있는 말씀으로서 본문의 의미를 파악하는데 매우 적절한 해석을 제공한다. 에스겔 36장의 문맥 속에서 이해한다면 '물'은 하나님의 정결케 하시는 사역을 의미한다.[71]

이와 매우 비슷한 의미로 사용된 것은 디도서 3장 5절이다. "우리를 구원하시되 우리가 행한 바 의로운 행위로 말미암지 아니하고 오직 그의 긍휼

하심을 따라 중생의 씻음과 성령의 새롭게 하심으로 하셨나니"(딛 3:5). 다수의 학자들이 "중생의 씻음"은 물세례가 아니라고 본다. 이 구절은 회심할 때, 일어나는 두 가지 국면을 보여준다. 부정적인 관점에서는 죄악을 씻어내는 측면이고, 긍정적인 관점에서는 새롭게 하시는 성령의 역사로 본다.[72] 그래서 이는 회심 시에 동반되는 성령님의 씻으시는 사역과 동시에 새롭게 하시는 사역이라고 본다. 이런 관점에서 '물과 성령'으로 거듭남이라는 말씀을 보면, 거듭날 때 일어나는 성령의 씻는 역할과 새롭게 하시는 역할을 표현한 구절로 이해할 수 있다.

그런데 '물'을 세례로 이해할 수 있도록 달아놓은 관주도 몇몇 있다. 마가복음 16:16, 사도행전 2:38, 에베소서 5:26,[73] 히브리서 10:22[74] 등은 이런 이해와 연관이 있다. 그래서 다음 단계의 단어 연구가 더 필요하다.

문맥 속에서 단어의 의미를 결정하라

앞의 '자세히 읽기'에서 문맥의 범위와 문맥에 따라 어떻게 읽어야 하는지에 대해서 논했다. 여기서는 단어의 해석을 주로 다루기 때문에 단어의 문맥을 염두에 두고 논하겠다. 우리에게 너무나 익숙한 '구원'이라는 단어도 문맥에 따라 얼마나 다양한 용도로 사용되는지 보았다. 그러기 때문에 단어의 문맥상 의미를 대충 넘겨짚어서는 안 된다.

문맥은 단어의 의미를 결정하는데 가장 중요한 요소라고 할 수 있다. 앞에서 보았던 문맥 도표를 다시 인용한다.

문맥의 서클 가운데 제일 안쪽에 단어가 위치하고 있는데, 단어에서 가까운 서클일수록 단어의 의미 결정에 중요한 역할을 한다.[75] 단어가 속한 구절, 단어가 속한 본문, 단어가 속한 본문의 전후 문맥, 단어가 속한 책 순으로 문맥의 범위를 넓혀가면서 연구할 필요가 있다. 같은 책 내에서도 의미가 분명치 않으면 같은 장르의 책들, 그 단어가 속한 구약 혹은 신약 전체에서의 의미, 나아가 구약과 신약을 아우르는 정경 전체 속에서 단어의 의미를 살펴봐야 할 수도 있다.[76]

문맥 연구에 있어서 듀발과 헤이즈는 좋은 방법을 가르쳐준다. 이들이 개발한 문맥 연구방법을 요약하면 다음과 같다.[77]

1) 단어의 의미를 정의 내리고 있는 것처럼 보이는 대조 혹은 비교가 본문 속에 존재하는가? 예) 에베소서 4:29의 "더러운" 말.

2) 본문의 주제 혹은 토픽이 단어 의미를 통제하고 있는가? 예) 창 39:14의 "희롱"이란 말.

3) 여타 다른 곳의 유사한 문맥에서 저자가 동일한 단어를 사용하고 있는 것이 당신으로 하여금 어떤 의미가 해당 단어에 가장 잘 맞는지를 결정하는데 도움을 주고 있는가? 예) 요 3:16의 "세상"이란 말.[78]

4) 저자의 해당 저작 속에 나타나는 저자의 주장이 단어의 어떤 의미를 시사하고 있는가? 예) 갈 3:4에 사용된 "고난을 당하다"라는 말을 긍정적으로 사용했는가, 부정적으로 사용했는가?

5) 역사적 상황이 증거를 특정한 방향으로 기울게 하고 있는가? 때때로 역사적 문맥이 특정한 옵션을 강력하게 선호할 수 있다. 예) 빌 1:27에 사용된 "생활하라"는 단어.

단어의 의미를 결정하는데 가장 중요한 원칙은 그 문맥 속에서 단어가 갖는 의미는 단 하나라는 사실이다. 이에 대한 예외를 찾는다면 '야누스 대구법'일 것이다. 야누스 대구법은 히브리어 한 단어가 가진 이중적인 의미에 기초하여, 한 의미는 앞의 콜론(반절/소절)과 평행을 이루고 다른 한 의미는 뒤 콜론과 평행을 이루는 독특한 대구법이다.[79] 이 실례를 제외하고는 특정 문맥 속에서 단어가 갖는 의미는 단 하나란 사실을 잊지 말아야 한다.[80]

특히 설교자들은 단어의 의미를 결정할 때, 그 뜻이 설교에 더 유용해 보이거나 매력적으로 보이기 때문에 그 의미를 선택해서는 안 된다.[81] 설교자는 충실한 말씀의 사역자임을 잊어서는 안 된다. 성경의 궁극적 저자이신 하나님께서 의도하신 뜻을 충실히 전달하는 성실한 대언자가 되어야 할 것이다.

이제 로마서 3장 25절에 나오는 "화목제물"이란 단어의 의미를 확인해보자.

이 예수를 하나님이 그의 피로써 믿음으로 말미암는 화목제물로 세우셨
으니 이는 하나님께서 길이 참으시는 중에 전에 지은 죄를 간과하심으로
자기의 의로우심을 나타내려 하심이니. (롬 3:25)

이 구절의 핵심 단어 중에 하나는 "화목제물"이다. 그런데 이 단어는 그냥
봐도 뭔가 문제가 있음을 느낄 수 있다. 예수 그리스도의 피를 통하여 이룬
사역과 화목제물을 연결시키는 것이 구약적인 배경에서 생각하면 뭔가 이
상하다. 구약시대에 피를 통한 속죄는 주로 속죄제나 속건제를 통해서 이
루어졌다.

먼저 화목제물이란 단어의 원문을 찾아보면, '힐라스테리온'(ἱλαστήριον)
이란 말이 사용된 것을 알 수 있다. 사전을 찾아보면 이 단어는 '속죄의 수
단' 혹은 '속죄소'가 주된 의미이다.[82] 아쉽게도 이 단어의 다른 용례를 신약
성경에는 찾을 수 없다. 이 단어의 배경이 구약의 제사 규정과 연관이 있기
때문에 구약성경의 배경에서 의미를 추적하는 것이 적절한 절차일 것이다.
로마서 3장 25절에 논하고 있는 예수 그리스도의 사역은 자신의 피를 드려
서 속죄를 이룬 사역과 연관이 있다. 구약에 사용된 화목제물의 일차적인
목적은 속죄가 아니라 하나님과 사람, 사람과 사람 간의 친교에 있다. 화목
제에 포함된 자원제나 감사제나 서원제는 모두 속죄와 연관이 있는 제사들
이 아니다. 그래서 그리스도의 피를 통한 대속 사역은 화목제물과 연관되
기 어렵다.

또 주목해야 할 것은 '힐라스테리온'이란 단어가 속죄소나 속죄의 수단이
란 뜻을 지니기 때문에 구약시대의 속죄일과 연관이 있음을 알 수 있다. 구
약시대에 속죄일인 매년 7월 10일이면 대제사장이 지성소에 수송아지와
수염소의 피를 들고 가서 자신과 자신의 가족과 성막(지성소, 성소, 번제단)

과 이스라엘 백성을 위해서 속죄의 제사를 드렸다. 이때 속죄소 위에와 앞에 피를 일곱 번 뿌렸다(레 16장). 그래서 로마서 3장 25절은 예수 그리스도의 피를 통하여 인류의 죄를 씻는 속죄의 제물로 세우신 것에 초점을 둔다. 이런 역사적 배경 속에서 '힐라스테리온'을 이해하게 될 때, 그리스도의 피를 통한 속죄사역과 자연스럽게 연결이 된다.

그러므로 여기에 사용된 '화목제물'이란 단어는 '속죄제물'로 번역하는 것이 문맥상 타당하다고 본다. 실제로 대부분 현대 번역본들은 본문의 '힐라스테리온'을 '속죄제물'로 번역하고 있다. 아래 예 중에 공동번역만 '제물'로 번역하고 있다.

> 그리스도를 믿는 사람에게는 죄를 용서해 주시려고 하느님께서 그리스도를 제물로 내어주셔서 피를 흘리게 하셨습니다. 이리하여 하느님께서 당신의 정의를 나타내셨습니다. 과거에는 하느님께서 인간의 죄를 참고 눈감아주심으로 당신의 정의를 나타내셨고 (공동번역)

> 하나님께서는 이 예수를 속죄제물로 내주셨습니다. 그것은 그의 피를 믿을 때에 유효합니다. 하나님께서 이렇게 하신 것은, 사람들이 이제까지 지은 죄를 너그럽게 보아주심으로써 자기의 의를 나타내시려는 것이었습니다. (새번역)

> 하나님께서는 이 예수를 속죄제물로 내어 주셨습니다. 의롭게 되는 것은 예수의 피를 믿음으로써 이루어집니다. 이는 하나님께서 오래 참으시는 가운데 과거에 지은 죄를 간과하심으로 그분의 의를 나타내시기 위함입니다. (우리말성경)

하나님께서 이 예수님을 그분의 피를 믿음으로 말미암는 속죄 제물로 세
우셨으니, 이는 하나님께서 오래 참으시며 이전에 지은 죄를 간과하시어
자신의 의를 나타내시려는 것이다. (바른성경)

로마서 3장 25절에 사용된 '힐라스테리온'의 경우는 단어의 사전적 의미
와 구약적 배경이 단어의 뜻을 결정하는데 도움이 되었다. 이는 근접 문맥
을 넘어 정경적 맥락에서 단어의 의미를 결정해야한 대표적 실례가 될 것
이다.
이제 단어 연구를 위한 참고 자료를 소개한다.

◈ 구약의 단어 연구를 위한 자료들

『게제니우스 히브리어 아람어 사전』. 이정의 역. 생명의말씀사.* (*표는 추천
    자료)

『Strong Cord 히브리어 사전』. 도서출판 로고스.

The New Brown-Driver-Briggs-Gesenius Hebrew and English Lexicon
    with an Appendix Containing Biblical Aramaic. Peabody, Mass.:
    Hendrickson, 1979. (Stong 성구사전 번호 따름).

Harris, R. L., et al., eds. Theological Wordbook of the Old Testament. 2 vols.
    Chicago: Moody, 1980. (Stong 성구사전 번호 따름)

Jenni, Ernst, and Claus Westermann, eds. Theological Lexicon of the Old
    Testament. 3 vols. Peabody, Mass.: Hendrickson, 1997.

VanGemeren, Willen, gen. ed. New International Dictionary of Old
    Testament Theology and Exegesis. 5 vols. Grand Rapids:
    Zondervan, 1997.*

Koehler, L., et al. eds. *The Hebrew and Aramaic Lexicon of the Old Testament.* 5 vols. Leiden: Brill, 2000.

Clines, D. J. A., et al. eds. *The Dictionary of Classical Hebrew.* 9 vols. Sheffield: Sheffield Academic Press, 2016.

◆ 신약의 단어 연구를 위한 자료들

『바우어 헬라어 사전』. 이정의 역. 생명의말씀사.*

『Strong Cord 헬라어 사전』. 도서출판 로고스.

Silva, M. *New International Dictionary of New Testament Theology and Exegesis.* 5 Vols. Grand Rapids: Zondervan, 2014.*

Balz, Horst, and Gerhard Schneider, eds. *Exegetical Dictionary of the New Testament.* 4 vols. Grand Rapids: Eerdmans, 1993.

Bauer, Walter, ed. *A Greek-English Lexicon of the New Testament and Other Early Christian Literature.* 3d ed. Revised and edited by F. W. Gingrich and Frederick W. Danker. Chicago: Univ. of Chicago Press, 2000.

Louw, Johnannes P., and Eugene A. Nida. *A Greek-English Lexicon of the New Testament Based on Semantic Domains.* 2d ed. 2 vols. New York: United Bible Societies, 1989.

Spicq, Ceslas. *Theological Lexicon of the New Testament.* 3 vols. Peabody, Mass.: Hendrickson, 1994.

Verbrugge, Verlyn D., ed. *The New International Dictionary of New Testament Theology.* Abridged ed. Grand Rapids: Zondervan, 2000. (G/K 성구사전 번호 따름)

◈ 성경사전

『새 성경사전』(New Bible Dictionary), 나용화/김의원 역, 기독교문서선교회
　　(CLC).* (이후 NBD라고 칭함)

데릭 윌리암스, 『IVP 성경사전』, 이정석 외 역, IVP.

가스펠서브, 『성경 문화배경 사전』(Cultural Background Bible Dictionary), 생
　　명의말씀사.

『성경 이미지 사전』(Dictionary of Biblical Imagery), CLC. (이미지 해석 전문사
　　전)

Bromiley, G. W. et al. The International Standard Bible Encyclopedia. 4
　　Vols. Grand Rapids: Eerdmans.* (이후 ISBE라고 칭함)

Freedman, D. N. et al. The Anchor Bible Dictionary. 6 Vols. Yale
　　University Press. (이후 ABD라고 칭함)

◈ 신학사전

『IVP 성경신학사전』, IVP.*

『신약성서 신학사전』(킷텔 단권 원어사전), 요단출판사.

『구약원어 신학사전』(킷텔 원어사전), 요단출판사.

Theological Dictionary of the New Testament.

Theological Dictionary of the Old Testament.

(마지막 두 권은 단어와 개념을 혼동한 저술의 약점이 있지만 배경 연구에는 도움이 됨).

| 실습 문제 |

1. 로마서 12:1-2에 나오는 중요한 단어 두 개를 선별하여 연구해보라.

2. 마태복음 28:18-20에 나오는 중요한 단어 두 개를 선별하여 연구해보라.

3. 히브리서 4장에 나오는 '안식' 이란 단어를 연구해보라.

4. 스가랴 3:8에 나오는 '싹' 이라는 말을 연구해보라.

제14원리
뜻이 분명치 않은 구절의 의미를 파악하라

꿈

단어의 뜻을 모르면 문장이 잘 이해가 되지 않듯이, 성경 구절의 뜻이 분명치 않으면 본문의 의미를 이해하는데 어려움을 준다. 어떤 구절의 뜻이 분명해 보여도 번역이 잘 못된 경우가 있을 수도 있다. 그래서 최상의 방책은 여러 번역본을 비교하면서 성경을 읽는 것이다. 자세히 읽기에서 여러 번역본을 사용해 성경을 읽는 방법을 이미 소개하였다.

여러 번역본을 비교해서 읽어보면, 뜻이 분명치 않은 구절에 대한 답을 다른 번역본을 통해서 쉽게 찾을 수 있는 경우가 있다. 그런데 어떤 경우에는 번역본들 간에도 의미가 상당히 다르게 번역된 것을 발견하게 된다. 이런 경우에는 반드시 원문의 뜻이 어느 것에 가장 가까운지 연구할 필요가 있다. 본문의 번역이 원문의 문법을 충실히 반영하고 있는지 검토할 필요가 있다. 원문의 문법적인 구조를 올바로 이해하는 것은 올바른 성경해석의 기본 중에 기본이다.[83] 신학교에서 헬라어와 히브리어를 가르치는 이유가 여기에 있다.

다음 본문은 어느 목사가 생전에 입에 침을 튀기면서 목사의 사명을 강조한 본문이다. 그런데 그가 당시에 사용한 성경은 개역한글판이었다.

〈에베소서 4:11-12〉

[개역개정] "(11) 그가 어떤 사람은 사도로, 어떤 사람은 선지자로, 어떤 사람은 복음 전하는 자로, 어떤 사람은 목사와 교사로 삼으셨으니 (12) 이는 성도를 온전하게 <u>하여</u> 봉사의 일을 하게 <u>하며</u> 그리스도의 몸을 세우려 하심이라."

[개역한글] (12) "이는 성도를 온전케 <u>하며</u> 봉사의 일을 하게 <u>하며</u> 그리스도의 몸을 세우려 하심이라."

[새번역] (12) "그것은 성도들을 준비시켜서, 봉사의 일을 하게 하고, 그리스도의 몸을 세우게 하려고 하는 것입니다."

[공동번역] (12) "그것은 성도들을 준비시켜서 봉사 활동을 하게 하여 그리스도의 몸을 자라게 하시려는 것입니다."

[ESV; RSV; NRSV] (12) "<u>to equip</u> the saints <u>for</u> the work of ministry, <u>for</u> building up the body of Christ," (그리스도의 몸을 세우도록, 봉사의 일을 위해 성도들을 구비시키는 것이다.)

[NIV] (12) "<u>to prepare</u> God's people <u>for</u> works of service, <u>so that</u> the body of Christ may be built up."

[BGT] (12) "<u>πρὸς</u> τὸν καταρτισμὸν τῶν ἁγίων <u>εἰς</u> ἔργον διακονίας, <u>εἰς</u> οἰκοδομὴν τοῦ σώματος τοῦ Χριστοῦ,"

에베소서 4장 11-12절에 보면 왜 목사와 교사를 주셨는지 그 이유를 알 수 있다. 12절에 그 이유가 명시되어 있다. 그런데 한글 성경의 12절 번역은 문제의 소지가 있다. 개역한글판에 따르면 12절의 3개의 구절이 모두 '~하며'로 번역되어 대등절로 연결되어 있다. 대등절은 모두 동등한 관계로 연결된 구절이다.

위에서 말한 목회자는 목사의 일차적인 사명이 성도를 온전케 하는 일임을 강조하기 위해서 개역한글판에 나오는 대등절의 순서에 호소했다. 그런데 이에 근거한 호소가 정말 타당할까? 대등절은 의미상 동등하게 연결된 것이기 때문에 먼저 나온다고 항상 강조되는 것은 아니다.

개역한글판의 문제점을 알고 개역개정판은 첫 구절에 나오는 연결어를 '~하여'라고 번역하고 있고, 두 번째 연결어는 '~하며' 그대로 유지하고 있다(새번역도 동일함). 앞 구절의 연결어를 '~하여'라고 번역함으로써 나머지 두 구절은 결과적인 뜻으로 이해된다. 만약 이에 근거한다면 목사의 사명이 성도를 온전케 하는데 있다는 주장에 훨씬 더 설득력을 실어줄 것이다. 이 작은 한 글자를 바꿈으로 말미암아 이에 대한 개역한글판과 개역개정판의 의미는 확연히 달라진다.

그런데 원문의 뜻이 과연 그런 뜻일까? 원문의 의미는 뒤의 두 구절을 대등절로 연결할 수 있는 관계로 볼 수 없다. 12절 원문에 사용된 세 개의 전치사 '프로스', '에이스', '에이스'를 어떻게 번역하느냐에 따라 의미가 상당히 달라진다. 이 세 전치사는 문맥상 모두 목적을 의미한다. 뒤에 사용된 '에이스'라는 두 개의 동일한 전치사가 의미는 같지만 서로 간의 관계는 대등 관계로 연결된 것이 아니다. 번역의 난점이 여기에 있다.

영어 번역본들은 거의 대부분이 이 전치사들의 관계를 정확하게 밝혀내어 번역하고 있다. ESV, NRSV, RSV는 모두 "그리스도의 몸을 세우도록, 봉사의 일을 위해 성도들을 구비시키는 것이다."라고 번역하고 있다. NIV

의 번역도 의미상 큰 차이가 없다. 영어 번역본들은 위의 세 전치사들이 목적을 의미하는 구절을 이끈다는 점에 착안하여 서로 목적 관계로 연결시키고 있다. 공동번역이 영어 번역본과 비슷해 보이지만 마지막 두 구절을 결과적인 의미로 번역하기 때문에 원문의 뜻과는 거리가 있는 번역이다.

에베소서 4장 12절의 올바른 번역은 목사와 교사의 사명이 무엇인지 밝히는데 대단히 중요한 구절이다. 원문에 따르면 목사와 교사를 세우신 것은 성도를 온전케 하되 봉사의 일을 잘 할 수 있는 하나님의 사람으로 세운다는 목적의식을 갖고 성도를 온전케 하는 것이다. 그리고 이는 궁극적으로 그리스도의 몸을 세운다는 목적 하에서 이루어지는 행동임을 의미한다.

이런 뜻과 '목사의 일차적인 목적은 성도를 온전케 하는 것이다. 그러면 봉사의 일도 하게 되고 그리스도의 몸도 세우게 된다.'는 말은 상당한 차이가 있다.

개역한글판 한글성경의 에베소서 4장 12절처럼 우리말 표현상에는 문제가 없어 보이지만 다른 번역본들과 비교해보면 분명한 차이점이 존재할 때, 그 원문의 뜻이 무엇인지 반드시 확인하여 이 구절의 의미를 밝힐 필요가 있다. 원문을 모를 경우에 새번역이나 공동번역을 비교해보면 그래도 원문에 더 가까운 의미를 파악할 수 있다. 영어를 할 수 있으면 ESV, NIV, RSV, NRSV와 같은 번역본들과 비교해봄으로써 원문의 의미에 훨씬 더 가까운 뜻을 확인할 수 있다.

| 실습 문제 |

1. 디모데후서 3:17의 개역개정판 한글성경의 문법적인 구조를 확인해보고, 다른 번역본들과 비교하여 어떤 번역본이 최상의 번역인지 확인해보라.

2. 레위기 1:9의 여러 번역본을 비교하여, 앞 소절의 주어가 누구인지 확인해보라. 이 구절의 바른 이해가 제사의식에 왜 중요한지 생각해보라.

제15원리
비유적 표현의 의미를 밝히라

표준국어대사전은 '비유'(比喩/譬喩)를 "어떤 현상이나 사물을 직접 설명하지 아니하고 다른 비슷한 현상이나 사물에 빗대어서 설명하는 일"이라고 정의한다.[84] 벌코프에 의하면 비유적 표현이란 단어나 표현이 원래의 의미와 다른 뜻으로 사용된 경우를 가리킨다. 그는 글 무늬(figures of speech)를 사상의 비유(figures of thought)나 구문의 비유(figures of syntax)와 별도로 다루고 있다.[85]

'비유'라는 우리말은 상당히 다양한 의미로 사용되기 때문에 그 뜻을 명확히 밝힐 필요가 있다. 영어에 figure, trope, parable을 우리말로 모두 '비유'라고 번역하기 때문에 어떤 의미로 사용된 것인지 의미를 확인하지 않으면 혼란을 일으킨다. 첫 번째 용어인 글 무늬(figures of speech)는 말 무늬(figures of words)와 사상의 무늬(figures of thoughts)로 나누어진다.[86] 이 중에서 말무늬는 trope(말의 수사 혹은 비유적 용법)를 가리킨다. parable은 예수님의 비유를 가리킬 때 주로 사용되는 용어이다.

필자는 단어나 구문이나 사상을 구분하지 않고 비유적 표현들을 여기서 함께 다루고자 한다.[87]

직유법

직유법은 '~같이', '~처럼'과 같은 말을 사용한 "명시적인 비교"이고 은유법은 이런 용어를 사용하지 않고 직접적으로 동일시하는 "암시적인 비교"를 가리킨다.[88] 직유법은 "네 의를 빛 같이 나타내시며 네 공의를 정오의 빛 같이 하시리로다"(시 37:6)에서처럼 조사 '~같이'를 사용하여 "빛"과 "네 의"를, "정오의 빛"과 "네 공의"를 비교한다.

직유법은 이처럼 조사를 사용하기 때문에 대체로 파악하기가 쉽다. 성경에 나오는 실례를 좀 더 보자.

> 하나님이여
> 사슴이 시냇물을 찾기에 갈급함 같이
> 내 영혼이 주를 찾기에 갈급하니이다. (시 42:1)

이 구절은 조사 '~같이'를 사용하여 "사슴이 시냇물을 찾기에 갈급함"과 "내 영혼이 주를 찾기에 갈급함"을 비교하고 있다. 이는 동시에 직유법을 사용하여 상징적 대구법을 이루고 있기 때문에 뒤에 나오는 말을 한층 더 강화, 강조하고 있다.

은유법

은유법은 '~같이', '~처럼'과 같은 조사를 사용하지 않고 직접적으로 동일시하여 비교하는 수사법이다. "너희는 세상의 소금이니…"(마 5:13)에서처럼 '너희 = 소금'식으로 직접 비교하는 형태이다. 고대 헬라시대부터 은유법은 대단히 중요한 비유적 표현으로 칭찬을 받아왔다. 아리스토텔레스는 은유의 위대함을 역설했다. "비교할 수 없이 가장 위대한 것은 은유를 정복하는 것이다. 이것만은 다른 사람에게 나눠줄 수 없다. 이는 천재의 표징이다."라고 말했다.[89]

성경에는 수많은 은유법이 등장한다. 특히 다윗의 시에 그렇다.

> 여호와는 나의 반석이시요 나의 요새시요 나를 건지시는 이시요 나의 하나님이시요 내가 그 안에 피할 나의 바위시요 나의 방패시요 나의 구원의 뿔이시요 나의 산성이시로다. (시 18:2)

여호와 하나님을 다양한 은유법을 사용하여 칭송한다. 하나님을 반석, 요새, 건지시는 이, 피할 바위, 방패, 구원의 뿔, 산성 등 당시 전쟁의 현장에서 흔히 볼 수 있는 다양한 그림 언어를 사용하여 하나님의 보호하심을 칭송하고 있다. 이런 은유법의 특징은 대부분 그림 언어로 구성되어 있기 때문에 당시 이런 이미지에 친숙한 독자들의 마음속에 강력한 그림을 그리면서 다가간다. 그래서 생동감과 생명력을 불러일으키는 특별한 효과를 나타낸다.

예수님 자신도 은유법을 자주 사용했다.

> 나는 곧 생명의 떡이니라. (요 6:48)
> 나는 세상의 빛이니. (요 8:12)
> 나는 양의 문이라. (요 10:7)
> 나는 부활이요 생명이니. (요 11:25)

나는 곧 길이요 진리요 생명이니. (요 14:6)

나는 포도나무요. (요 15:1)

예수님 자신을 가리켜 "나는 … 이다"라는 식으로 은유법을 자주 사용하셨다. 이런 은유법들은 비교의 대상을 통하여 생생한 이미지가 생명력과 생동감을 일으키며 다가온다.

은유 해석을 위해서 리처즈(A. I. Richards)는 화제(tenor), 수단(vehicle), 근거(ground)와 같은 유용한 용어를 고안했다. 화제란 "얘기하고 있는 대상"을 가리키고, 수단은 "화제와 비교되고 있는 것"을 가리키며, 근거는 이 둘 사이의 "공통된 양상(들)"을 가리킨다.[90] 예를 들면, "여호와는 나의 목자시니"(시 23:1)에서 "여호와"는 화제이고, "목자"는 수단이며, "보호와 인도"가 근거이다. 왓슨은 이들의 관계를 다음과 같은 공식으로 표현하고 있다.[91]

X는 Z에 관하여 Y와 같다.

X: 화제(tenor)

Y: 수단(vehicle)

Z: 근거(ground)

이 공식은 은유를 이해하는데 상당한 도움을 준다. 위에서 말한 시편 23:1에 나오는 은유법을 이 공식에 따라 설명해보면 다음과 같다.

"여호와"(X)는 "보호와 인도"(Z)에 관하여 "목자"(Y)와 같다.

여호와: 화제

목자: 수단

보호와 인도: 근거

　이를 그림으로 그려보면 아래와 같다. 여호와 하나님을 목자에 비유하는
근거는 "보호와 인도"의 관점에서다. 아래 그림의 주황색으로 중첩된 부분
이 근거를 나타낸다.

〈도표 #1〉 화제, 수단, 근거의 관계[92]

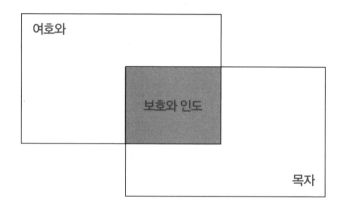

　이 도표를 보면 은유법을 사용하여 여호와를 목자와 비교하는데, 어떤 근
거에 의해서 비교하는지 쉽게 이해할 수 있다. 이 공식을 사용하면 화제와
수단은 대체로 이해하기 쉽지만 근거를 파악하기는 쉽지 않다. 그럼에도
두 비교의 대상의 공통점을 유념하여 꼼꼼히 비교해보면 곧 공통분모를 발
견하게 될 것이다.

환유법

환유법은 본래의 이름이 아닌 다른 이름을 사용하는 비유법이다. 표준국어대사전은 이를 "어떤 사물을, 그것의 속성과 밀접한 관계가 있는 다른 낱말을 빌려서 표현하는 수사법"이라고 설명한다.[93] 이를 "별명 붙이기"라고 칭하기도 한다.[94] 환유법도 더 넓은 범주에서 볼 때 은유법에 속한다.

박근혜 전 대통령 집권 시절, 최측근 세 사람을 가리켜, "문고리 삼인방"이라고 칭한 것은 환유법에 속한다. 축구선수들에게도 종종 별명이 따라다닌다. 일본 대표로 57경기에 출전해 23골을 넣은 나오히로 다카하라는 "초밥 폭탄"이라고 불렸다. 토니 아담스는 아스날 영광의 시대를 이끈 최고의 수비수 가운데 한 명이었는데, EURO 1988에서 네덜란드 공격수에게 농락당해 3대 1일로 패하면서 "당나귀"라는 별명을 얻었다.[95] 이름 대신에 별명을 사용하는 모든 경우들은 환유법에 속한다. 성경에도 환유법이 종종 사용된다.

> 그가 돌과 나무와 더불어 행음함을 가볍게 여기고 행음하여 이 땅을 더럽혔거늘. (렘 3:9)

이 구절에 사용된 "행음"이란 말은 문자적인 음행이 아니라, '우상숭배'를 가리키는 환유법이다.

> 아브라함이 이르되 그들에게 모세와 선지자들이 있으니 그들에게 들을지니라. (눅 16:29)

여기 '모세'와 '선지자'는 모세의 글들과 선지자의 글들을 가리킨다. 이들의 글들 대신에 이 글들의 저자를 내세운 환유법이다.[96]

제유법

제유법이란 일부분으로 전체를 나타내거나 전체로 일부분을 나타내는 수사법을 가리킨다. 개인으로 계층을 혹은 계층으로 개인을 나타내거나, 복수로 단수를 혹은 단수로 복수를 나타내거나, 속(屬; genus)으로 종(種; species)을 혹은 종(種)으로 속(屬)을 나타내는 형태의 수사법이다.[97]

레이콥과 존슨(G. Lakoff & M. Johnson)은 제유법을 "환유법의 특별한 경우"로 여긴다.[98] 환유법은 본래 이름 대신에 다른 이름을 사용하는 수사법인데, 그 구성 요소 중에 특정한 부분으로 전체를 가리킬 때 혹은 그 반대의 경우에 제유법이라고 한다. 예를 들면, "인간은 빵만으로 살 수 없다."라고 할 때, 여기에 사용된 빵은 식량을 가리키는 부분적인 용어이기에 제유법이다.[99] 우리가 흔히 사용하는 '일손이 부족하다'라고 할 때, 사람의 손만을 의미하지 않는다. 이는 사람 전체를 가리키는 말이다. 이는 전형적인 제유법의 한 형태이다.

> 그가 많은 민족들 사이의 일을 심판하시며 먼 곳 강한 이방 사람을 판결하시리니 무리가 그 칼을 쳐서 보습을 만들고 창을 쳐서 낫을 만들 것이며 이 나라와 저 나라가 다시는 칼을 들고 서로 치지 아니하며 다시는 전쟁을 연습하지 아니하고. (미 4:3)

이 말씀은 종말의 때에 이방인들이 개종하여 하나님을 섬길 때, 하나님 나라의 모습을 그림 언어로 묘사하고 있다. 국가 간의 전쟁이 없어지고 평화로운 시대가 도래할 것을 예언하고 있는데, 여기에 사용된 '칼'과 '창'은 대표성을 지닌 무기이고, '보습'과 '낫'은 평화의 시대에 사용될 농기구를 대표하는 말이다.[100] 이는 부분으로 전체를 나타내는 제유법에 속한다.

의인법

의인법(personification)이란 "하나의 사물, 특성 또는 개념이 하나의 인격으로 표현"된 것을 가리킨다.[101] 표준국어대사전은 "사람이 아닌 것을 사람에 비겨 사람이 행동하는 것처럼 표현하는 수사법"이라고 정의한다.[102] 레이콥과 존슨은 의인법을 "가장 명백한 존재론적 은유들"이라고 칭하면서, 비인격적인 실체들을 인간의 특성, 동기, 활동의 견지에서 기술하는 수사법이라고 본다.[103] 구약성경의 대표적인 실례가 시편 114편일 것이다.

(3) 바다가 보고 도망하며
    요단은 물러갔으니
(4) 산들은 숫양들 같이 뛰놀며
    작은 산들은 어린 양들 같이 뛰었도다
(5) 바다야 네가 도망함은 어찌함이며
    요단아 네가 물러감은 어찌함인가
(6) 너희 산들아 숫양들 같이 뛰놀며
    작은 산들아 어린 양들 같이 뛰놂은 어찌함인가

(7) 땅이여 너는 주 앞 곧 야곱의 하나님 앞에서 떨지어다.

　(시 114:3-7)

　시편 114편은 하나님께서 이스라엘 백성들을 애굽 땅에서 구원하신 사건을 찬양하고 있는 시편이다. 애굽 땅에서 나올 때 장애물들을 하나씩 의인화해서 묘사하고 있다. 홍해 바다와 요단강이 갈라진 사건을 가리켜 마치 사람이 도망가듯이 물러갔다고 표현하고 있다. 산들과 작은 산들이 마치 양과 어린 양이 뛰어놀듯이 출애굽의 기쁨을 의인화해서 묘사하고 있다(이는 동시에 활유법이기도 하다).[104] 이들이 가나안 땅 정복을 위해서 나아갈 때, 땅은 마치 사람이 두려움에 떨듯이 떨라고 표현한다.[105]

상징법

　상징법(symbolism)은 단순한 문자적인 의미는 부차적인 것이 되고 상징적인 의미가 일차적인 의미가 되는 것을 가리키는 수사법이다. 상징법은 주로 문화적인 관습에 의해 만들어지기 때문에 저자가 일회용으로 만들어 사용하는 경우는 매우 드물다.[106]

　예를 들면, 요한복음 4장에 예수님이 사마리아 여인과 대화를 하면서 '물'에 대한 이야기를 한다. "내가 주는 물을 마시는 자는 영원히 목마르지 아니하리니 내가 주는 물은 그 속에서 영생하도록 솟아나는 샘물이 되리라"(요 4:14). 사마리아 여인은 예수님이 영원히 목마르지 않는 물에 대해 얘기할 때 귀가 번쩍 뜨였을 것이다. 때마다 우물에 와서 물 긷는 일은 매우 귀찮은 일이다. 여인은 당장 그런 물을 주셔서 이곳에 더 이상 물 길으러 오지 않게 해달라고 요청한다(15절). 그러나 여기서 예수님이 말하는 물은 단순한 물이 아니다. 이 물은 구원이란 뜻으로 사용되었다. 여기서 물은 '구원'이란 뜻을 일차적인 의미로 갖는다. 이런 용법이 상징법이다.[107]

성경에는 메시아의 칭호를 상징법을 사용하여 종종 묘사한다. 상징법으로 사용되는 대표적인 칭호가 '싹', '가지', '다윗' 등이다.

> (24) 내 종 다윗이 그들의 왕이 되리니 그들 모두에게 한 목자가 있을 것
> 이라 그들이 내 규례를 준수하고 내 율례를 지켜 행하며
> (25) 내가 내 종 야곱에게 준 땅 곧 그의 조상들이 거주하던 땅에 그들이
> 거주하되 그들과 그들의 자자 손손이 영원히 거기에 거주할 것이요
> 내 종 다윗이 영원히 그들의 왕이 되리라. (겔 37:24-25)

에스겔 37장에는 마른 뼈 환상이 나오는데, 마른 뼈 같은 이스라엘 백성들이 포로생활에서 돌아와 다시 공동체로서 회복될 것을 예언한 말씀이다. 포로귀환 공동체에 다윗을 왕으로 세우리라고 약속한다. 여기서 '다윗'은 주전 10세기의 역사적 인물 다윗을 가리키는 것이 아니다. 여기 사용된 다윗은 메시아의 또 다른 칭호이다. 역사적 다윗이란 의미는 부차적인 것이 되고 메시아의 칭호가 일차적인 의미가 된다. 이런 용법이 상징법이다.

스가랴 6장에도 메시아를 가리키는 상징법이 사용되고 있다.

> 그 날 그 때에 내가 다윗에게서 한 공의로운 가지가 나게 하리니 그가 이
> 땅에 정의와 공의를 실행할 것이라. (렘 33:15)

예레미야 33장도 포로귀환 이후에 이루어질 메시아 시대에 대한 예언이

다. 여기에 사용된 '가지'는 나뭇가지를 가리키는 것이 아니다. 이 가지는 메시아의 칭호를 가리키는 전문용어이다. 다윗의 후손으로 태어날 공의로운 메시아는 그가 세울 하나님 나라에서 정의와 공의를 실행하실 분으로 묘사되고 있다. 여기서 가지는 메시아에 대한 상징법으로 사용되었다.

우화

우화는 도덕적 교훈을 가르치기 위해 가공된 이야기로서, 등장인물은 주로 동물들이나 식물들이고, 이들의 자연적 활동과 반대되는 활동을 통하여 인간의 정서, 변덕, 실패 등을 풍자한다.[108] 우화 중에 대표적인 작품은 『이솝 우화』일 것이다. 다음은 이 책에 나오는 〈당나귀와 베짱이〉라는 이야기이다.

> 베짱이들이 노래하는 것을 들은 당나귀가 너무나 감동을 받았다.
> 그리고 똑같은 매력적인 멜로디를 갖고 싶어서 그토록 아름다운 목소리들을 내려면 어떤 종류의 음식을 먹고 사는지 물었다.
> 그들이 대답했다.
> "이슬이요."
> 당나귀는 오직 이슬만 먹고 살기로 마음먹었다.
> 그리고 얼마 안돼서 굶어 죽었다.[109]

당나귀의 모습을 보면 어떤 욕망에 사로잡힌 한 인간의 모습을 연상할 수 있다. 베짱이들의 노랫소리를 듣고 감동받은 당나귀가 이에 매료되어 자신이 어떤 존재인지 망각하고 베짱이처럼 따라하려다가 죽음을 맞게 된 어리석은 모습은 자신의 신분과 처지를 망각하고 헛된 욕망을 추구하다가 망한 한 인간의 어리석음을 드러낸다. 이렇게 우화에는 풍자적인 요소가 있다.[110]

성경에 사용된 대표적인 우화는 사사기 9장에 나오는 요담의 "나무들의 우화"일 것이다. 기드온이 죽은 후에 그의 아들 아비멜렉이 자신의 어머니의 친족들이 있는 세겜에 가서 왕이 되고자 그곳의 불량배들을 돈을 주고 매수하여 기드온의 70아들을 모두 죽인다. 이때 기드온의 막내아들 요담은 피신하여 살아남는다. 아비멜렉이 세겜에서 왕이 된 이후에 요담이 그리심산 꼭대기에서 세겜 사람들을 향하여 외친 이야기가 "나무들의 우화"이다.

(8) 하루는 나무들이 나가서 기름을 부어 자신들 위에 왕으로 삼으려 하여 감람나무에게 이르되 너는 우리 위에 왕이 되라 하매

(9) 감람나무가 그들에게 이르되 내게 있는 나의 기름은 하나님과 사람을 영화롭게 하나니 내가 어찌 그것을 버리고 가서 나무들 위에 우쭐대리요 한지라

(10) 나무들이 또 무화과나무에게 이르되 너는 와서 우리 위에 왕이 되라 하매

(11) 무화과나무가 그들에게 이르되 나의 단 것과 나의 아름다운 열매를 내가 어찌 버리고 가서 나무들 위에 우쭐대리요 한지라

(12) 나무들이 또 포도나무에게 이르되 너는 와서 우리 위에 왕이 되라 하매

(13) 포도나무가 그들에게 이르되 하나님과 사람을 기쁘게 하는 내 포도주를 내가 어찌 버리고 가서 나무들 위에 우쭐대리요 한지라

(14) 이에 모든 나무가 가시나무에게 이르되 너는 와서 우리 위에 왕이 되

라 하매

(15) 가시나무가 나무들에게 이르되 만일 너희가 참으로 내게 기름을 부어 너희 위에 왕으로 삼겠거든 와서 내 그늘에 피하라 그리하지 아니하면 불이 가시나무에서 나와서 레바논의 백향목을 사를 것이니라 하였느니라. (삿 9:8-15)

이 내러티브에는 우화의 특징이 분명하게 드러난다. 감람나무, 무화과나무, 포도나무는 자신의 위치를 알고 겸손히 행했던 기드온의 다른 아들들을 가리킨다. 이들은 아무도 스스로 왕이 되기를 원치 않았다. 가시나무는 아비멜렉을 가리킨다. 아름다운 과일나무들과 달리 아비멜렉을 가시가 박힌 가시나무로 묘사함으로써 그가 어떤 사람임을 풍자적으로 드러낸다. 15절에 보면 가시나무가 자신의 그늘에 피하라고 한다. 이는 자랑할 것이 없는 아비멜렉이 왕이 되어 우쭐거리는 모습을 풍자하고 있다. 그리고 그의 말을 듣지 않으면 아름다운 레바논의 백향목을 사를 것이라고 엄포를 놓는다. 그의 폭정에 순종하지 않는 사람들을 무자비하게 짓밟을 것을 풍자적으로 묘사하고 있다.[111]

비유

비유를 가장 빈번하게 사용한 분은 예수 그리스도이시다. 예수님 이전에는 유대교에서 비유를 별로 사용한 적이 없다. 구약성경에 몇 개의 비유가 등장할 정도였다.[112] 복음서에서 '비유'의 범주에 속하는 하위 장르는 여러 가지가 있다.

복음서에 '비유'라는 말로 사용된 헬라어 '파라볼레'(παραβολή)는 영어의 '비유'(parable)보다 훨씬 더 광범위한 의미를 갖고 있다. 이는 수수께끼(막 3:23), 격언(눅 4:23), 대조(눅 18:1-8), 비교 (마 13:33), 단순한 이야기(눅 13:6-9), 복잡한 이야기(마 22:1-14)를 모두 포괄하는 말이다. 그 이유는 복음서의 비유라는 말이 '잠언'을 의미하는 히브리어 '마샬'(משל)에서 유래했기 때문에 이런 넓은 의미를 갖게 되었다.[113]

복음서의 비유는 주로 네 가지 형태로 분류되는데, 비교(similitude), 예시 이야기(example story), 비유(parable), 알레고리(allegory; 풍유)이다. 이 네 가지 범주는 학자들에 따라 의견의 차이가 있다. 특히 비유와 알레고리의 구분에 대해서는 상당한 논란이 있다. 그래서 비유는 스노드그래스(K. R. Snodgrass)가 정의하듯이 "두 차원의 의미를 지닌 이야기로서, 이야기 차원은 실체를 인식하고 이해할 수 있도록 거울을 제공한다."는 관점에서 이해하려고 한다.[114]

과거에는 비유와 알레고리(풍유) 장르를 구분하려고 했으나 케이어드(G. B. Caird)의 연구에 따르면 이렇게 엄격히 구분하기 어렵다는 결론에 도달한다. 비유와 풍유의 관계는 완전히 구분된 경계선을 갖는다기보다는 두 가지가 연속선상에 있음을 인정하지 않을 수 없다. 이것이 현재 학계의 일반적인 견해이다.

예를 들면, 돌아온 탕자 이야기를 분석해보면, 사실 예수님은 탕자, 아버지, 탕자의 형의 이야기를 통해서 또 다른 진리를 전하고 있다. 탕자는 죄로 말미암아 절망 가운데 있는 죄인의 모습을, 아버지께 돌아오는 그는 죄인이 회개하는 모습을 보여준다. 아버지의 모습은 죄인이 회개할 때 무조건적으로 용서하시는 하나님의 사랑을 보여준다. 탕자의 형의 모습은 바리새인들과 서기관들과 같은 자기 의에 빠진 자들의 모습을 빗대어 보여준다. 그러므로 이 이야기 자체만 보면 틀림없는 알레고리 장르이다. 그래서 케이어드는 비유와 풍유를 부분적인 동의어로 여긴다.[115]

예수님은 비유를 주로 현재적 혹은 미래적 관점의 하나님 나라나 제자도에 대해서 가르칠 때 사용하셨다.[116] 마태복음 13장에는 현재적 관점의 하나님 나라에 대해서 마태복음 25장의 비유들은 미래적 관점의 하나님 나라에 대해서 주로 가르치고 있다.

스노드그래스는 비유 해석을 위한 몇 가지 가이드라인을 제공한다.[117]

1) 다른 복음서의 유사한 본문을 포함하여 비유의 순서, 구조, 어법을 분석하라.
2) 통찰을 제공하는 비유의 문화적 역사적 양상들을 주목하라.
3) 예수님의 사역의 맥락에서 비유를 들으라.
4) 문맥에서 도움을 찾되, 많은 비유의 문맥이 보존되지 않았음을 알라.
5) 비유와 이의 편집상의 양상이 이 비유가 속한 복음서의 계획과 목적에 어떻게 들어맞는지 주목하라.
6) 예수님의 가르침에서와 복음서 기자를 위해 이야기 전체의 기능을 결정하라.
7) 이야기의 신학적인 중요성을 결정하라.

스노드그래스는 비유 해석을 위해서 중요한 가이드라인을 제공하지만 비유들이 대부분 이야기체로 된 점을 고려할 때, 이를 내러티브 플롯 구조의 관점에서 분석하는 것을 결코 잊어서는 안 된다. 청중들이 비유에 빠져드는 이유는 비유의 이야기가 갖는 갈등의 고조를 통해 느끼는 서스펜스가 있기 때문이다. 그리고 비유의 절정을 통해 느끼던 긴장의 해결을 통해 답을 얻으면서 청중의 삶의 변화로 이끌기 때문이다.

풍유(알레고리)

풍유(諷諭/諷喩)는 "본뜻은 숨기고 비유하는 말만으로 숨겨진 뜻을 암시하는 수사법"이다.[118] 풍유는 비유와 매우 비슷한데, 한 이야기를 통하여 다른 진리를 전하는 수사법이다.

예를 들면, 시편 80:8-15에 이스라엘을 애굽에서 온 포도나무로 묘사하고 있는데, 심는다는 뜻은 가나안 정착을 의미한다(8절). 주께서 그 포도나무를 가꾸셔서 뿌리가 깊이 박히고 땅에 가득차고, 그늘이 산들을 가리며, 그 가지가 바다까지 뻗고 넝쿨이 강까지 미쳤다는 것은 이스라엘 백성이 하나님의 은혜로 크게 번창한 것을 의미한다(9-11절).

주께서 담을 허시고 길을 지나가는 모든 자들이 따먹게 하시고 숲 속의 멧돼지들이 상해하며 들짐승들이 먹었다는 것은 이스라엘 백성을 버리셔서 이방나라들이 짓밟게 하셨다는 뜻이다(12-13절). 만군의 하나님께 "하늘에서 굽어보시고 이 포도나무를 돌보소서"라고 부르짖는 것은 이스라엘 백성들을 다시금 불쌍히 여겨달라는 간구이다(14절). 그 포도나무 줄기는 주의 오른손이 심으셨고 그 가지는 주를 위하여 힘 있게 하셨다는 것은 하나님께서 친히 이스라엘 백성을 구원하셔서 가나안 땅에서 창성하게 하셨다는 의미이다(15절).

풍유에 대한 이야기를 더 하기 전에 먼저 '풍유'(allegory)와 '풍유적 해석'(allegorical interpretation)을 구분할 필요가 있다. 케이어드는 이 둘 사이의 차이점을 이렇게 구분한다.

풍유는 저자에 의해서 숨겨진 의미가 전달되도록 의도된 이야기인데, 의
도된 의미가 인지될 때 올바로 해석된다. 풍유화한다는 것(풍유적 해석)
은 원래 저자가 의도하거나 생각하지 않은 숨겨진 의미를 이야기에 부여
하는 것이다. 즉 알레고리(풍유)로 의도되지 않은 것을 알레고리(풍유)로
취급하는 것을 말한다. 여기서도 다른 모든 의미의 문제에서와 마찬가지
로 저자나 화자의 의도가 가장 중요하다.[119]

풍유라는 장르는 성경 여기저기서 발견되는데, 전도서 12:3-7에 늙음과
죽음을 묘사한 것, 잠언 5:15-18에 결혼의 정절을 자기 샘에서 물을 마시는
이미지로 묘사한 것, 신약에 그리스도인의 전신갑주를 묘사한 것(엡 6:11-
17) 등은 모두 풍유들이다.[120]

알레고리와 알레고리적 해석은 어떻게 다른가?

중세 시대의 무절제한 알레고리적 해석에 질린 종교개혁자들은 알레고
리적 해석을 잘못된 성경해석 방법으로 여기고 버린다. 그런데 알레고리적
해석에 질린 나머지 성경 속에 나오는 '알레고리 장르'까지 구분하지 못하는
실수를 범하는 사람들이 있다.
알레고리 장르(풍유 장르)와 알레고리적 해석(풍유적 해석)은 분명히 다른
것이다. 앞의 것은 문학 장르에 속한 것이고, 후자는 성경해석 방법에 속한
것이다.
알레고리(장르)는 저자에 의해서 숨겨진 의미가 전달되도록 의도된 이야
기이다. 알레고리(allegory) 해석의 열쇠는 저자가 의도한 의미를 올바로 파

악하는 것이다. 이는 정당한 성경해석 방법이다.

반면에 알레고리적 해석(allegorical interpretation)은 원래 저자가 의도하지 않은 의미를 이야기에 억지로 집어넣어서 해석하는 것이다. 이는 잘못된 성경해석 방법이다. 성경에 나오는 대표적인 알레고리 장르 중에 하나인 잠언 5:15-18의 실례를 보자.

(15) 너는 네 우물에서 물을 마시며 네 샘에서 흐르는 물을 마시라

(16) 어찌하여 네 샘물을 집 밖으로 넘치게 하며 네 도랑물을 거리로 흘러
가게 하겠느냐

(17) 그 물이 네게만 있게 하고 타인과 더불어 그것을 나누지 말라

(18) 네 샘으로 복되게 하라 네가 젊어서 취한 아내를 즐거워하라.
(잠 5:15-18)

이는 성경의 대표적인 알레고리 장르에 속한다. 브루스 워키(Bruce Waltke) 교수의 해석에 의하면 여기 나오는 '샘'은 아내를 가리킨다. '물을 마시라'는 것은 성적인 갈증을 해소하라는 뜻이다.[121] 이 본문의 의도는 분명하다. 음녀와 성관계 갖는 것을 경고하고 자기 아내와 성관계를 즐기라는 내용을 알레고리로 묘사하고 있는 것이다. 이렇게 저자의 의도가 분명하게 드러난 경우에 알레고리 장르에 해당된다. 이는 정당한 성경해석 방법이다.

그런데 알레고리적 해석에는 이런 저자의 의도를 발견할 수 없다. 이는 '귀에 걸면 귀고리, 코에 걸면 코걸이'식의 해석이다. 대표적인 알레고리적 해석의 실례를 들자면 어거스틴의 '선한 사마리아인의 비유' 해석을 들 수 있다.

강도 만난 자는 아담으로, 예루살렘은 하늘의 도성으로, 여리고를 달(도

덕성의 상징)로, 강도들을 마귀와 그에 속한 천사들로 본다. 그리고 마귀와 그에 속한 천사들이 그 사람으로 하여금 죄를 짓게 만들고 그래서 영적으로 반쯤 죽게 함으로써 그에게서 불멸성을 빼앗아 버린 것으로 이해한다. 제사장과 레위인은 구약성경을, 사마리아인은 그리스도를, 짐승은 예수 그리스도께서 성육신하심으로써 입은 육체를, 여관은 교회를, 여관집 주인은 사도 바울을 나타낸다고 보았다.[122]

이런 알레고리적 해석은 저자가 의도한 의미로 받아들일 수 없다. 예수님께서 '선한 사마리아인 비유'를 말씀하신 의도는 누가 우리의 진정한 이웃인가를 가르치기 위해서였다. 어려움에 처한 자를 돕는 자가 진정한 이웃임을 가르친다.

강도 만난 자와 아담을 연결한 것, 여리고를 달과 연결시킨 것, 제사장과 레위인을 구약성경과 연결시킨 것, 사마리아인을 그리스도와 연결시킨 것, 짐승을 예수님의 육신과 연결시킨 것, 여관을 교회와 연결시킨 것, 여관집 주인을 바울과 연결시킨 것 등은 전혀 저자가 의도한 것이 아니다.

이렇게 저자가 의도하지 않은 의미를 억지로 본문에 집어넣어 해석하는 것을 알레고리적 해석이라고 한다. 그래서 알레고리적 해석(풍유적 해석)은 해석학적 정당성을 인정 받지 못한다.

알레고리적 해석과 모형론적 해석은 어떻게 다른가?

앞에서 '알레고리적(풍유적) 해석'은 잘못된 해석이라고 밝혔다(이를 '알레고리 장르'와 혼동하지 말길 바란다). 반면에 '모형론적 해석'(typological interpretation)은 정당한 성경해석 방법이다.

적어도 네 가지 면에서 모형론적 해석은 알레고리적 해석과 다르다. 다음 네 가지 질문에 대해 긍정적인 답이 나오면 모형론적 해석에 속한다.

▶ 저자의 의도가 있는가?

▶ 역사성이 있는가?

▶ 패턴의 일치가 있는가?

▶ 구약시대에 특별한 상징적 의미를 갖고 있는가?

① 모형론적 해석에는 저자의 의도가 드러난다.

예를 들면, 유월절 사건과 십자가 사건을 비교해보면 하나님의 의도하신 흔적을 발견할 수 있다. 왜 하나님께서 유월절에 양/염소를 잡고, 피를 문설주와 인방에 바름으로 이스라엘 장자들을 살아나게 하셨을까? '이스라엘 백성들은 장자의 죽음에서 제외'라는 말씀 한 마디면 해결될 문제를 왜 이런 복잡한 의식을 통해서 해결하셨을까? 이에는 하나님의 의도하신 뜻이 들어가 있다.

유월절날 어린 양/염소를 잡아서 피를 문설주와 인방에 바름으로 이스라엘 장자가 죽음에서 살아났다. 이는 세상 죄를 지고 가는 하나님의 어린 양 되신 예수 그리스도의 죽음으로 그의 보혈을 통해 죄로 말미암아 죽을 우리가 살아나게 될 것을 미리 보여준다. 유월절 사건은 십자가의 구속을 보여주기 위한 하나님의 의도를 내포하고 있다.

반면에 알레고리적 해석은 저자가 의도하지 않은 의미를 집어넣은 것이다. 앞에서 다룬 어거스틴의 '선한 사마리아인의 비유' 해석에서 보았듯이 알레고리적 해석은 저자가 의도한 의미로 받아들일 수 없다. 이런 해석은 자의적인 꿰어 맞추기식 성경해석이다.

② 모형론적 해석에는 역사성이 있다.

유월절 사건은 과거 이스라엘 백성들이 출애굽 할 때 일어났던 이스라엘 민족을 구원하기 위한 역사적 사건이었고, 이의 대형(對型; antitype)이 되는 예수 그리스도의 십자가 사건도 하나님의 백성을 구원하고자 하시는 역사적 사건이었다.

위의 어거스틴의 '선한 사마리아인의 비유'에는 이런 역사성이 존재하지 않는다. 비유의 내용과 지칭대상 간의 어떤 역사적 연결점도 찾을 수 없다.

③ 모형론적 해석에는 일정한 패턴의 일치가 있다.

유월절 사건의 어린 양의 죽음과 피를 통해 장자가 죽음에서 구원을 얻게 된 것과 예수 그리스도의 죽음과 그의 보혈을 통해 죄인이 구원을 얻게 된 것 사이에 패턴이 일치한다.

속죄제에서도 동일한 패턴을 발견하게 된다. 속죄양의 죽음과 피 뿌림을 통해 죄인이 죄 용서 받은 것은 예수 그리스도의 죽음과 그의 피로 말미암아 죄인들이 용서 받은 것 사이에 일정한 패턴이 존재한다. 유월절 사건이나 속죄제 규정이나 예수 그리스도의 십자가 구속 사역 사이에는 일정한 패턴이 드러난다. 이것이 모형(type)을 규명하는 중요한 단서가 된다.

반면에 어거스틴의 '선한 사마리아인의 비유' 해석에는 일정한 패턴을 발견할 수 없다. 모든 요소들을 인위적으로 꿰어 맞춘 것을 보게 된다. 이것이 알레고리적 해석의 문제점이다.

한 가지 조심해야 할 것은 모형론적 해석도 너무 세부적인 사항까지 연결점을 찾으면 알레고리적 해석의 함정에 빠질 수 있다는 사실이다. 그래서 모형론은 구약의 사건, 인물, 제도 등에 나타나는 가장 핵심적인 패턴을 파악하여 모형을 찾는 것이 중요하다.

④ 구약시대에 특별한 상징적 의미를 갖고 있는가?

하나님의 지시로 모세가 광야에서 놋뱀을 만들어 장대 위에 매단 일(민 21:5-9)은 예수 그리스도의 십자가를 예표하기 이전에 이미 구약시대에 상징적인 의미를 갖고 있었다. 불뱀에 물린 자들이 장대 위에 높이 매달린 놋뱀을 바라보면 살았다. 놋뱀을 바라보지 않은 자들은 죽었을 것이다. 놋뱀을 보느냐, 보지 않느냐는 하나님의 약속을 믿느냐, 믿지 않느냐가 결정적인 행동의 기준이었다. 놋뱀을 바라본 순종에는 '하나님의 약속에 대한 믿음'이라는 중요한 상징적인 의미가 숨어 있다. 이 믿음이 그들을 죽음에서 살렸다. 그래서 놋뱀 사건은 '믿음을 통한 구원'이라는 중요한 상징적 의미를 내포하고 있다. 이 상징적인 의미가 십자가 사건의 모형론적 의미와 연결이 된다. 모형과 상징과의 관계는 뒷부분에 더 자세히 다룬다.

비유적 언어 해석 원리들

벌코프는 성경의 비유적 언어의 해석에 도움이 되는 원리들을 몇 가지 소개하고 있다. 여기에 간략히 요약하겠다.[123]

(1) 단어의 비유적 용법은 어떤 유사성이나 관계에 기초하기 때문에 해석자는 비유가 기초하거나 차용하고 있는 것에 대한 명확한 개념을 갖고 있어야 한다.

(2) 세부적인 것에 너무 집착하지 말고, 비교의 정확한 핵심 즉 주된 사상을 찾으라.

(3) 하나님이나 영원한 것에 대한 비유적 표현은 온전한 분/것에 대한 아주 제한적인 정보밖에 주지 않는다.

(4) 성경의 비유적 용법이 전하는 사상을 문자적 언어로 표현함으로써 비유적 용법에 대한 통찰을 어느 정도 시험해볼 수 있다.

기타 비유적 표현들

여기서 논하지 않은 기타 여러 가지 비유적 표현들이 있다. 돈호법, 생략법, 액어법, 돈절법, 완곡어법, 곡언법, 과장법, 반어법, 용어법, 반복법, 점층법, 질문법, 수수께끼, 아이러니, 페러디는 미주의 책들을 참조하라.[124]

| 실습 문제 |

1. 시편 23:1에는 어떤 비유적 표현이 사용되었는가?

2. 이사야 7:4에는 어떤 비유적 표현이 사용되었는가?

3. 시편 63:5에는 어떤 비유적 표현이 사용되었는가?

4. 시편 18편 8-10절에는 어떤 비유적 표현이 사용되었는가?

5. 스가랴 6:12에는 어떤 비유적 표현이 사용되었는가? 이는 무엇을 의미하는가?

6. 사무엘하 12:1-7은 우화, 비유, 풍유 중에 어느 것에 속하는가?

제16원리
본문의 뜻을 문맥 속에서 파악하라

꞉ꞏꞏꞏꞏꞏꞏꞏꞏꞏꞏꞏ

어떤 청년이 여자 친구와 결혼을 할 것인지 고민하다가 그날 묵상한 성경 구절이 고린도전서 7:36의 마지막 부분("그들로 결혼하게 하라")이었다고 가정해보자. 만약 그가 이 말씀을 그대로 믿고 여자 친구와 결혼하는 것이 하나님의 뜻이라고 생각한다면 오해일 수 있다. 이 말씀의 문맥을 보면 바울이 그런 뜻으로 이를 기록한 것이 아니다.[125]

> (36) 그러므로 만일 누가 자기의 약혼녀에 대한 행동이 합당하지 못한 줄로 생각할 때에 그 약혼녀의 혼기도 지나고 그같이 할 필요가 있거든 원하는 대로 하라 그것은 죄 짓는 것이 아니니 그들로 결혼하게 하라
> (37) 그러나 그가 마음을 정하고 또 부득이한 일도 없고 자기 뜻대로 할 권리가 있어서 그 약혼녀를 그대로 두기로 하여도 잘하는 것이니라
> (38) 그러므로 결혼하는 자도 잘하거니와 결혼하지 아니하는 자는 더 잘하는 것이니라. (고전 7:36-38)

이 말씀은 고린도교회 당시의 상황을 고려하여 약혼한 남자들에게 권면

한 말씀이다. 당시의 고난의 상황 가운데 결혼하는 것보다 결혼하지 않는 것이 더 나은 상황임을 고려해서 했던 말이다. 그런데 이런 상황 가운데서도 결혼하는 것이 필요하다고 생각되면, 결혼한다고 해서 죄를 짓는 것은 아니기 때문에 결혼하라는 말이다. 그런데 독신으로 지내는 것이 낫다고 판단하여 결혼하지 않아도 잘하는 것이라고 말한다. 마지막 구절에 바울의 핵심이 들어 있다. 당시의 핍박의 상황을 고려할 때, 결혼하는 것도 잘하는 일이지만 그것보다 결혼하지 않는 것이 더 잘하는 것이라고 말하고 있다. 그래서 36절의 문맥을 고려하면 그냥 결혼하라는 뜻이 아님을 알 수 있다.

문맥은 성경의 의미를 올바로 파악하는데, 가장 중요한 요소 중에 하나이다. 오늘날 이단들이 범람한 이유는 성경의 문맥을 무시하고 멋대로 해석하기 때문에 생긴 것이다. 문맥을 무시한 성경해석은 하나의 핑계에 불과하다는 격언과 같은 말이 있다.[126]

문맥 중에 가장 중요시해야 할 문맥은 본문이 나오는 전후의 문맥(근접 문맥)이다.[127] 근접 문맥만 잘 살펴도 성경해석의 상당한 오류들을 미연에 막을 수 있다. 근접 문맥은 본문의 앞 2~3단락과 뒤로 2~3단락을 가리킨다. 근접 문맥 속에서 본문이 어떻게 연결이 되고, 어떤 위치를 차지하는지 확인할 필요가 있다. 그 다음 신경 써야 할 문맥은 본문이 속한 책(예, 창세기, 마태복음 등)의 문맥이다. 본문이 책 속에서 어떤 역할을 하고 있는지 확인해야 한다. 만약 본문과 유사한 평행 본문이 있다면, 그 책속의 다른 곳에 나오는 평행 본문도 살펴볼 필요가 있다. 그 다음 단계는 본문의 평행 본문이 다른 동일한 장르의 책에서 나올 경우에 다른 동일한 장르의 책에서 어떤 의미를 갖는지 확인할 필요가 있다.[128]

특히 복음서에는 동일한 본문이 여러 곳에 나오는 경우가 많기 때문에 복음서 각권에 나오는 본문들의 문맥을 검토할 필요가 있다. 더 나아가 구약 본문이면 구약 전체의 문맥 속에서 어떤 의미를 갖는지 확인해야 하고, 신약 본문이면 신약 전체에서 어떤 의미를 갖는지 확인해야 한다. 마지막으로 구약과 신약성경 전체라는 문맥 속에서 그 의미를 확인해야 한다. 중요한 것은 본문에서 가까운 문맥일수록 의미 결정에 있어서 더 큰 비중을 차지한다는 점이다.

본문의 문맥의 중요도

본문의 전후 문맥

우리는 종종 '돌아온 탕자의 비유'(눅 15:11-32)의 문맥을 망각하고 해석하는 경우가 있다. '돌아온 탕자의 비유'라는 제목 자체가 문맥을 잘못 이해한 데서 온 것이다. 개역개정판 한글성경이 제목으로 달고 있는 '잃은 아들을 되찾은 아버지 비유'도 역시 문맥을 고려하지 않은 제목이다. 이런 제목들은 주로 둘째 아들에게 초점을 맞추고 있고, 첫째 아들은 안중에도 없다.

비유 자체를 보면 탕자가 방탕한 삶을 살면서 재산을 탕진한 후 아버지께 돌아온 일이 중요한 주제이기도 하다. 그리고 거지가 되어 돌아오는 아들을 조건 없이 받아들이는 아버지의 사랑도 감동적이다. 이는 죄인이 회개할 때, 하나님께서 어떤 마음으로 그들을 받아주시는 지에 대한 좋은 비유이다. 그래서 전도설교에 자주 등장하는 탁월한 비유이다.

그런데 비유의 문맥을 고려하면 그것만이 다가 아니다. 이 비유를 시작하기 전에 누가복음 15장은 이렇게 시작한다.

(1) 모든 세리와 죄인들이 말씀을 들으러 가까이 나아오니

(2) 바리새인과 서기관들이 수군거려 이르되 이 사람이 죄인을 영접하고 음식을 같이 먹는다 하더라

(3) 예수께서 그들에게 이 비유로 이르시되. (눅 15:1-3)

누가복음 15장을 시작하는 세 구절은 여기에 등장하는 세 비유의 문맥을 보여준다. 예수님의 말씀을 듣는 무리 중에는 세리와 죄인들도 있었고, 바리새인과 서기관들도 있다. 예수님께서 세 가지 비유를 연달아 말씀하신 이유가 2절에 나온다. 예수님께서 죄인들을 영접하고 이들과 함께 음식을 먹는데 대해서 수군거리는 바리새인과 서기관들을 염두에 두시고 있다.

돌아온 탕자의 비유에 나오는 탕자는 세리와 죄인들을 가리킨다. 탕자의 형은 누구를 가리킬까? 예수님께서 세리와 죄인들을 가까이 하시는데 대해 불만을 토로하는 바리새인들과 서기관들을 염두에 두신 것이다. 탕자의 형은 탕자가 자신의 재산을 창녀들과 방탕하게 날려버린 동생이 돌아오자 아버지가 그를 조건 없이 받아들이는데 대해 불만을 품고 있다. 그리고 아버지

가 방탕한 동생에게 베푼 환대는 더욱 참을 수가 없었다. 자신은 아버지의 말씀에 순종하며 살았는데도 염소 새끼라도 주어서 벗과 함께 즐기도록 한 적이 없다고 불만을 토로한다. 형의 모습은 엄격한 율법대로 살았던 바리새인들과 서기관들의 모습을 대변한다. 이들은 예수님이 죄인들과 세리들을 조건 없이 받아들이고 그들을 환대하는데 대해 불만을 품고 있는 자들이다.

예수님은 이 비유를 통하여 바리새인과 서기관들도 동일한 하나님의 은혜가 필요한 자들임을 나타내고 있다. 사실 큰 아들은 자기 의에 빠져 하나님의 사랑을 외면하는 어쩌면 더 불쌍한 아들이다. 예수님은 이 비유를 통해 이들도 회개하고 하나님께 돌아오길 바라는 마음을 표현하고 있다.

돌아온 탕자의 비유를 누가복음 15장 전체의 문맥에서 생각 할 때, 그 의미가 훨씬 더 깊어진다. 차라리 이 비유의 제목을 팀 켈러(Tim Keller) 목사가 제안하듯이 '잃어버린 두 아들의 비유'라고 하는 것이 더 적절할 것이다.[129] 우리는 지금까지 이 비유의 문맥을 진지하게 생각지 않아 탕자의 큰 형과 같이 자기 의에 빠진 현대 청중들을 향한 메시지를 얼마나 자주 놓쳤던가! 본문의 뜻을 정확히 파악하기 위해서 본문의 앞뒤 문맥을 주의 깊게 관찰하는 것이 얼마나 중요한가!

본문이 속한 책 속의 문맥

로마서와 야고보서를 읽을 때마다 마음속에 혼돈이 생긴다. 로마서의 '행위'라는 말과 야고보서의 '행함'이라는 말이 미묘하게 갈등을 일으킨다. 사실 원문은 동일한 '에르곤'(ἔργον)이라는 말을 사용한다. 이런 경우에는 로마서에서 사용하는 말과 야고보서가 사용하는 말에 대해, 이 단어가 속한

'책'이라는 문맥 속에서 정확히 파악할 필요가 있다. 다음 두 구절을 비교해 보자.

> 만일 아브라함이 행위로써 의롭다 하심을 받았으면 자랑할 것이 있으려니와 하나님 앞에서는 없느니라. (롬 4:2)

> 우리 조상 아브라함이 그 아들 이삭을 제단에 바칠 때에 행함으로 의롭다 하심을 받은 것이 아니냐. (약 2:21)

로마서는 아브라함이 행위(에르곤)로써 의롭다 하심을 받지 않고 믿음으로 말미암아 의롭다함을 받았다고 말한다. 반면에 야고보는 아브라함이 행함(에르곤)으로 의롭다하심을 받았지, 믿음으로만 아니라고 주장한다(약 2:24). 마치 바울과 야고보가 충돌하는 것처럼 들린다. 이 문제를 어떻게 해결해야 하겠는가?

바울이나 야고보가 동일한 '에르곤'(행위/행함)이라는 말을 사용하지만 이들이 사용하는 의미의 차이가 어떤 것인지 확인할 필요가 있다. 이런 경우에 바울과 야고보가 어떤 문맥에서 이 단어를 사용하는지 정확히 분석하는 것이 대단히 중요하다.

바울이 로마서에서 사용하는 '행위'라는 말은 거의 대부분의 경우에 그 앞에 수식어가 붙는다. 그가 말하는 행위는 '율법의' 행위를 염두에 둔 말이다(롬 2:15; 3:20, 28). 율법의 행위라는 말은 '율법을 지켜서 의를 이룬다'는 뜻이다. 이런 의미에서 아브라함은 (율법의) 행위 때문에 의를 얻게 된 것이 아니라는 말이다. 아브라함은 오직 하나님을 믿음으로 의롭게 된 것이다(롬 4:3).

반면에 야고보서가 말하는 행함은 율법의 행위를 말하는 것이 아니다. 야고보서는 결코 이런 의미로 행함이란 말을 사용하지 않았다. 그가 의미하는 '행함'이란 믿음의 결과 따라오는 순종을 의미하는 것이며, 믿음의 또 다른 면을 의미한다. 야고보서는 행함을 선행과 매우 가까운 의미로 사용하고 있다. 순종이 없는 믿음이 진짜 믿음일까? 야고보서는 단호히 아니라고 한다. "영혼 없는 몸이 죽은 것 같이 행함이 없는 믿음은 죽은 것이니라"(약 2:26). 여기서는 '순종이 없는 믿음'은 죽은 것과 같다는 말이다.

이렇게 동일한 말도 책에 따라 완전히 다른 의미로 사용될 수 있기 때문에 중요한 단어는 그 책에서 어떤 의미로 사용되고 있는지 밝힐 필요가 있다. 책 문맥을 꼭 확인해야 한다.

같은 장르의 책속의 문맥

같은 장르 속에 유사하거나 동일한 본문이 등장하는 경우가 종종 있다. 모세오경에도 유사하거나 동일한 본문이 여기저기 등장한다. 사무엘상하와 열왕기상하의 내러티브들도 역대상하에 중첩되는 경우가 매우 많다. 복음서 안에서도 같거나 유사한 본문들이 반복해서 나타나는 경우들이 있는데, 이런 경우에는 평행 본문을 꼭 비교해볼 필요가 있다.

예를 들면, 이혼에 대한 예수님의 가르침은 마태복음 5장 31-32절에 나온다. 이 본문의 내용은 마태복음 19장 1-9절에 확대된 형태로 다시 나타난다. 그리고 마가복음 10장 11-12절과 누가복음 16장 18절에도 마태복음 5장 32절에 나오는 이혼에 대한 내용이 다시 등장한다. 이런 본문들은 같은 내용을 다루지만 조금씩 차이가 있기 때문에 해석에 어려움이 있다. 이런 경우에 같은 본문들의 문맥을 비교하여 의미를 결정할 필요가 있다. 이제 본문들을 비교해보자.

(32) 나는 너희에게 이르노니 누구든지 음행한 이유 없이 아내를 버리면 이는 그로 간음하게 함이요 또 누구든지 버림받은 여자에게 장가드는 자도 간음함이니라. (마 5:32)

(9) 내가 너희에게 말하노니 누구든지 음행한 이유 외에 아내를 버리고 다른 데 장가드는 자는 간음함이니라. (마 19:9)

(11) 이르시되 누구든지 그 아내를 버리고 다른 데에 장가드는 자는 본처에게 간음을 행함이요
(12) 또 아내가 남편을 버리고 다른 데로 시집가면 간음을 행함이니라. (막 10:11-12)

(18) 무릇 자기 아내를 버리고 다른 데 장가드는 자도 간음함이요 무릇 버림당한 여자에게 장가드는 자도 간음함이니라. (눅 16:18)

마태복음에는 두 곳에 모두 예외 조항(음행한 이유 없이/외에)이 함께 들어가 있다. 그런데 마가복음과 누가복음에는 예외 조항이 없다. 평행 본문을 비교할 때, 어떤 가르침이 맞는지 고민이 생길 수 있다.

이혼에 대해서 예수님께서 예외를 두셨는가, 아니면 두지 않으셨는가? 이에 대한 답을 찾아야 올바로 적용할 수 있다. 먼저 예외 조항이 있건 없건 간에 예수님의 가르침은 모세의 규정대로 쉽게 이혼할 수 없도록 율법을 완

성한 것이 분명하다. 원래 모세의 규정은 신명기 24장 1-4절을 배경에 두고 있다. 신명기에서 율법이 규정하고 있는 바는 아내와 결혼한 후에 "수치 되는 일"이 발견되었을 때, 이혼증서를 써주고 이혼을 하도록 허용한 것이다. 그런데, 이혼한 그녀가 재혼 한 이후 남편이 죽었을 때, 그녀는 처음 남편과 재혼하지 말도록 규정한 것이다. 이런 행위는 여호와 앞에 가증한 것이기 때문이다.

예수님의 가르침은 당시의 유대사회에서 아내를 쉽게 내버리는 악습을 막기 위한 조치였다. 예수님은 원래 창조의 섭리로 되돌아가서 하나님께서 남녀를 짝지어주셨기 때문에 함부로 이혼해서는 안 된다고 밝힘으로써 율법을 새로운 차원에서 완성하셨다. 여기서 예외 조항의 유무에 대해서 학자들 간의 상당한 논쟁이 있다. 카슨(D. A. Carson)의 연구에 의하면 예외 조항을 인정하는 것이 맞다고 본다. 마가와 누가는 당시 유대 사회에서 너무나 당연시 한 것이기 때문에 언급하지 않았을 뿐이라고 본다. 반면에 마태는 이를 구체화해서 밝힌 것이다.[130] 사실 이런 문제점을 인식할 수 있는 것은 평행 본문을 같은 장르라는 책의 문맥에서 비교해볼 때 가능한 것이다.

성경 전체의 문맥

성경이 가르치고 있는 중요한 신학적인 의미는 성경 전체라는 문맥을 살필 때 그 의미를 정확히 알 수 있다. 구약성경에 나오는 수많은 모형론적 의미들은 성경 전체의 맥락에서 조망해 봐야 그 의미를 분명히 알 수 있다.

유월절 절기의 의미도 신약의 완성된 의미를 알아야 이 절기가 지닌 중요한 신학적 의미를 파악할 수 있다. 왜 하나님은 일 년 된 흠 없는 어린 양을 유월절 양으로 선택하라고 하셨는가? 왜 피를 문설주와 인방에 바르게 했는가? 왜 양 고기를 불에 구워 먹으라고 했는가? 하나님께서는 말씀 한마디면 유대인들을 장자의 죽음에서 모면하게 하실 수 있다. 그런데 왜 이런 복잡한 유월절 절기 규정을 만들어 대대로 지키게 하셨는가?

유월절이 지닌 모형론적 의미는 예수 그리스도의 십자가 사건을 통해 그 깊은 의미가 밝혀졌다. 흠 없는 어린 양은 무죄하신 유월절 양 되시는 예수 그리스도의 예표이다(고전 5:7). 피를 바르게 하고 죽음의 천사가 피를 볼 때 넘어간 것은 예수 그리스도의 보혈을 믿음을 통해 죄인들이 죽음에서 살아나게 될 것의 예표이다. 양고기를 불에 구워먹으라고 하신 것은 예수님이 돌아가시기 전 날, 성만찬에서 예수님이 빵과 포도주를 통해 그 의미를 밝히셨다. 빵과 포도주는 자신의 살과 피를 상징하는 음식이다. 유월절 양고기는 예수 그리스도의 몸을 상징하고 문설주와 인방에 바른 피는 예수님 보혈의 예표이다.

구약시대의 수많은 사건, 제도, 인물 등이 이런 모형론적 의미를 갖는다. 구약의 제사제도, 성전의 의미 등에도 심오한 모형론적 의미가 숨겨져 있다. 이는 구약과 신약 전체의 정경적 맥락 속에서 볼 때 그 의미를 분명하게 깨달을 수 있다.

어떻게 문맥을 연구할 것인가?

관주성경 활용

관주는 유사한 본문을 비교하는데 매우 도움이 된다. 관주성경의 해당 구절을 찾으면 관련된 구절을 대부분 열거하고 있다. 아래 사진은 『개역개정 관주성경』(아가페)에 나오는 관주이다.

마태복음 5장 32절 앞에 작은 글씨로 '|'라고 표시해 두었는데, 오른쪽 관주 칼럼에 '|'라는 표시와 함께 관련된 성경구절들을 모두 열거하고 있다 (마 19:9; 막 10:11, 12; 눅 16:18; 비, 고전 7:10, 11). 이렇게 찾아보면 평행 본문을 효과적으로 연구할 수 있다.

성경 앱을 사용한 동일한 어휘 연구 (성구사전 기능)

요즘은 스마트폰의 성경 앱이 성구사전의 기능을 하고 있다. 그래서 비싼 돈 들여 성구사전을 별도로 구입할 필요가 없다. 찾을 단어를 넣으면 각 책별로 그 단어가 몇 번 나오는지 수치를 보이고, 찾은 성경을 누르면 그 단어가 나오는 각 구절들을 볼 수 있다. 원문의 성구사전 기능은 성경 소프트웨어들이 대치하고 있다. Bible Works나 Logos Bible Software는 탁월한 성구사전 기능을 갖추고 있다. 단어의 동일한 형태나 혹은 어근으로도 찾을 수 있다.

주제별 사전 혹은 주제별 스터디바이블 사용

특정 주제에 대해서 연구를 한다면 주제별 사전이나 주제별 스터디바이블을 활용하는 것이 최상의 방책이다. 한국어로 된 주제별 사전이 아직 특별히 눈에 띄는 것이 없는 실정이다. 그런데 〈디럭스바이블 인터내셔널〉에는 Naves와 Torrey의 주제별 사전이 들어 있다.

영어로 된 두 가지 좋은 주제별 연구서는 NIV Topical Study Bible과 Zondervan Dictionary of Bible Themes이다. 이 두 권은 탁월한 주제별 연구 자료를 제공한다.

앞의 사진은 〈디럭스바이블 인터내셔널〉에 포함되어 있는 Torrey 주제별 사전을 검색한 것이다.

성경사전, 신학사전 사용

성경사전과 신학사전은 성경에 나오는 특정한 주제에 대해 구약과 신약성경 전체에서 어떤 의미를 갖는지 잘 정리해주고 있다. 단권 성경사전 중에는 New Bible Dictionary를 번역한『새 성경사전』을 추천한다. 여러 권으로 된 것으로는 ISBE를 추천한다.

TDNT, TDOT는 독일에서 출판한 방대한 신학사전인데, 20세기 후반부터 이 사전이 단어와 개념을 혼동하고 있다는 지적을 받고 있다. 그러나 배경 연구에는 좋은 사전들이다.

성경 전체를 마스터하라

무엇보다 문맥을 연구하는데 가장 좋은 방법은 성경 전체를 마스터하는 길이다. 필자가 사용하는 방법은 성경 앱을 활용하여 통독하는 방법이다. 성경을 1.5배속으로 틀어놓고 들으면서, 집중해서 성경을 반복해서 읽는 방법이다. 이렇게 성경을 들으면서 읽으면 빠른 시간 안에 많은 분량을 읽을 수 있다.

성경을 통독하는 것으로 그쳐서는 안 된다. 각권별로 세밀하게 연구할 필요가 있다. 그래서 가능하면 하루에 한 장 정도 정해놓고 깊이 연구하고 묵상하면서 본문의 의미를 깊이 깨닫는 방법이다.

어느 저자는 성경을 마스터하는 과정은 악기를 마스터하는 것과 같다고 했다. 악기를 하루아침에 마스터할 수 없다. 매일 연습하면서 조금씩 기량을 늘여가듯이 성경도 정해놓은 시간 매일 읽고 묵상하면서 익히는 것이 좋다. 이때 성경 주변에 여백이 넓은 성경을 사용하면, 깨달은 내용을 메모할 수 있기 때문에 나중에 활용하는데 도움이 된다.[131]

| 실습 문제 |

1. 마태복음 6장 33절에 사용된 '의'는 어떤 뜻으로 사용되었는지, 근접 문맥과 마태복음 이란 문맥 속에서 이해해보라(참고, 마 3:15의 '의').

2. 시편 112편 9절에 사용된 '의'는 어떤 의미로 사용되었는지, 근접 문맥과 시편의 문맥 속에서 파악해보라.

3. 로마서 3장 21-22절에 사용된 '의'는 근접 문맥과 로마서의 문맥 속에서 어떤 의미로 사용되었는가?

제17원리
본문의 문학 양식(장르)을 정확히 파악하라

축구와 농구는 게임 규칙이 다르다. 축구는 한 팀당 11명으로 구성되어 있고, 전·후반 각각 45분씩 경기한다. 주로 발로 하는 스포츠이고 손을 쓰면 반칙이다. 그런데 농구는 한 팀당 5명으로 구성되어 있고, 프로농구인 경우 10분(FIBA) 혹은 12분(NBA)간의 경기를 네 번 한다. 손으로 공을 던지며 경기하는 스포츠인데, 고의적으로 공을 발로 차면 반칙이다.

운동선수는 규칙대로 경기해야 한다. 관중도 경기 규칙을 알고 봐야 경기를 제대로 이해할 수 있다.

글도 장르마다 독서 규칙이 다르다. 픽션 장르인 소설을 읽을 때와 논픽션 장르인 신문을 읽을 때는 독서 전략이 달라야 한다. 소설을 읽으면서 실제 일어난 일이라고 독자는 생각하지 않는다. 그런데 신문의 사건보도를 읽으면서 독자는 만들어낸 이야기라고 생각지 않는다.

성경도 글로 기록된 문헌이기에 다양한 장르가 존재한다. 성경에는 역사, 율법, 시, 지혜 문헌, 예언, 비유, 서신, 묵시 등의 장르가 존재한다. 각각의 장르마다 다른 독서 전략이 필요하다.

신천지와 여호와의 증인과 몰몬교와 같은 이단들은 요한계시록에 나오는 144,000을 문자적으로 해석한다(계 7:4; 14:1, 3). 이들은 이 숫자가 구원받는 성도의 실제 숫자로 여긴다. 그래서 이 그룹에 들어가기 위해서 온갖 노력을 다한다. 이는 장르를 잘못 인식한 대표적인 사례이다. 묵시문헌에 나오는 대부분의 숫자들은 상징적인 의미를 지닌다. 올바른 장르 파악은 성경을 올바로 해석하는데 매우 중요한 요인이다. 장르를 잘못 파악하면 이단으로 가는 지름길이다!

문학 양식을 불어로 장르(genre)라고 칭한다. 장르는 쉽게 말하면 문학의 종류를 가리키는 말이다. 성경을 올바로 해석하기 위해서 본문의 장르를 정확히 파악해야 한다. 허쉬는 본문의 이해는 "장르에 묶여있다"라고 했고, 롱맨은 장르 확인이 "의미의 열쇠"라고 했다.[132] 책을 읽는 과정은 일련의 장르 확인 과정과도 같다.[133] 최근 성서학은 점점 더 장르를 정교하게 분석할 수 있는 기술을 발전시켜왔고, 이들 기술을 사용함으로써 본문에 대한 정보를 더 잘 파악하게 되어 이전보다 훨씬 더 나은 이해에 도달하게 되었다고 바튼(J. Barton)은 말한다.[134] 그도 "의미는 장르에 달려있다"라고 역설한다.[135] 이들 학자들의 견해를 고려하면 장르 확인이 성경을 묵상하는데, 얼마나 중요한지 실감하게 된다.

그런데 장르를 분석하는 데는 좀 어려움이 있다. 성경에 나오는 문학 장르들 분류가 그리 쉽지 않고 장르의 범주들도 학자들마다 다르게 사용하는 경우가 많기 때문이다. 그래서 이 책에서는 가능하면 장르에 대해서 대체로 공감하고 있는 자료들을 중심으로 다루려고 한다. 장르 연구에 있어서 한 가지 잊지 말아야 할 것은 장르 자체가 유동성이 많다는 사실이다.[136] 그래서 어떤 본문은 두 가지 혹은 세 가지 장르에 동시에 속할 수도 있다는 사실이다. 예를 들면, 비유 장르에 속하면서 이야기(내러티브)체에 속할 수도 있다. 사실 예수님의 비유 대부분은 이야기로 구성되어 있다. 그렇기 때문에 이런 유동적인 장르 개념을 염두에 두고 접근하면 좋겠다.

장르의 범주는 큰 단위의 장르가 있고 더 세부적인 하위 단위의 장르가 있다. 먼저 큰 단위의 장르를 파악한 이후에 하위 단위의 장르를 파악하는 것이 올바른 순서이다. 예를 들면, 시편은 시(詩)라는 큰 범주의 장르에 속하지만 시편의 하위 장르에는 여러 가지 종류가 있다. 탄원시, 찬양시, 감사시, 확신시, 회상시, 지혜시, 제왕시 등이다.[137] 시편을 묵상한다면, 시편이 시라는 사실은 대부분 알고 있다. 그 하위 단위의 장르가 어디에 속하는가를 판별하는 것이 각 시편 장르 이해의 핵심이다. 그러므로 실제 묵상을 하면서 본문이 어느 하위 장르에 속하는지를 잘 판별하는 것이 본문 이해에 대단히 중요하다.

본서는 성경 전체의 장르를 크게 일곱 가지로 구분한 맥카트니(D. McCartney)와 클레이톤(C. Clayton)의 장르 분류를 일차적으로 따르려고 한다. 이들은 성경의 장르를 신학적 역사, 율법, 시, 예언, 비유, 서신, 묵시로 분류하고 있다.[138] 이들의 분류에 빠진 중요한 항목은 '지혜 문헌' 장르이다. 이를 추가해서 총 여덟 가지 장르를 다루려고 한다.

신학적 역사

구약의 창세기부터 에스더까지와 신약의 4복음서와 사도행전은 역사에 속한다. 이들 책들이 역사를 다루지만 세속 역사와는 다른 관점에서 다룬다. 세속 역사가는 원인과 결과라는 꽉 짜인 틀 속에서 역사를 기록하기 때문에 신적 존재가 개입하는 것을 엄격히 통제한다. 그러나 성경의 역사가는 하나님을 역사의 궁극적인 원인자로 믿고 있기 때문에 하나님의 관점에서 역사를 해석한다. 그래서 성경의 내레이터는 때로는 전지적 관점에서 사건을 해석하고, 때로는 하나님의 궁정에서 보는 듯한 관점을 제공하기도 한다. 그렇다고 해서 성경에 기록된 역사가 실제 시공간 속에서 일어난 일이 아니란 말이 아니다. 성경의 역사는 세속 역사와 관점의 차이가 있을 뿐이다. 성경은 역사를 하나님의 관점에서 해석한다. 그래서 단순한 역사가 아니라 '신학적 역사'라고 부르는 것이다.[139] 맥카트니와 클레이톤은 성경이 신학적 역사를 기록한 목적을 세 가지 관점에서 기술한다.

(1) 그의 백성과의 하나님의 활동과 목적이 과거에 어떻게 해결되었는지 보이기 위해서 -- 즉, 스토리를 전하기 위해서.
(2) 과거의 활동이 그 백성을 어떻게 구성하게 되었는지 보이기 위해서 -- 즉, 정체성을 확립하기 위해서, 그리고
(3) 하나님의 백성이 이제 어떻게 이 동일한 하나님께 복종하고 신뢰해야 하는지 가르치기 위해서 -- 즉, 반응을 요구하기 위해서.[140]

성경의 역사는 사건과 함께 이에 대한 의미를 설명한다. 즉 이는 역사이면서 신학이다. 그래서 독자는 성경 역사의 진정성에 대해서 신뢰해야 하

고 동시에 이를 설명하는 관점이 단순히 어떤 일이 일어났다는 역사적 관점을 넘어 더 깊은 차원의 하나님의 관점을 제공하기 때문에 이를 볼 수 있는 눈의 훈련이 필요하다. 독자가 물어야 할 두 가지 질문은 "이 본문의 신학적 목적은 무엇인가, 그리고 이것이 역사를 어떻게 설명하고 있는가?"이다.[141]

율법

모세오경에는 율법 장르에 속하는 다양한 법들이 있다. 십계명은 율법 장르의 대표적인 실례이다. 십계명을 상황에 맞게 설명하는 '언약의 책'(출 20:22-23:33)도 율법에 속한다. 신명기 6장에서 27장까지 상당 부분이 십계명에 대한 해설이기 때문에 율법 장르에 속한다. 구약시대의 제의와 연관된 의식법들과 구약시대의 신정통치와 관계된 사회법도 율법 장르에 속한다. 법을 세부적으로 구분하면 '필연법'과 '상황법'으로 구분할 수 있고, '시민법', '의식법', '도덕법'으로 구분할 수 있다.[142]

필연법과 상황법

필연법의 대표적인 경우는 출애굽기 20장과 신명기 5장에 나오는 십계명이다. 필연법은 '일반적인 원칙'을 제공하고, 상황법은 필연법을 구체적인 상황에 적용한 경우이다.[143] 예를 들면, 출애굽기 21:28-29의 경우이다.

> (28) 소가 남자나 여자를 받아서 죽이면 그 소는 반드시 돌로 쳐서 죽일 것이요 그 고기는 먹지 말 것이며 임자는 형벌을 면하려니와
>
> (29) 소가 본래 받는 버릇이 있고 그 임자는 그로 말미암아 경고를 받았으

되 단속하지 아니하여 남녀를 막론하고 받아 죽이면 그 소는 돌로 쳐 죽일 것이고 임자도 죽일 것이며. (출 21:28-29)

이 법은 제6계명에 대한 상황법이다. 소가 평소에 받는 버릇이 있는데, 주인이 경고를 받았음에도 불구하고 단속하지 않아 그 소가 사람을 죽이면, 살인죄와 동일하다는 의미이다. 그래서 소뿐만 아니라 주인도 처형하도록 규정하고 있다.

시민법, 의식법, 도덕법

율법을 시민법, 의식법, 도덕법 이 세 가지 범주로 구분하는 것은 오랜 역사를 지닌 전통이다. 시민법(civil law)은 영어로 '재판법'(judicial law)이라고 불리기도 하는데, 이는 구약 신정통치에 필요한 법이다.[144] 예를 들면, 레위기 20장에 나오는 범죄자에 대한 처벌 규정들이 이에 해당된다. 9절에 부모를 저주한 자는 반드시 죽이라는 규정은 구약시대 신정통치 체제하에서 유효한 시민법이다. 오늘날 이런 율법 규정은 통하지 않는다. 왜냐하면 현재 정치체제는 구약시대의 신정체제가 아니기 때문이다.

의식법(ceremonial law)은 구약시대에 주로 제사제도와 연관된 율법이다. 제사규정들, 제사장 규정들, 성막/성전에 대한 규정들, 절기 규정들, 여러 가지 정하고 부정한 것에 대한 규정들은 의식법에 속한다. 이 법도 구약시대에 속한 법이다. 예수 그리스도의 오심으로 말미암아 의식법은 완성되었고 철폐되었다. 구약시대의 이런 의식법들은 주로 예수 그리스도의 사역에 대한 모형론적 의미를 갖는다.

도덕법(moral law)은 주로 십계명과 관계된 율법들이다. 십계명도 예수 그리스도께서 오심으로 말미암아 새롭게 완성된 부분이 있다. 살인이나 간음에 대해서는 단순한 행위 차원을 넘어 마음의 동기까지 죄로 정했다. 마음속에 미워하는 마음은 살인죄와 같고(마 5:21-22; 요일 3:15), 마음속의 음욕도 간음죄와 같다(마 5:27-28)고 하심으로써 율법의 훨씬 더 깊은 의미를 밝혔다. 이런 관점에서 예수님은 율법을 폐하러 오신 것이 아니라 완성하러 오셨다(마 5:17). 안식일 법은 예수님께서 오심으로 말미암아 새로운 차원의 의미를 갖게 되었다. 안식일의 근본정신인 쉼과 예배의 날이라는 정신은 신약시대에도 지속된다. 하지만 그리스도인들은 주님의 부활을 기념하여 '주일'에 모이면서 현재 기독교는 주일에 쉼과 예배의 시간을 갖는다. 도덕법은 신약시대에도 연속성이 있기 때문에 오늘날 기독교인들도 계명들을 잘 지켜야 한다.

그런데, 시민법, 의식법, 도덕법을 구분하는데, 어려움이 없는 것은 아니다. 모세오경에는 이런 법들이 여기저기 혼합되어 나타나기 때문에 혼란스럽다. 이 세 가지를 구분하는 기준은 순전히 율법의 '내용'에 달려있다.[145] 어떤 율법은 두 가지에 걸치는 경우도 있고, 때론 두 종류의 법이 함께 나타나는 경우도 있기 때문에 분별력이 필요하다. 십계명 제4계명은 도덕법에 속하면서도 안식일 규정 자체는 또한 구약의 절기들처럼 의식법에 속한다. 의식법의 관점에서 안식일 법은 철폐되었다(골 2:16). 그러나 도덕법으로서 이의 근본정신은 주일을 지키는 정신으로 연속성을 지닌다. 레위기 20장에 나오는 대부분의 근친상간 금지규정들은 십계명 제7계명의 실제적인 적용사례들이기 때문에 신약시대에도 유효성이 있지만 근친상간 죄를 지은 사람을 사형에 처하도록 규정한 것은 시민법에 속한 것이기에 오늘날 그대로 적용할 수 없다.

율법을 이 세 가지로 구분하는 것은 그리스도께서 오신 이후에 그리스도인들이 율법을 적용하는데 상당한 도움을 준다. 시민법과 의식법은 그리스도의 오심으로 말미암아 완성되고 폐지되었기 때문에 이의 모형론적 의미를 밝히는 것이 성도들의 교화에 도움이 된다. 도덕법은 현재도 지켜야하기 때문에 우리의 삶의 가이드가 된다. 예수 그리스도께서 오심으로 말미암아 율법을 지키는 방식도 성령의 능력으로 마음에 심긴 법을 따라 살면, 지킬 수 있도록 새로운 길이 열렸다. 어떤 의미에서 신약시대는 '사랑'을 통하여 율법을 지키는 것이 최상의 방책일 것이다. 십계명의 제1-4계명은 하나님 사랑의 계명이고, 제5-10계명은 이웃 사랑의 계명으로 요약할 수 있다. 곧 하나님 사랑, 이웃 사랑이 십계명의 근본정신이기 때문에 사랑을 실천하면 율법을 지킬 수 있다(마 22:37-40). 그래서 "사랑은 율법의 완성"(롬 13:10)이라고 성경은 가르친다.

시

구약 히브리 시의 특징은 그림 언어와 대구법과 간결한 표현을 밀도 있게 사용하는 것이다. 그림 언어는 오감을 통해 주로 호소하기 때문에 언어에 생동감과 생명력을 부여한다. 대구법은 반복을 통하여 강화, 강조하는 효과가 있다. 언어의 간결성은 시의 공통된 특징으로서 생략법과 같은 기법을 사용하여 콜론(반절/소절) 간에 더욱 밀착된 느낌을 준다.[146]

시는 특히 구약성경에 많이 나타난다. 시편 전체가 시로 되어 있고, 다른 시가서(욥, 잠, 전, 아) 대부분도 시 문체로 구성되어 있다. 선지서(사~말) 대부분도 시 문체로 되어 있다. 선지서를 읽어보면 그림 언어와 대구법이 매우 빈번하게 사용된 것을 보게 되는데, 이는 시 문체로 기록되어 있기 때문이다. 선지서 대부분이 시 문체로 기록되어 있기 때문에 마음속에 생생한 그림을 그리면서 다가가고 대구법의 강화의 효과 때문에 진한 감동을 자아낸다. 그 외에 다른 곳에도 시 문체가 등장하는데, 출애굽기 15장, 사사기 5장 등도 이에 속한다.

시편에 사용된 시 문체에는 여러 가지 하위 장르가 존재하는데, 학자들마다 조금씩 차이가 있지만 시편의 하위 장르는 시편의 해석에 상당한 도움을 준다. 터커(W. D. Tucker, Jr.)는 시편의 하위 장르를 다음과 같이 분류하고 있다. 개인적 탄식시, 공동체 탄식시, 찬송, 감사시, 제왕시, 지혜와 율법시, 입례 예전 등이다.[147] 시편은 주로 제2성전기의 찬송가로 여겨지기 때문에 이 장르 분류에 따라 어떻게 사용되었고, 그 특징은 무엇인지 파악하는 것이 올바른 해석에 중요하다.

신약성경에도 시들이 존재한다. 구약의 시편처럼 독립된 시 장르의 책은 없지만 여기저기에 시들이 나타난다. 누가복음 1-2장에 나오는 마리아의 노래, 스가랴의 노래, 시므온의 노래가 시들이고, 요한계시록에 나오는 승리의 노래들도 시에 해당된다. 구약의 시처럼 이들 시에도 밀도 있는 대구법과 그림 언어가 사용되고 있다.[148] 빌립보서 2:5-11도 시일 가능성이 있다. 그런데 너무 시인지 아닌지에 대해서 신경 쓸 필요는 없다. 중요한 것은 "바울이 이 찬송을 사용하기 전에 이것이 무엇을 의미했는가?"라는 것이 아니라, "바울이 무슨 뜻으로 이 찬송을 사용하고 있는가?"라는 질문이다.[149]

지혜 문헌

구약의 잠언, 욥기, 전도서가 지혜 장르에 속한다. 지혜 문헌들은 시가서에 속하지만 시편과는 좀 다른 특징을 갖고 있다. 그 내용은 삶의 기술과 관계된 지혜를 주로 다루는 것이 특징이다.

지혜 장르가 가르치는 내용은 주로 '올바른 관계의 기술들'이다. 하나님과 올바른 관계의 기술, 사람들과의 올바른 관계의 기술, 세상과의 올바른 관계의 기술을 주로 가르친다. 여호와를 경외하는 것이 지혜와 지식의 근본이다(잠 1:7; 9:10). 이는 하나님과의 올바른 관계를 가르치는 말씀이다. 잠언에는 인간관계에 대한 말씀들이 차고 넘친다. 의인과 악인, 게으름과 근면, 눈짓하는 자, 미움과 사랑, 부자와 가난한 자, 훈계와 징계, 중상하는 자, 행악과 지혜, 정의, 공의, 구제, 정직, 마음, 분노, 진실, 근심, 훈계, 거짓말, 교만과 겸손, 거만, 명철, 증인, 자녀, 백성, 신하, 왕, 뇌물, 계획, 공평 등 모두 인간관계에 대한 개념들이다. 잠언은 세상과의 관계 기술도 가르친다. 왕의 통치 원리, 경제생활 원리(보증, 빚, 재물, 빈부), 전쟁의 원리 등은 세상사에 어떻게 현명하게 대처할 수 있는지를 가르치는 말씀들이다.

맥카트니와 클레이톤이 '지혜' 장르를 다루지 않기 때문에 이 부분은 머피(R. E. Murphy)의 글을 주로 참고하여 설명하겠다.

'잠언'(proverb)이라고 번역되는 '마샬'이란 말은 광범위한 의미를 갖고 있기 때문에 정의하기가 심히 어렵다. 어원상 비교, 통치, 권력과 연관이 있는 것처럼 보인다. 지혜 문헌에 사용된 또 다른 용어는 '경구'(aphorism)라는 말인데, 이의 특징은 자명한 단정적인 말, 연역적으로 표현된 말, 종종 역설적이고, 짧고 간결하고, 언어유희가 포함되어 있고, 비교가 기본적으로 포함된 것이 특징이다.[150]

잠언 10-31장에 나오는 지혜 문헌의 특징은 대개 두 개의 콜론이 대구법을 이루는 구조로 되어 있다. 대구법의 형태는 동의적 대구법도 있지만 대조적 대구법이 주를 이룬다.

의인의 입은 생명의 샘이라도 악인의 입은 독을 머금었느니라. (잠
10:11)

지혜 격언들의 스타일은 "좋지 않다"는 식의 격언(잠 19:2), 혹은 "가증한
것"이란 식의 격언(잠 11:1), 혹은 "더 낫다"는 식의 격언(잠 22:1), 혹은 "숫자"
격언(잠 30:18-19), 혹은 "불가능한 질문들"(욥 8:11)이란 식의 격언 형태로 나
타난다.[151]

대부분의 지혜 장르는 교훈적이다. 교훈은 긍정적으로 혹은 부정적으로
표현된다(잠 16:3, 20). 잠언 1-9장에는 부정적인 권유 형태로 자주 나온다.
종종 이유를 설명하는 구절이 따라 붙는다(잠 22:22-23).[152]

지혜 장르에 사용된 문체는 잠언 10장 이후에서처럼 개별 잠언들이 앞뒤
구절과 별로 관련이 없이 등장하는 형태와 잠언 1-9장과 욥기에서처럼 연
속된 시의 형태가 대조를 이룬다. 후자의 형태를 "지혜시"라고 칭한다. 지
혜시는 때로는 히브리어 알파벳을 사용한 이합체시로 되어 있다(예, 잠 2;
31:10-31; 시 34; 119). 전도서의 구조는 분석하기 어렵지만 7, 10장에는 몇 가
지 격언들이 존재하고 있음을 부정할 수 없다.[153]

예언

예언 장르는 구약의 4개의 대선지서와 12개의 소선지서에 특징이 잘 나
타나있다. 예언하면 미래를 예측하는 내용이 주된 내용일 것이라는 선입견
을 갖고 있는데, 실제 선지서에는 미래를 예언하는 내용이 그렇게 많이 나
오지 않는다. 피와 스튜어트(G. D. Fee & D. Stuart)에 의하면 "구약 예언 중

에서 메시아 예언은 2퍼센트 미만이며, 새 언약 시대를 묘사하는 예언도 5퍼센트 미만이다. 또한 장차 다가올 사건들과 관련한 예언은 1퍼센트 미만에 불과하다."[154]

그러면 예언 장르가 주로 다루는 내용은 무엇일까? 주된 내용은 "악행에 대한 책망, 징계의 위협과 회개 촉구"이다.[155] 아래에 다루겠지만 미래에 대한 예언의 분량이 작다고 해서 결코 무시해서는 안 된다. 이는 미래 소망의 메시지를 전할 때 중요한 역할을 한다.

선지서는 해석하기 매우 어려운 장르에 속한다. 그 이유는 현시대에 선지서 장르와 유사한 장르가 존재하지 않기 때문이다.[156] 선지서에는 많은 은유적 언어와 상징적인 언어들이 사용된다. 이런 은유적 표현과 상징적 언어는 다른 책과 마찬가지로 역사적 정경적 맥락 속에서 해석해야 한다. 특히 상징은 아주 다양하게 해석될 수 있기 때문에 신중하게 해석해야 한다. 원래 저자와 청중들에게 상징은 어떤 의미를 가졌는지 물어야 하고, 성경 전체에서 상징이 어떻게 기능하는지 살펴야 한다.[157]

듀발과 헤이즈는 예언의 기본적인 메시지를 세 가지로 분류한다.

1) 너희는 언약을 위반했다. 그러므로 회개하는 것이 좋을 것이다!

2) 회개하지 않겠다고? 그렇다면 심판이 있을 것이다!

3) 그러나 심판 너머에도 영광스러운 미래 회복의 소망이 있다.[158]

첫 번째 항목은 이스라엘 백성들이 하나님과의 언약을 얼마나 심각하게 위반했는지 규탄하는데, 주로 우상숭배, 사회 정의 상실, 종교적 형식주의 등이 주된 위반사항들이다. 두 번째 항목은 선지자의 외침에도 불구하고 회개하지 않자, 하나님께서 앗수르와 바벨론을 들어 심판하시겠다는 것이 주된 내용이다. 세 번째 항목은 주로 포로귀환 이후 희망의 메시지와 연관이 있다. 미래의 새 시대는 대체로 이상화된 언어로 표현되어 있는데, 단순한 민족적 차원을 넘어 메시아 시대에 도래할 희망의 메시지를 포함하고 있다. 이런 차원에서 미래 예언의 분량이 작지만 메시아시대를 내다본다는 관점에서 매우 중요하다.[159]

어떤 예언은 한 번의 성취로 끝나는 것이 아니라, 여러 번 성취되는 경우도 있다. 맥카트니와 클레이튼은 다중적 성취라는 말보다, 예비적 성취와 완전한 성취, 혹은 모형론적(그림자적) 성취와 대형적(진짜) 성취라는 용어를 사용한다. 그래서 이전의 성취가 미래에 성취될 것에 대한 예언적 성격이 있다고 본다. 그 예로, 사무엘하 7:14는 솔로몬에게는 예비적이고 불완전한 성취가 되었지만, 그리스도 안에서 완전히 성취된 것으로 본다.[160]

예언 장르는 구약에만 있는 것이 아니라 신약성경의 마태복음 24장, 마가복음 13장, 누가복음 21장도 예언에 속한다.[161]

앞에서 말한 대로 선지서는 대부분 시 문체로 기록되어 있다. 선지서를 잘 해석하기 위해서는 그림 언어와 대구법과 언어의 간결성 등과 같은 시 문체 분석의 도구들을 잘 익힐 필요가 있다.

비유

비유 장르는 앞에서 이미 비유적 표현을 다루면서 어느 정도 논했기 때문에 여기서는 비유 해석에 초점을 맞추어 간략히 요약하겠다. 앞에서 논한 것처럼 헬라어 '파라볼레'(동일하게 '비유'로 번역됨)는 영어의 비유(parable) 장르보다 더 포괄적인 개념이다. 파라볼레 속에는 격언이나 예시 이야기나

담화 등도 포함되어 있기 때문에 여기서는 주로 영어적 개념의 '비유'에 초점을 맞추어서 다루겠다. 이런 관점에서 대부분의 비유는 "영적인 진리를 예시하고 이에 대한 반응을 불러내는 이생의 이야기나 묘사들"이라고 정의할 수 있다.[162]

19세기까지 비유는 주로 알레고리적으로 해석되었기 때문에 비유와 영적인 진리를 꿰어 맞추기식이었다. 19세기 후반에 아돌프 율리허(Adolf Jülicher)가 등장하여 비유는 알레고리가 아니라 한 가지 핵심적인 요지를 포함하고 있고, 나머지는 단지 이야기를 위해서 존재할 뿐이라고 주장했다.[163] 그런데 율리허의 견해에는 문제점이 있다. 실제 비유를 분석해보면 여러 요점들이 일치하는 것을 보게 된다. 예를 들면, 마태복음 13장에 나오는 '씨 뿌리는 자의 비유'에서 씨와 땅들은 각각의 일치점을 갖고 있음을 알수 있다.[164]

최근에 와서 비유에는 알레고리 장르의 특징이 있음을 인정하게 되었다. 그래서 비유에는 한 가지 핵심적인 요지가 있긴 하지만 다른 종속된 요소들도 존재한다고 본다.[165]

맥카트니와 클레이톤은 비유를 '상징적 이야기'로 보고, "상징적 요점이 하나이든 여러 개이든 1세기의 팔레스타인이라는 문화적 상황과 비유를 말씀하신 예수님의 특별한 관심"을 염두에 두고 해석해야 올바르게 해석할 수 있다고 본다. 그리고 복음서 기자가 밝히고 있는 '삶의 정황'에 주의를 기울이는 것이 올바른 해석의 지름길임을 강조한다.[166]

예수님 비유에는 기대치 않은 놀라움의 요소가 존재하는데, 이것 때문에 비유를 듣는 사람으로 하여금 자신의 세계관을 재검토하도록 자극한다. 주로 이 놀라움의 요소가 비유의 주된 요지이다. 예를 들어, 포도원 품꾼의 비유를 보면 시간에 관계없이 품삯을 동일하게 받는데, 이는 청중들에게 놀라

움을 안겨준다. 청중들로 하여금 하나님을 섬기는데 따르는 보상의 문제를 재고하게 만든다.[167]

맥카트니와 클레이톤은 비유를 해석할 때 물어야 할 질문들을 다음과 같이 정리하고 있다.

1) 이 비유의 주된 목적 혹은 요지는 무엇인가?

　이것이 진술하고 있는 역사적 상황을 어떻게 표현하고 있는가?

2) 비유 속의 상징이 1세기의 팔레스타인에서 어떻게 기능했을까?

3) 첫 청중들에게 놀랍거나 불편한 것은 무엇일까?

　이들 질문을 한 후에 이렇게 물을 수 있다.

4) 비유가 하나님이나 그분의 통치에 대한 우리의 이해를 다시 생각하도록 어떻게 자극하고 있는가?[168]

서신

바울서신과 일반서신이 서신 장르에 속한다. 바울서신은 13개로서 책 이름은 수신자의 이름을 따랐다(롬, 고전후, 갈, 엡, 빌, 골, 살전후, 딤전후, 딛, 몬). 일반서신은 저자의 이름을 따서 책이름을 지었다(약, 벧전후, 요1, 2, 3서, 유; 단, 히브리서만 저자 미상임).[169]

서신의 특징은 신약의 서신서에 잘 나타나있는데, 듀발/헤이즈에 의하면 대체로 서론, 본론, 결론의 구조를 지닌다. 서론에서는 저자의 이름, 수신자의 이름, 인사, 서론적인 기도가 포함되어 있다. 저자의 이름이 먼저 나온다는 점이 오늘날 편지와는 상당히 다른 구조이다.

하나님의 뜻으로 말미암아 그리스도 예수의 사도 된 바울은 에베소에 있는 성도들과 그리스도 예수 안에 있는 신실한 자들에게 편지하노니. (엡 1:1)

저자는 자신의 신분을 나타내는 표현(사도 혹은 종)을 포함하고 있고, 수신자는 '성도들' 혹은 '신실한 자들'과 같은 말로 칭한다. 인사는 주로 '은혜'와 '평강'을 기원하는 말을 사용한다. 기도는 수신자들에게 행하신 하나님의 은혜에 감사하는 내용이 주를 이룬다.[170]

본론은 주로 교회 공동체가 직면하고 있는 특정한 상황에 대해 다루기 때문에 종종 서신의 가장 긴 부분을 차지한다. 본론의 내용은 저자가 편지를 쓰는 목적과 수신자들의 다양한 상황들을 다루는데, 이 때문에 정해진 형태가 없다. 본론에는 교훈, 설득, 권면, 책망 등의 내용이 포함되어 있다.[171]

편지의 마지막 부분인 결론부에는 서신서에 따라 다양한 내용이 등장한다. 여행 계획, 동역자들에 대한 칭찬, 기도, 기도 요청, 인사, 마지막 지시와 권면, 거룩한 입맞춤, 자필 서명, 축복 기도, 송영 등이 나온다. 통상적으로 은혜를 기원하는 축복기도로 마친다. 결론부에도 특별히 정해진 규칙이 없다.[172]

서신 장르에 대한 자세한 해석방법은 피와 스튜어트의 책(*How to Read the Bible for All Its Worth*) 제4장의 "서신서: 해석학적 질문들"을 참고하길 바란다.[173] 여기서는 이들이 제시하는 몇 가지 해석 원칙만 요약하려고 한다.

서신서를 해석할 때 염두에 둬야할 점은 문화적 상대성에 대한 문제이다. 서신서들은 구체적인 상황 속에서 특정한 청중들에게 전달한 메시지이다. 그래서 이를 21세기에 사는 우리에게 적용할 수 있는가의 문제가 생긴다. 어떤 문제는 당시의 문화적 상황에 적용해야 할 문제이고, 어떤 문제는 당시의 문화를 뛰어넘어 우리에게 적용할 수 있는가를 분별할 필요가 있다. 어려운 점은 이렇게 명백하게 구분 짓기 쉽지 않은 경우들이다. 이를 해결하기 위해서 피와 스튜어트는 몇 가지 규칙을 제안한다.

첫째, 본문의 의미는 원래 저자와 독자의 이해 범위를 벗어난 것을 결코 가리킬 수 없다. 고린도전서 13:10에 "온전한 것"을 신약성경을 의미하는 것으로 이해하고 고린도전서 14장에 나오는 예언과 방언의 은사가 교회에서 중단되었다고 해석하는 것은 결코 본문이 의도한 바가 아니다. 왜냐하면 바울이나 고린도교회는 신약성경이 나타날 것이라고 결코 생각하지 않았기 때문이다.[174]

둘째, 1세기의 청중들에게 주어진 말씀의 상황과 우리의 상황이 일치한다면, 그들에게 주신 메시지를 우리에게 그대로 적용할 수 있다. "모든 사람이 죄를 범하였다"(롬 3:23), "우리가 믿음으로 말미암아 은혜로 구원을 받았다"(엡 2:8), "긍휼과 자비와 겸손과 온유와 오래 참음을 옷 입으라"(골 3:12)는 말씀은 우리에게 그대로 적용할 수 있다.[175]

기타 확장된 적용의 문제와 오늘날 상황과 일치하지 않는 특수한 경우들의 해석 문제와 해석에 있어서 문화적 상대성의 문제는 피와 스튜어트의 책을 참고하라.[176]

묵시

맥카트니와 클레이톤은 묵시를 "지상의 사건들, 특히 하나님의 백성의 고난을 하나님과 악의 세력 간의 천상의 전쟁의 표현으로 해석하고, 이런 세력들에 대한 하나님의 다가올 궁극적인 승리를 매우 상징적인 이미지로 묘사하고 있는 문학 장르"라고 정의한다. 이 정의에 따르면 성경에서 묵시 장르에 속한 것은 다니엘서 일부와 요한계시록이다. 이들에 의하면, 묵시는 상징성(symbolism), 이중성(dualism), 메시아사상(messianism)을 특징으로 삼고 있다.[177]

묵시 장르에는 상징으로 넘쳐난다. 상징의 올바른 해석이 묵시 해석의 열쇠이다. 묵시의 정확한 내용은 묵시를 받은 저자들이 당시에 잘 몰랐을 수 있다(단 8:26; 12:4). 어떤 묵시는 세월이 지나 성취될 때, 그 의미가 분명해지기도 한다. 그런데 다니엘서와 요한계시록에 사용된 상징들은 고통 가운데 있는 성도들에게 위로와 격려를 준다. 이를 위해 묵시가 주어졌다. 어떤 상징들은 최후의 심판의 때까지 완전히 알 수 없는 경우도 있지만 묵시가 주어진 원래 문화적 상황과 성경에 사용된 상징이 함축하고 있는 의미의 견지에서 이를 연구해볼 필요가 있다.[178]

다니엘서와 요한계시록에 나오는 이중성은 '이상과 실제'와 같은 철학적인 이중성이 아니라, '하나님과 사탄', '선과 악'과 같은 도덕적, 종교적 이중성을 의미한다. 엄격히 말하자면 이중성이라기보다는 진짜와 모조의 대조로 보는 것이 났다. 사탄은 하나님의 반대편에 설 수 없는 자이고, 단지 하나님을 모방할 뿐이기 때문이다. 계시록 1:4에 예수님은 "이제도 계시고 전에도 계셨고 장차 오실 이"로 묘사되어 있는데, 계시록 17:8에 나오는 바다의 짐승은 "전에 있었다가 지금은 없으나 장차 무저갱으로부터 올라와 멸망으로 들어갈 자"로 대조를 이룬다. 성경의 삼위일체 하나님처럼 계시록 12-13장에는 사탄과 바다의 짐승과 거짓 선지자가 삼위일체를 이루고 있다.[179]

묵시 장르의 세 번째 특징은 메시아사상이다. 사탄에 대한 하나님의 승리는 메시아를 통해서 이루어진다. 구약의 다니엘서에도 미래에 온 세상을 다스릴 "인자 같은 이"가 나오는데, 이는 메시아를 가리킨다(단 7:13-14). 요한계시록에는 메시아가 주도적인 역할을 하는데, 그가 부활하신 예수 그리스도이심을 밝힌다. 그분은 분명하게 하나님으로 밝혀지고(1:12-18), 교회를 다스리시고(2-3장), 천상의 수많은 천사들과 생물들에 의해 경배를 받으시고(5:8), 봉인한 책을 열기에 합당한 분이시고(5:9), 죄악된 바벨론에 대해 심판을 베푸시는 분(19:11-16)으로 묘사되어 있다. 묵시 문학은 일관되게 예수 그리스도께 초점을 맞추고 있다. 그는 천상의 전투에서 최후의 승리자이시다.[180]

묵시 장르는 해석이 매우 어렵기 때문에 극히 조심해야 한다. 듀발과 헤이즈는 지금까지 요한계시록 해석방법을 과거주의자들, 역사주의자들, 미래주의자들, 이상주의자들로 분류하고 이들 접근의 절충적인 접근을 취하고 있다. 듀발과 헤이즈의 요한계시록 해석방법을 요약하면 다음과 같다.

1) 요한계시록을 겸손히 읽으라. 요한계시록에 대한 모든 답을 알고 있는 것처럼 보이는 해석자를 경계하라고 주의를 준다.

2) 원래의 독자들에 대한 메시지를 발견하려고 노력하라. 이는 모든 성경에 적용되지만 특별히 요한계시록의 경우엔 더욱 그렇다.

3) 미래 사건들에 대한 엄격한 연대기적 지도를 발견하려고 하지 말라.

4) 요한계시록을 진지하게 대하되, 항상 문자적으로 다루지는 말라. 요한계시록의 그림 언어를 문자적으로 취급하는 일을 피해야 한다.

5) 요한이 이미지를 구체적으로 규명하고 있는 경우 특별히 유의하라. 예를 들면, 1:17의 인자는 그리스도이며, 1:20의 금 촛대들은 교회들이고, 5:5-6의 사자는 어린양이고, 12:9의 용은 사탄이고, 21:9-10의 천상의 예루살렘은 어린양의 신부 혹은 교회이다.

6) 이미지들과 상징들을 해석할 때 구약과 역사적 문맥을 보라. 요한계시

록을 해석하는데 가장 어려운 점들 중 하나는 사용되고 있는 이미지들과 상징들이 무엇을 가리키고 있는지를 아는 일이다. 그 답은 1세기 역사적 문맥과 구약에서 찾을 수 있다.

7) 무엇보다도, 주된 사상에 초점을 맞추고 모든 세부사항들에 집착하지 말라. 이 마지막 지침은 이상의 일곱 가지 제안 중에서 가장 중요한 요소다.[181]

특히 묵시 장르에 나오는 숫자 해석에 조심해야 한다. 요한계시록(계 7:4; 14:1, 3)에 나오는 144,000이란 숫자를 상징적으로 볼 것인가, 문자적으로 볼 것인가? 144,000명을 문자적으로 해석하는 대표적인 집단이 신천지, 여호와의 증인, 몰몬교 등과 같은 이단들임을 앞에서 지적했다. 묵시 장르에 나오는 숫자들은 대부분의 경우에 상징적인 의미를 지닌다. 이 숫자를 문자적으로 해석한다면 큰 비극이다. 구약시대와 신약시대의 성도 중에 구원받는 숫자가 이 정도 밖에 되지 않을까? 결코 그렇지 않다. 요한계시록 자체가 구원받은 무리를 가리켜 '아무도 능히 셀 수 없는 큰 무리'(계 7:9)라고 칭한다.[182]

144,000에 대한 이단적 해석의 불쏘시개를 제공한 것이 세대주의자들이다. 세대주의자들은 이를 이스라엘 백성들 가운데 구원받은 자들이라고 해석한다. 특히 계시록 7장 4절에 나오는 144,000명은 환난의 때에 구원받은 이스라엘 백성들로 보고, 계시록 7장 9절("각 나라와 족속과 백성과 방언에서 아무도 능히 셀 수 없는 큰 무리")에 나오는 이방인 중에 구원 얻은 자들과 구별한다.

그런데 세대주의 성경해석의 결정적인 문제점은 144,000명이 인침을 받은 자들이란 사실과 맞지 않는다. 이렇게 되면 7장 9절에 나오는 큰 무리는 인침을 받지 않고 구원받은 자들이 된다. 더 확실한 것은 14장 1, 3절에 나오는 144,000명에 대한 설명이다. 계시록 7, 14장에 나오는 144,000이란 숫자는 동일한 그룹을 나타낸다. 그런데 14장 3절에는 이들이 인침을 받은 자들이요, 땅에서 속량함을 받은 무리라고 구체적으로 밝힌다. 이는 곧 144,000명이 유대인들 가운데 구원 받은 자를 가리키는 문자적인 숫자가 아니라 땅에서 구원받은 모든 성도들을 지칭하는 말임을 의미한다.

왜 144,000이란 숫자를 사용했을까? 묵시록에 나오는 숫자는 대부분 상징적인 숫자들이다. 이는 12 X 12 X 1000을 나타내는 숫자이다. 구약의 12지파와 신약의 12사도와 여기에 충만한 숫자를 상징하는 1000을 곱한 숫자인 것이다. 이는 구약시대와 신약시대에 구원 받은 허다한 무리를 상징하는 숫자이다. 이것이 대부분 복음주의 주석가들의 공통된 견해이다.[183]

이 의미가 더욱 확실한 것은 계시록 21장에 가면 새 예루살렘 성문에 12지파의 이름이 새겨져 있고, 그 성곽의 기초석 위에 12사도의 이름이 새겨져 있는 것을 보면 알 수 있다. 구약시대의 언약백성을 대변하는 12지파의 이름과 신약시대의 구원받은 성도를 대변하는 12사도의 이름이 새겨져 있고, 여기에 충만한 수를 상징하는 1,000을 곱한 것이니, 이는 구약시대와 신약시대에 구원받은 허다한 하나님의 백성들을 가리키는 말이다.

지금까지 성경의 8가지 장르를 중심으로 다루었다. 이제 이들 장르를 더 포괄적으로 아우르는 상위 장르를 크게 두 가지로 나누면, 산문체와 운문체로 구분할 수 있다. 성경의 산문체는 주로 내러티브(이야기) 장르를 사용하고 있고, 시가서와 선지서 대부분은 운문체를 사용한다. 이제 이들 두 큰 범주의 장르의 특징을 다루려고 한다.

| 실습 문제 |

1. 욥기 3:1-10은 어떤 장르에 속하는가? 장르의 특징을 찾아보라.

2. 잠언 11:1-7은 어떤 장르에 속하는가? 장르의 특징을 찾아보라.

3. 로마서 1:1-7은 어떤 장르에 속하는가? 장르의 특징을 찾아보라.

제18원리
내러티브(이야기) 플롯의 흐름을 이해하라

　드라마나 영화를 보면서 청중들이 왜 스토리에 빨려들까? 이들 장르에는 스토리를 전개하는 플롯(plot)이 있기 때문이다. 플롯이란 "인과(因果)의 원리에 따라 한 사건이 다른 사건에 영향을 주는 이야기 속의 사건들의 순서"를 가리킨다.[184] 잘 설계된 플롯은 청중들로 하여금 갈등을 통해 서스펜스(suspense)를 느끼게 만들고 절정에 도달하면서 긴장감은 최고조에 달하도록 고안되어 있다. 드라마는 바로 이 시점에서 중단하면서 상업 광고가 나온다. 그래서 시청자들로 하여금 다음 편을 보지 않을 수 없게 만든다.

　성경에도 드라마나 영화처럼 수많은 이야기들이 등장한다. 신학적 역사는 대부분 이야기체(내러티브)로 구성되어 있다고 해도 과언이 아니다. 창세기를 보라. 얼마나 많은 이야기들이 있는가! 천지창조 이야기, 인간 창조 이야기, 인간 타락 이야기, 가인과 아벨 이야기, 노아 홍수 이야기, 바벨탑 이야기, 아브라함 이야기, 이삭과 야곱 이야기, 요셉 이야기 등.

　아브라함 이야기를 더 가까이서 보면, 수많은 작은 이야기들로 구성되어 있다. 아내를 누이라고 속인 이야기, 아브라함과 롯이 헤어진 이야기, 아브라함이 롯을 구한 이야기, 멜기세덱이 전쟁에서 돌아오는 아브라함을 축복

한 이야기, 하나님께서 아브라함과 언약을 세우신 이야기, 하갈을 통해 이스마엘을 낳은 이야기, 소돔 성을 위해 중보기도 한 이야기, 이삭 출생 이야기, 이삭을 번제로 드린 이야기 등 수많은 이야기로 구성되어 있다.

이렇듯 성경의 약 삼분의 일을 차지하는 내러티브의 구조를 바로 분석할 수 있는 안목은 올바른 성경 묵상에 대단히 중요한 요소이다. **그런데 한 가지 주의할 점은 성경에 나오는 이런 이야기는 소위 픽션(fiction)에서 말하는 이야기와는 다르다.** 이는 실화를 바탕으로 한 이야기임을 잊어서는 안 된다.

이야기의 구성 요소

학자들에 따라 내러티브와 이야기를 구분하기도 하지만 필자는 본서에서 이 둘을 구분하지 않고 사용하겠다. 이야기에는 플롯 외에 인물과 인물 묘사, 관점, 해설자, 배경(시간과 공간), 문체(전형적 장면, 핵심어, 반복, 틈새 등), 메타내러티브 등 다양한 요소들이 등장한다.[185]

해설자는 저자와는 다른 존재로서 이야기를 진행하는 목소리이다. 독자는 해설자의 눈과 귀를 통해 이야기를 이해하게 된다. 해설자는 지식의 정도에 따라 "전지적 해설자"와 "제한된 지식을 가진 해설자"로 구별이 되는데, 성경에 나오는 해설자는 대부분 전지적 해설자이다. 전지적 해설자는 하나님처럼 모든 것을 알고 있고, 특히 등장인물의 내면세계를 묘사할 때 그의 역할이 두드러진다.[186]

성경 이야기의 인물은 주로 플롯과 연관되어 나타나고 인물 자체를 위해서는 좀처럼 등장하지 않는다. 성경의 인물 묘사는 주로 행동을 통해 표현되고 심리적 묘사가 잘 나타나지 않는 것이 특징이다.[187] 인물 유형에는 플롯에 없어서는 안 되는 가장 중요한 인물인 '주인공' 혹은 '영웅', 다른 인물을 돋보이게 하는 '포일'(foils), 도구로만 사용되는 '기능인' 혹은 '대리인', 플롯의 해결에 거의 역할을 하지 않는 '군중', '단역', '합창단' 등도 있다.[188]

성경 내러티브는 잘 짜인 시간과 공간 속에서 이루어진다. 시간과 공간의 요소가 바로 내러티브의 배경을 제공한다. 성경 이야기의 공간은 상당히 광범위한 지역에 걸쳐서 일어난다. 메소포타미아, 이집트, 블레셋, 모압에 이르기까지 여러 지역을 오가기도 한다.[189] 그런데 성경 내러티브의 장소 묘사는 시간의 배경 역할을 하기 때문에 장소를 자세히 묘사하지는 않는다. 주로 시간의 흐름을 따라 가기 때문에 장소를 희생시키면서 이야기를 진행한다. 플롯의 발전을 위해서 성경 이야기는 일차적으로 시간을 쫓아가고, 장소는 이차적인 역할만 수행한다.[190] 시간과 관련해서 '해설 시간'(narration time)과 '해설된 시간'(narrated time)을 구분하는데, 전자는 이야기에 소요된 시간을 가리키고, 후자는 이야기 자체 안에서 묘사된 시간을 가리킨다.[191]

이야기의 관점은 영화의 카메라 눈과 같은 역할을 한다. 어느 각도에서 보느냐의 문제이다. 해설자는 자신이 본 것을 이야기할 수도 있고, 등장인물의 관점을 취할 수도 있다. 보는 관점을 전문용어로 '초점화'(focalization)라고 칭한다.[192]

마지막으로 플롯은 성경 내러티브 분석에 있어서 가장 중요한 요소이기 때문에 좀 더 자세히 다룰 필요가 있다. 건과 퍼웰(D. M. Gunn & D. N. Fewell)은 플롯을 이렇게 정의한다.

플롯은 내러티브 의미가 소통될 수 있도록 조직화하는 힘 혹은 원리이다.

이야기가 존재할 수 있는 사건이 반드시 있어야 한다. 아무렇게나 일어난 사건이 아니라 연결된 사건, 어떤 패턴을 형성하는 설계를 지닌 사건이어야 한다. 즉 사건은 사실상 '계획된' 것이어야만 한다.[193]

플롯의 구조

그라이다누스(S. Greidanus)는 내러티브 설교에 있어서 플롯 라인을 찾는 유익을 다음과 같이 요약한다.

1) 이야기에 등장하는 갈등과 긴장의 유발과 이어서 해결과 결론으로 나아가는 이야기의 흐름을 더 잘 이해할 수 있게 된다.
2) 이야기 플롯 라인을 이해하면 이야기 형식으로 설교하는데 도움을 준다.
3) 플롯 라인은 이야기의 핵심인 본문의 주제를 파악하는데 도움을 준다.[194]

플롯 라인에 대한 연구가 주제 파악에 큰 도움을 주기 때문에 단 비아(Dan Via)는 "플롯은 움직임 가운데 있는 주제이고 주제는 정지 상태에 있는 플롯이기에 같은 형식적 원리의 두 면"이라고 역설한다.[195]

특히 이야기가 청중의 주의를 끄는 이유는 갈등구조가 존재하기 때문이다. 김병선은 "플롯을 찾는다는 것은 본문에서 갈등을 찾는다는 말이나 다름이 없다. 왜냐하면 갈등은 플롯의 중심에 자리 잡고 있기 때문이다."라고 했다.[196] 이야기식 설교의 대가인 로우리(E. Lowery)도 갈등에서 오는 "모호함의 긴장감이…청중의 주의를 끄는 열쇠이다."라고 보았다.[197] 그래서 이

야기 분석에 가장 중요한 요인은 어떻게 갈등이 촉발되고 고조되어 절정을
향해가고 있는지 볼 수 있는 안목이다.

롱맨 (T. Longman III) 교수에 의하면 플롯의 기본적인 구성 요소는 "행동
의 시작, 갈등의 촉발, 갈등의 고조, 클라이맥스, 갈등의 해결 시작, 처음 갈
등의 해결, 행동의 종료"인데, 그는 꼭대기 부분이 평평하게 된 새로운 모양
의 피라미드 구조를 선보였다.[198]

〈도표 #2〉 롱맨의 "성경 내러티브 구조"

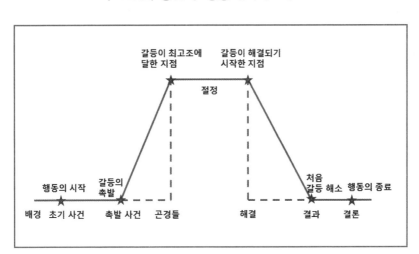

서설

서설은 액션이 시작되기 전에 없어서는 안 될 기본적인 정보를 제공한
다. 액션에 대한 서론 역할을 하는 서설은 "배경 정보를 제공하고, 등장인물
들을 소개하고, 이들의 이름과 특성, 외모, 삶의 상태와 그들 간의 관계를 알
려주고, 이야기를 이해하는데 필요한 다른 세부적인 것들을 제공한다."[199]

창세기 22장 1-19절을 실례로 들어보면, 1절이 서설에 해당된다.

그 일 후에 하나님이 아브라함을 시험하시려고 그를 부르시되 아브라함

아 하시니 그가 이르되 내가 여기 있나이다. (창 22:1)

갈등의 시작

이 단계는 "갈등이나 문제가 처음으로 등장하고 독자의 관심을 끄는 시점"인데, 많은 경우에 서설과 갈등의 시작 시점을 구분하기가 힘들다.[200] 창세기 22장 2절을 갈등의 시작으로 볼 수 있다.

여호와께서 이르시되 네 아들 네 사랑하는 독자 이삭을 데리고 모리아 땅

으로 가서 내가 네게 일러 준 한 산 거기서 그를 번제로 드리라. (창 22:2)

갈등의 고조

플롯이 진행됨에 따라 점점 긴장감을 유발하고 독자들로 하여금 '무슨 일이 일어날까?' 혹은 '이게 무슨 뜻일까?'라는 의문이 들게 만든다.[201] 성경 이야기는 긴장감을 고조시키기 위해서 종종 '계단형 구조'를 형성한다. 홍수 후에 노아가 새를 세 번 내보낸다(창 8:8-12). 하나님께서 나귀 탄 발람을 세번 멈추게 하신다(민 22:21-35). 이렇게 계단형 구조를 통해 긴장을 고조시킨다.[202]

긴장을 고조시키고 클라이맥스를 준비하기 위해서 성경 이야기는 또한 "일련의 준비의 장면들"을 사용한다. 이 준비의 장면에서는 결정적인 만남이 종종 일어나는데, 희망, 두려움, 호기심을 유발한다.[203] 예를 들면, 다윗과 골리앗의 싸움이 있기 전에 일련의 긴 준비 장면들이 있었다.

창세기 22장의 3-9절이 갈등의 고조에 해당될 것이다.

(3) 아브라함이 아침에 일찍이 일어나 나귀에 안장을 지우고 두 종과 그의 아들 이삭을 데리고 번제에 쓸 나무를 쪼개어 가지고 떠나 하나님이 자기에게 일러 주신 곳으로 가더니

(4) 제삼일에 아브라함이 눈을 들어 그 곳을 멀리 바라본지라

(5) 이에 아브라함이 종들에게 이르되 너희는 나귀와 함께 여기서 기다리라 내가 아이와 함께 저기 가서 예배하고 우리가 너희에게로 돌아오리라 하고

(6) 아브라함이 이에 번제 나무를 가져다가 그의 아들 이삭에게 지우고 자기는 불과 칼을 손에 들고 두 사람이 동행하더니

(7) 이삭이 그 아버지 아브라함에게 말하여 이르되 내 아버지여 하니 그가 이르되 내 아들아 내가 여기 있노라 이삭이 이르되 불과 나무는 있거니와 번제할 어린 양은 어디 있나이까

(8) 아브라함이 이르되 내 아들아 번제할 어린 양은 하나님이 자기를 위하여 친히 준비하시리라 하고 두 사람이 함께 나아가서

(9) 하나님이 그에게 일러 주신 곳에 이른지라 이에 아브라함이 그 곳에 제단을 쌓고 나무를 벌여 놓고 그의 아들 이삭을 결박하여 제단 나무 위에 놓고(3-9절)

하나님께서 아브라함에게 이삭을 번제물로 드리라는 명령이 떨어졌을 때 갈등이 시작되었다. 이제 갈등의 고조는 하나님의 명령을 듣고 아브라함이 이를 어떻게 실행에 옮기고 있는가에 달려있다. 아브라함이 하나님의 명령에 따라 이삭을 번제로 드리기 위해 한걸음씩 행동으로 옮기면서 갈등은 점점 더 고조된다.

클라이맥스

클라이맥스는 이야기의 '긴장이 가장 고조된 지점'이다. "결정적인 요소나 인물이 등장하고, 내러티브 전진에 있어서 마지막 단계"에 해당된다.[204] 창세기 22장 10절이 클라이맥스에 해당된다.

> 손을 내밀어 칼을 잡고 그 아들을 잡으려 하니. (10절)

앞의 9절에 아브라함이 이삭을 결박하여 나무 위에 올려놓는 순간까지 긴장감이 계속 상승되어 오다가 이제 10절에 이르면 긴장감이 절정에 이르게 된다. 이제 칼을 내려치기만 하면 이삭은 죽음을 맞게 된다. 이는 이삭의 죽음으로 끝나는 것이 아니라 하나님께서 아브라함의 씨를 통하여 자손을 하늘의 별처럼 많게 하겠다고 약속하셨던 모든 희망이 송두리째 사라지는 순간이다. 이 순간 독자는 손에 땀을 쥐는 서스펜스를 경험하게 된다.

전환점

전환점은 "액션이 하강하기 시작"하는 지점으로서 이야기를 결론으로 이끄는 '한 요소'(an element)가 등장하게 된다. 이 전환점은 때로 해결국면과 분간하기 어려운 경우가 있고, 때로는 전환점과 해결국면 두 가지가 함께 나타나기도 한다.[205] 창세기 22장 11절이 전환점에 해당된다.

> 여호와의 사자가 하늘에서부터 그를 불러 이르시되 아브라함아 아브라함
> 아 하시는지라 아브라함이 이르되 내가 여기 있나이다 하매. (11절)

여호와의 사자가 긴급히 부를 때, 죽음의 위기를 막고자 하는 어떤 일이

생길 것을 감지할 수 있다. 독자들은 전환점에 이르러 이제 하나님께서 어떤 해결책을 주실까 기대하게 된다.

해결

해결에서는 처음 시작된 문제가 해결되고 이야기의 긴장감은 해결과 함께 해소되게 된다.[206] "액션 플롯"에서 해결은 "하나의 상태에서 반대의 상태, 놀랍고 뜻하지 않은 사건으로 갑자기 선회"하는 것을 의미한다. "계시의 플롯"에서 해결은 '아나그노리시스'(*anagnorisis*; '인식'이라는 뜻)를 의미한다. 이는 주인공이 무지의 상태에서 깨달음의 상태로 변화되는 단계를 가리킨다.[207] 예를 들면, 요셉 이야기에서 요셉의 형제들이 그를 알아보면서 "무지의 상태에서 앎의 상태로" 넘어가게 되는데(창 45:1-3), 바로 이 지점이 해결의 단계이다.[208] 창세기 22장 12-14절이 해결 단계이다.

> (12) 사자가 이르시되 그 아이에게 네 손을 대지 말라 그에게 아무 일도 하지 말라 네가 네 아들 네 독자까지도 내게 아끼지 아니하였으니 내가 이제야 네가 하나님을 경외하는 줄을 아노라
>
> (13) 아브라함이 눈을 들어 살펴본즉 한 숫양이 뒤에 있는데 뿔이 수풀에 걸려 있는지라 아브라함이 가서 그 숫양을 가져다가 아들을 대신하여 번제로 드렸더라
>
> (14) 아브라함이 그 땅 이름을 여호와 이레라 하였으므로 오늘날까지 사람들이 이르기를 여호와의 산에서 준비되리라 하더라. (12-14절)

해결 단계에 나오는 내용은 원래 하나님께서 이삭을 번제물로 드리라는 명령과는 반대되는 '놀랍고 뜻하지 않은' 상태로 바뀐다. 모리아 산에 올라

가 아들을 번제로 드리려던 아브라함에게 새로운 번제물이 등장한다. 수풀에 뿔이 걸린 숫양을 아들 대신 드림으로써 아들이 죽음에서 살아나게 되고 하나님께 드리려던 번제도 드리게 된다. 아들 이삭의 죽음이라는 원래 갈등이 완전히 해결된다.

결론

결론에는 "해결의 결과나 귀착점, 사건의 최종 결과, 이야기의 결어"가 포함되어 있다.[209] 결론과 대단원이 다른 기능도 갖고 있을 수 있다. "내러티브의 결과나 사건을 설명한 후에 주요 등장인물들의 운명을 요약할 수도 있다. 결론은 또한 독자에게 특별한 메시지를 전달할 수도 있다. 도덕적인 교훈, 내러티브의 세계와 독자의 세계를 연결하는 원인론, 이야기의 기원과 이의 적합성에 대한 정보 혹은 해설자의 생각" 등을 전할 수도 있다.[210] 창세기 22장의 결론은 15-19절이다.

(15) 여호와의 사자가 하늘에서부터 두 번째 아브라함을 불러

(16) 이르시되 여호와께서 이르시기를 내가 나를 가리켜 맹세하노니 네가 이같이 행하여 네 아들 네 독자도 아끼지 아니하였은즉

(17) 내가 네게 큰 복을 주고 네 씨가 크게 번성하여 하늘의 별과 같고 바닷가의 모래와 같게 하리니 네 씨가 그 대적의 성문을 차지하리라

(18) 또 네 씨로 말미암아 천하 만민이 복을 받으리니 이는 네가 나의 말을 준행하였음이니라 하셨다 하니라

(19) 이에 아브라함이 그의 종들에게로 돌아가서 함께 떠나 브엘세바에 이르러 거기 거주하였더라. (15-19절)

이야기의 결론 부분은 하나님께서 아브라함으로 하여금 이삭을 바치도록 테스트하신 이후에 아브라함에게 어떤 결과가 나타났는가에 초점을 맞춘다. 아브라함이 시험을 통과한 결과 하나님께서 원래 그에게 약속하신 자손의 복, 복의 통로가 되리라는 복을 최종적으로 확증시켜 주신다. 분명한 도덕적 교훈을 남기면서 결론을 맺고 있다.

지금까지 내러티브(이야기) 플롯의 구조를 분석하였다. 이는 내러티브 본문 분석에 도움이 될 것이다. 설교자라면 이제 한 걸음 더 나아가 내러티브 플롯의 강점을 설교에 적용하면, 마치 드라마를 보는 듯한 스토리텔링 기법으로 응용할 수 있을 것이다. 이에 대한 세부적인 논의는 본서의 범위를 벗어나기 때문에 필자의 책『구약성경에서 배우는 설교 수사법』(생명의 샘, 2019) 제2부를 참조하길 바란다.

| 실습 문제 |

1. 창세기 12장 10–20절의 내러티브 플롯을 분석해보라.

2. 누가복음 10장 30–37절에 나오는 '선한 사마리아인의 비유'의 내러티브 플롯을 분석해보라.

제19원리
시(詩)문체(운문체)의 특징을 이해하라[211]

구약성경 39권 중에 22권이 주로 시(詩)문체(운문체)로 기록되어 있다. 시편만 운문체로 기록된 것이 아니라, 시가서 5권과 대선지서와 소선지서 모두가 대체로 운문체로 기록되어 있다. 신약성경에도 간간이 운문체가 등장한다. 특히 구약의 운문체로 기록된 부분을 해석할 때는 운문체의 특징을 잘 이해할 필요가 있다. 히브리 시의 운문체의 특징은 크게 세 가지이다. 밀도 있는 그림 언어 사용, 빈번한 대구법 사용, 언어의 경제학이라고 불리는 간결한 표현의 사용 등이다.

그림 언어의 효과를 이해하라

롱맨 교수는 그림 언어를 "(시를 읽을 때) 우리 마음속에 생겨나는 그림들"이라고 단순하게 정의하고 있다.[212]『성경 이미지 사전』에 따르면 그림 언어란 "(나무와 집과 같은) 구체적인 것이나 (달리기나 타작과 같은) 행동을 지칭하는 단어이다. 우리가 그림을 그릴 수 있는 어떤 대상이나 행동도 이미지이

다."라고 정의한다.[213]

시인이 그림 언어를 사용하는 이유는 언어에 생동감과 생명력을 부여하는 특수한 효과가 있기 때문이다. 그림 언어의 파워에 대해서는 이미 고전 수사학에서도 그 중요성을 충분히 알고 있었다. 아리스토텔레스는 세련된 문체를 위해 "눈앞으로 끌어오기"와 같은 그림 언어를 사용할 것을 추천한다. 그는 다시 "눈앞으로 끌어오기"를 "시각화"와 "현실화"라는 관점에서 다룬다. 시각화는 단지 시각적 이미지만 말하는 것이 아니라 청각적 이미지까지 포함하는 개념이다. 현실화는 "어떤 활동을 동반한" 이미지를 말한다.[214] 현실화는 "이제 희랍인들은 그들의 발로 돌진했다"와 같은 운동감각적 이미지를 가리킨다. 이를 "에네르게이아"라고 칭했는데, 호머의 글에도 이런 그림 언어가 등장한다. 호머는 심지어 생명이 없는 것에서조차 "에네르게이아"를 만들어냈다.[215]

'그림 언어'라는 용어의 '그림'이라는 말이 주로 시각과 관계된 것이기 때문에 다소 혼란의 소지가 있지만 지금까지 학계에서 사용하는 전문용어이기 때문에 그대로 사용하겠다. 그림 언어는 시각, 청각, 미각, 후각, 촉각 등을 포괄하는 '감각 언어'인데, 심리학자들은 이미지의 범주에 '유기적 이미지'와 '운동감각적 이미지'를 추가하고 있다.[216] 그래서 필자는 그림 언어를 일곱 가지로 분류하도록 하겠다.

시각적 그림 언어

시각적 그림 언어는 그림 언어 중에 가장 큰 비중을 차지하는데, 마음의 눈으로 볼 수 있도록 그림을 그리는 언어를 말한다.

여호와는 나의 반석이시요 나의 요새시요 나를 건지시는 이시요 나의 하

나님이시요 내가 그 안에 피할 나의 바위시요 나의 방패시요 나의 구원의
뿔이시요 나의 산성이시로다. (시 18:2)

여호와 하나님을 묘사하는 다양한 용어들이 대부분 그림 언어들이다. 반
석, 요새, 건지시는 이, 바위, 방패, 뿔, 산성 등이 모두 마음의 눈으로 그림
을 그릴 수 있는 언어들이다. 하나님에 대한 추상적인 용어보다 그림 언어
들은 우리의 가슴에 쉽게 깊이 와 닿는 효과를 일으킨다.

청각적 그림 언어

청각적 그림 언어는 시각적 그림 언어 다음으로 자주 사용된다. 이는 소
리로 들리는 형태의 그림 언어를 가리킨다. 시편 150편에는 청각적 그림 언
어로 넘쳐난다.

(3) 나팔 소리로 찬양하며 비파와 수금으로 찬양할지어다.

(4) 소고 치며 춤추어 찬양하며 현악과 통소로 찬양할지어다.

(5) 큰 소리 나는 제금으로 찬양하며 높은 소리 나는 제금으로 찬양할지
어다. (시편 150:3-5)

시편의 마지막을 마치 거대한 관현악단의 음악이 울려 퍼지면서 종결짓
는 느낌을 준다. 청각적 그림 언어는 생동감과 생명력이 넘치는 현장으로
독자를 인도한다.

후각적 그림 언어

코로 냄새를 맡을 수 있도록 마음의 그림을 그리게 하는 언어가 후각적

그림 언어이다. 특히 아가서에는 후각적 그림 언어가 자주 등장한다. 성적인 매력은 풍부한 후각적 이미지로 종종 묘사되어 있다.

> (10) 내 누이, 내 신부야 네 사랑이 어찌 그리 아름다운지 네 사랑은 포도
> 주보다 진하고 네 기름의 향기는 각양 향품보다 향기롭구나
> (11) 내 신부야 네 입술에서는 꿀 방울이 떨어지고 네 혀 밑에는 꿀과 젖
> 이 있고 네 의복의 향기는 레바논의 향기 같구나. (아 4:10-11)

신부에게서 나는 '기름의 향기'와 '의복의 향기'를 각종 향품의 향기와 레바논의 향기에 비유하고 있다.

미각적 그림 언어

미각적 그림 언어는 맛으로 느낄 수 있도록 묘사하는 수사법이다. 역시 아가서에 미각적 그림 언어가 자주 등장한다.

> 내 누이, 내 신부야 내가 내 동산에 들어와서 나의 몰약과 향 재료를 거두
> 고 나의 꿀송이와 꿀을 먹고 내 포도주와 내 우유를 마셨으니 나의 친구들
> 아 먹으라 나의 사랑하는 사람들아 많이 마시라. (아 5:1)

성적인 즐거움을 꿀송이, 꿀, 포도주, 우유와 같은 고대근동 당시의 최고 맛있는 음식을 먹는 것에 비유하고 있다.

촉각적 그림 언어

촉감은 다양하게 표현되는데, 딱딱하거나 부드러운 것, 뜨겁거나 차거나

한 온도, 거칠거나 매끄럽거나 한 질감, 젖거나 마른 것, 통증, 시원함 등 다양한 감각을 통해 표현된다.[217] 이렇게 피부로 느낄 수 있는 이미지를 사용한 표현이 촉각적 그림 언어이다. 시편 55편은 배신자들의 위선적인 모습을 촉각적 그림 언어로 생생하게 묘사하고 있다.

> 그의 입은 우유 기름(버터; NIV, NASB, RSV)보다 미끄러우나 그의 마음은 전쟁이요 그의 말은 기름보다 유하나 실상은 뽑힌 칼이로다. (시 55:21)

버터의 미끄러운 촉감과 기름의 부드러운 촉감에 비유하여 그들이 사용하는 언어가 매우 부드러운 느낌을 주지만 실상은 뽑힌 칼처럼 예리한 촉감을 느끼게 만든다. 기름의 부드러움과 칼의 예리함이란 대조적인 이미지를 사용하여 그들의 위선적인 모습을 극적으로 대비시키고 있다.

유기적 그림 언어

유기적(有機的)이라는 말은 "생물체처럼 전체를 구성하고 있는 각 부분이 서로 밀접하게 관련을 가지고 있어서 떼어 낼 수 없는 것"이란 뜻이다.[218] 성경의 대표적인 유기적 그림 언어는 몸과 지체와의 관계에 견주어 교회와 성도와의 관계를 설명한 본문일 것이다.

> (12) 몸은 하나인데 많은 지체가 있고 몸의 지체가 많으나 한 몸임과 같이 그리스도도 그러하니라
> (13) 우리가 유대인이나 헬라인이나 종이나 자유인이나 다 한 성령으로 세례를 받아 한 몸이 되었고 또 다 한 성령을 마시게 하셨느니라

(14) 몸은 한 지체뿐만 아니요 여럿이니

(15) 만일 발이 이르되 나는 손이 아니니 몸에 붙지 아니하였다 할지라도 이로써 몸에 붙지 아니한 것이 아니요

(16) 또 귀가 이르되 나는 눈이 아니니 몸에 붙지 아니하였다 할지라도 이로써 몸에 붙지 아니한 것이 아니니

(17) 만일 온 몸이 눈이면 듣는 곳은 어디며 온 몸이 듣는 곳이면 냄새 맡는 곳은 어디냐

(18) 그러나 이제 하나님이 그 원하시는 대로 지체를 각각 몸에 두셨으니

(19) 만일 다 한 지체뿐이면 몸은 어디냐

(20) 이제 지체는 많으나 몸은 하나라

(21) 눈이 손더러 내가 너를 쓸 데가 없다 하거나 또한 머리가 발더러 내가 너를 쓸 데가 없다 하지 못하리라. (중략)

(26) 만일 한 지체가 고통을 받으면 모든 지체가 함께 고통을 받고 한 지체가 영광을 얻으면 모든 지체가 함께 즐거워하느니라

(27) 너희는 그리스도의 몸이요 지체의 각 부분이라. (고전 12:12-21, 26-27)

은사 오용으로 시끄러운 고린도교회의 문제를 해결하기 위해 바울은 교회 안의 은사의 다양성에 대하여 몸과 지체라는 유기적 이미지로 설명한다. 몸에 손, 발, 눈, 코, 귀, 입 등과 같은 다양한 지체가 존재하듯이 교회 공동체에도 필연적으로 다양한 지체가 존재해야 함을 지체의 다양성이란 그림 언어로 설명한다.

성도 간의 상호의존 관계도 지체 간의 상호의존성이라는 유기적 이미지를 통해 잘 보여준다. 손, 발, 귀, 입이 독립성을 주장할 수 없듯이 성도와 성

도의 관계도 자신이 그리스도의 몸을 떠나 독립된 존재로 설 수 없음을 지체의 유기적 이미지로 설득력 있게 보여준다.

몸의 지체와 지체 간의 동고동락의 관계를 통해서 교회의 구성원들이 서로 간에 함께 즐거워하고 함께 고통을 경험하는 동고동락의 공동체임을 역시 유기적 이미지로 잘 묘사하고 있다. 지체가 비록 다양하다고 할지라도 한 몸을 이루는 것처럼 성도들도 다양한 은사를 갖고 있지만 결국 그리스도의 한 몸을 이루고 있음을 지체의 유기적 이미지를 통해 잘 보여준다.

운동감각적 그림 언어

고대 희랍시대 때부터 운동감각적 그림 언어의 중요성을 이미 알고 있었다. 아리스토텔레스는 무엇인가 행동하는 것처럼 보이기 위해 "에네르게이아"(energeia)라는 용어를 사용했다. 예를 들면, "이제 희랍인들은 그들의 발로 돌진한다."라는 말처럼 행동으로 표현되는 그림 언어를 가리킨다.[219] 아리스토텔레스 이전 호머도 에네르게이아의 중요성을 잘 알고 있었다. 그는 이를 "모든 것이 움직이고 살아있도록" 만드는 수사법으로 여겼다.[220] 시편 114편은 성경에 사용된 대표적인 운동감각적 그림 언어이다.

(3) 바다가 보고 도망하며
요단은 물러갔으니
(4) 산들은 숫양들 같이 뛰놀며
작은 산들은 어린 양들 같이 뛰었도다
(5) 바다야 네가 도망함은 어찌함이며
요단아 네가 물러감은 어찌함인가
(6) 너희 산들아 숫양들 같이 뛰놀며

작은 산들아 어린 양들 같이 뛰놂은 어찌함인가. (시 114:3-6)

이 시편은 출애굽 당시 하나님께서 홍해를 가르신 사건, 요단강을 가르신 사건, 시내 산에서 뇌성 가운데 강림하셔서 진동시킨 사건을 의인화해서 마치 짐승들이 뛰는 것처럼 묘사한다.[221] 운동감각적 그림 언어는 생명이 없는 바다, 요단, 산들, 작은 산들이 마치 살아서 뛰어다니는 짐승들처럼 보이도록 생동감과 생명력을 부여해 준다.

성경에 나오는 그림 언어의 해석 방법에 대한 자세한 내용은『구약성경에서 배우는 설교 수사법』제3부를 참고하길 바란다.[222]

대구법(평행법)의 효과를 이해하라.

대구법은 성경의 시 문체에서 뿐만 아니라 고대근동문헌의 시(詩)들에 나타나는 가장 두드러진 수사기법 중에 하나로 꼽힌다.[223] 성경에는 시 문체로 주로 기록된 시가서와 선지서들 뿐만 아니라 산문체에서도 대구법이 자주 등장한다. 심지어 예수님과 바울도 대구법을 매우 빈번하게 사용했다.[224] 대구법은 고대근동 지역에 살았던 사람들의 뇌리에 깊이 뿌리박힌 언어적 관습이었다.

표준국어대사전은 대구법을 "비슷한 어조나 어세를 가진 어구를 짝 지어 표현의 효과를 나타내는 수사법"이라고 정의한다.[225] 이는 대구법이 어떤 수사적 장치인지 이해는 할 수는 있지만, 성경에서 사용하고 있는 대구법의 뜻을 모두 나타내지 못한다. 히브리 대구법의 전문가인 벌린(A. Berlin)은 대구법을 "연속된 시행이나 구절들 속에 동일하거나 관련이 있는 의미론적

내용이나 문법적인 구조를 반복하는 것"으로 기본적인 정의를 내린다.[226]

대구법이 히브리 시의 두드러진 특징 중에 하나이지만 이의 이론이 정립된 것은 최근의 일이다. 쿠걸(J. L. Kugel)과 올터(R. Alter)의 글들을 통해 대구법에 나타나는 반복이 단순한 반복이 아니라, 앞 콜론의 내용을 뒤 콜론이 강화, 강조한다는 사실을 발견하였다.[227] 이 발견은 대단히 중요한데, 그 이유는 대구법의 반복이 강화, 강조를 통하여 감동과 감화를 일으키는 효과를 낳는다는 사실을 깨닫게 되었기 때문이다. 시구(詩句)의 반복이 사람들의 마음에 감동을 주는 이유가 여기에 있다.

쿠걸과 올터의 대구법 이론이 대구법의 효과를 이해하는데, 상당히 기여하였지만 이들의 이론은 의미론적 양상의 대구법을 주로 다루고 있다. 벌린은 이들의 이론에 기초하면서도 이들보다 한 단계 더 발전시켜 문법적 양상의 대구법, 음성학적 양상의 대구법까지 포괄하는 대구법 이론을 정립하였다.[228] 본서의 제한된 지면상 이 모든 대구법 이론을 다룰 수 없고, 여기서는 의미론적 양상의 대구법만 다루기로 하겠다.

동의적 대구법

동의적 대구법은 의미상 동일하거나 유사한 단어나 구절이 서로 대구를 이루는 구조이다.[229] "동의적 대구법"이란 말은 이전부터 사용된 말이지만, 쿠걸의 대구법 이론을 받아들여 콜론 간의 의미의 강화, 강조를 전제하고 이 용어를 사용한다.

여호와여
주의 분노로 나를 책망하지 마시오며 /
주의 진노로 나를 징계하지 마옵소서. // (시 6:1)

'주의 분노'와 '주의 진노'가 짝을 이루고, '나를 책망하지 마시오며'와 '나를 징계하지 마옵소서'가 짝을 이룬다. 이렇게 비슷한 말을 사용하여 반복함으로써 의미를 강화, 강조하는 대구법의 형태가 동의적 대구법이다.

대조적 대구법

대조적 대구법은 반의적이거나 대조적인 어휘나 구절을 사용하여 대구를 이루는 구조이다. 대조적이라는 말이 동의적이라는 말의 반의어처럼 들리지만, 대조적 대구법도 작동원리는 동일하다. 동의적 대구법은 유사한 말을 사용하여 동일한 사상을 강조한다면, 대조적 대구법은 대조되는 말이나 혹은 반의어를 사용하여 동일한 사상을 강조하는 형태이다.[230] 대조적 대구법은 잠언에 자주 나타난다.

> 손을 게으르게 놀리는 자는 가난하게 되고
> 손이 부지런한 자는 부하게 되느니라. (잠 10:4)

'손을 게으르게 놀리는 자'와 '손이 부지런한 자'가 반대적 개념을 사용하여 짝을 이루고, '가난하게 되고'와 '부하게 되느니라'도 역시 반대적 개념을 사용하여 짝을 이루는 대구법 구조이다. 그런데 그 의미는 두 콜론이 반대의 사상을 강조하는 것이 아니라, 게으르지 말고 부지런한 자가 되라는 말을 강조하고 있는 형태이다.

계단식 대구법

이를 사다리식 대구법 혹은 반복적 대구법 혹은 점층적 대구법이라고 칭하기도 한다. 계단식 대구법은 대구를 이루는 말들 중에 일부가 반복되면

서 의미를 강화시키는 대구법을 가리킨다. [231]

왕이신 나의 하나님이여

(A) 내가 주를 높이고

(B) 영원히 주의 이름을 송축하리이다

(C) 내가 날마다 주를 송축하며

(D) 영원히 주의 이름을 송축하리이다. (시 145:1-2)

콜론(A)에서 콜론(D)까지 같거나 비슷한 말이 네 번 반복해서 나타난다. '(주를) 높이고', '송축하리이다', '송축하며', '송축하리이다'라는 패턴처럼 같거나 비슷한 말이 반복해서 나타나는 구조가 계단식 대구법이다. 사실 같은 말이 반복되는 것 같지만 대구법의 강화의 원리 때문에 반복하면 할수록 의미는 점점 더 고조된다.

상징적 대구법

상징적 대구법은 직유법(~같이, ~처럼)을 사용하여 비교의 대상을 명시적으로 밝힌 대구법이다. [232]

하나님이여

(A) 사슴이 시냇물을 찾기에 갈급함 같이

(B) 내 영혼이 주를 찾기에 갈급하니이다. (시 42:1)

콜론(A)의 마지막에 '같이'를 사용하여 명시적으로 콜론(B)의 내용과 대구를 이루는 구조이다. '사슴이 시냇물을 찾기에 갈급함'과 '내 영혼이 주를 찾기에 갈급함'이 대구를 이루어 뒤 콜론의 내용을 훨씬 더 강화시키는 구조이다.

교차 대구법

러몬(J. M. LeMon)과 스트론(B. A. Strawn)은 교차대구법, 수미상관법, 후렴을 "거시구조적 대구법"(macro-structural parallelism)으로 분류한다.[233]

교차 대구법은 첫 콜론에 나오는 어순이 두 번째 콜론에서는 거꾸로 나오는 형태를 가리킨다. 그래서 AB//BA 혹은 ABC//CBA의 형태를 지닌다.[234]

〈원문의 어순〉

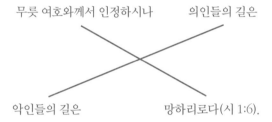

무릇 여호와께서 인정하시나   의인들의 길은

악인들의 길은   망하리로다(시 1:6).

이런 경우에 원문의 어순을 봐야 교차 대구법의 구조를 이해할 수 있기 때문에 개역개정판 한글성경으로는 이 구조를 볼 수 없는 아쉬움이 있다.

수미상관법

이는 텍스트의 시작 부분의 시행과 마지막 부분의 시행에 동일한 단어나 구절이 반복되는 경우를 가리킨다.[235] 시편 전체를 종결짓는 시편 146-150편은 모두 수미상관법 구조로 되어 있다.

(1) 할렐루야

그의 성소에서 하나님을 찬양하며

그의 권능의 궁창에서 그를 찬양할지어다

(중략)

(6) 호흡이 있는 자마다 여호와를 찬양할지어다

할렐루야. (시편 150편)

첫 절에 "할렐루야"로 시작해서, 마지막 구절에 "할렐루야"로 마감하고 있는데, 이렇게 시작과 마지막에 같은 말이나 구절이 반복되는 형태가 수미상관법이다.[236]

후렴

후렴은 주로 시편과 아가서에 나타난다. 수미상관법은 처음과 마지막에 반복이 나타나지만 후렴은 시의 중간에도 나타난다는 점이 다르다.[237] 롱맨에 의하면 후렴의 세 가지 기능은 다음과 같다.

첫째, 후렴은 시편의 연(stanza/strophe)과 같은 하위 단위를 구분 짓는 "구조적 장치"이다. 둘째, 후렴은 반복하기 때문에 후렴의 내용을 강조하는 효과가 있다. 셋째, 후렴은 구조상 청중들이 참여하도록 초대하는 기능을 한다.[238]

시편 24편에서 볼 수 있듯이 시편은 예배의 찬양으로 사용될 때, 인도자가 찬양을 인도하게 되고 청중들로 하여금 후렴 부분을 화답하도록 초청한다.[239] 시편 24:7-10은 예배의 용도로 사용된 후렴으로 여겨진다.

(7) 문들아 너희 머리를 들지어다

영원한 문들아 들릴지어다

영광의 왕이 들어가시리로다

(8) 영광의 왕이 누구시냐

강하고 능한 여호와시요

전쟁에 능한 여호와시로다

(9) 문들아 너희 머리를 들지어다

영원한 문들아 들릴지어다

영광의 왕이 들어가시리로다

(10) 영광의 왕이 누구시냐

만군의 여호와께서 곧 영광의 왕이시로다(셀라). (시 24:7-10)

중심점 패턴

이는 "고도로 정교한 형태의 대구법"으로서 앞뒤 콜론의 중간에 끼인 어휘나 구절과 함께 연결되어 읽도록 고안된 대구법이다.[240] 대부분의 번역 성경들은 히브리어 원문의 대구법 구조를 잘 나타내지 못하고 있기 때문에 중심점 패턴을 분석하기 위해서는 반드시 원문을 텍스트로 사용해야 올바로 분석할 수 있다.

(A) 여호와께서 그의 구원을 알게 하시며

　　　뭇 나라의 목전에서

(B) 그의 공의를 명백히 . (시 98:2)[241]

시편 98:2의 콜론(A)와 콜론(B)의 중간에 나오는 "뭇 나라의 목전에서"라는 말은 앞과 뒤 콜론에 모두 걸리는 구절이다. 이렇게 앞뒤에 함께 연결되어 읽도록 고안된 것이 중심점 패턴이다.

야누스 대구법

고돈(Gordon)은 "한 종류의 대구법은 교묘한데, 왜냐하면 이는 두 개의 완전히 다른 의미를 가진 한 단어에 달려있기 때문이다. 한 의미는 앞선 것과 대구를 이루고, 다른 의미는 따라오는 것과 대구를 이룬다."라고 야누스 대구법을 정의한다.[242] 야누스(Janus)는 성과 집의 문을 지키는 "로마 신화에 나오는 두 얼굴을 가진 신(神)"의 이름이다. 단어의 양면적인 의미를 보여주기 위해서 채용된 말이다.[243] 한 단어가 두 가지 의미를 가지고 있는 경우인데, 앞의 콜론과 뒤의 콜론을 서로 다른 의미로 연결하면서 강조하는 대구법이다. 그런데 야누스 대구법은 번역된 성경에는 표현하기가 극히 어렵다. 창세기 49:26은 자주 인용되는 야누스 대구법이다.

> 네 아버지의 축복은
> 나의 조상들/산들(הוֹרַי)의 축복을 능가하여
> 영원한 산들의 끝없는 경계에 이르기까지 이르고.
> (창 49:26)[244]

여기에 사용된 '호라이'(הוֹרַי)라는 말은 "나의 조상들"이라는 의미도 갖고 있고, "나의 산들"이라는 의미도 동시에 갖고 있다. '호라이'라는 말은 두 얼굴을 갖고 전자의 의미는 앞 콜론과 대구를 이루고 있고, 후자의 의미는 뒤 콜론과 대구를 이루는 구조이다.

단어 짝

단어 짝은 히브리어와 우가릿 문헌에 짝을 이루어 자주 나타나는 표현들로서, '낮 // 밤', '아침 // 저녁', '빛 // 어둠', '삶 // 죽음'과 같이 주로 대조적 개넘들이 짝을 이루어 나타난다. 20세기에 와서 대구법이 마치 "고정된 단어의 짝들"(fixed word pairs)에서 유래된 것처럼 생각하여 히브리어와 우가릿어의 단어 짝들을 샅샅이 뒤져 약 1,000여개 이상을 발견했다.[245]

> 나는 빛도 짓고
>
> 어둠도 창조하며
>
> 나는 평안도 짓고
>
> 환난도 창조하나니. (사 45:7)

이 구절은 '빛'과 '어둠'이 단어 짝을 이루고, '평안'과 '환난'이 또한 단어 짝을 이루는 구조이다.

한동안 단어 짝에 모든 대구법의 비밀이 숨어 있는 양, 단어 짝 연구에 너무나 몰두한 나머지 콜론이나 시행 차원의 대구법에 대해서 등한히 여기기까지 했다. 그러나 언어학이 발전하면서 단어 짝은 히브리어나 우가릿 문헌만의 독특한 현상이 아니라 언어의 보편적 현상임이 드러났다. 이제는 단어 짝에 대한 맹목적인 신념이 사라졌다.[246]

언어의 간결성의 효과를 이해하라.

언어의 간결성(terseness)이 히브리 시의 세 번째 특성이다. '간결성'이란 시행의 간략함을 의미한다. 산문은 단락을 이루는 문장들로 구성되어 있지만 시는 평행 시행(詩行)을 형성하는 콜론(반절/소절)으로 구성되어 있다. 콜론은 주로 짧으며, 두 번째 줄이 첫 번째 줄보다 대체로 짧다.[247] 간결성은 시에 활력을 더하는데, 이는 쉽게 건너뛰지 못하게 하고, 독자로 하여금 속도를 줄여 천천히 읽으며 음미하도록 이끈다.[248]

롱맨 교수에 의하면 시의 간결성은 몇 가지 방법으로 이루어진다.

1) 시인은 자신이 사용하는 말의 숫자를 최소화하려고 한다.
2) 그림 언어와 대구법도 언어의 간결성의 한 방법이다.
3) 산문의 불변화사(不變化詞)를 최소한으로 줄인다. 히브리 시에는 정관사 '하', 관계대명사 '아세르', 직접 목적어 표지인 '에트' 등을 최소한으로 사용한다.
4) 접속사 사용을 최소한으로 줄인다. 단, 이유를 나타내는 '키'는 자유롭게 사용한다.
5) 생략법을 자주 사용한다(두 번째 콜론에 동사, 명사, 전치사구 생략).[249]

시의 간결성은 적은 몇 마디 말에 많은 의미를 담으려하기 때문에 의미의 모호함을 피할 수 없다. 그래서 독자는 시를 대하면서 속도를 줄이고 깊이 묵상하게 된다. 시는 산문처럼 직접적으로 말하지 않고 독자 전인(全人)에 호소하며 다가간다.[250]

지금까지 운문체의 문예적 특성인 그림 언어, 대구법, 언어의 간결성에 대해 살펴보았다. 이는 시 문체 분석에 상당한 도움을 줄 것이다. 설교자라면 이제 한 걸음 더 나아가 그림 언어와 대구법의 수사적 강점을 설교에 적용하면 청중의 마음을 움직이는 언어 개발에 도움이 될 것이다. 그림 언어는 말에 생동감과 생명력을 불어넣고, 대구법은 반복을 통해 강화, 강조함으로써 감동과 감화를 자아내는 특징이 있다. 이에 대한 세부적인 논의는 본서의 범위를 벗어나기 때문에 필자의 책『히브리 시인에게 설교를 배우다』(생명의 말씀사, 2015)를 참조하길 바란다.

| 실습 문제 |

1. 시편 23에 사용된 그림 언어의 종류를 확인하고 어떤 효과를 일으키는지 파악해보라.

2. 시편 6에 사용된 대구법의 종류를 확인하고 어떤 효과를 일으키는지 파악해보라.

3. 아가서 4장 12−16에 사용된 그림 언어의 종류를 확인하고 어떤 효과를 일으키는지 파악해보라.

제20원리
역사적 배경을 이해하라

❦

하나님께서 말씀을 주실 때, 성경을 기록해서 하늘에서 사람들에게 떨어뜨려 주시지 않았다. 하나님은 자신의 뜻을 인간 저자를 통해서 계시하셨다. 하나님은 인간 저자가 가진 지식, 언어, 관습, 경험, 문화적인 배경 등을 활용하여 말씀을 주셨다. 성경을 기록한 저자들이 살고 있던 시대의 사회, 문화, 정치, 경제, 언어, 지리, 세계관은 오늘날 우리가 경험하는 것과는 상당히 다르다. 구약성경을 기록한 저자들은 지금부터 3400여 년 전에서 대략 2400여 년 전까지 근동 지역의 특수한 문화 속에서 살았던 사람들이다. 신약성경은 주후 1세기경에 대부분 팔레스타인 지역이나 소아시아 출신 배경을 가진 사람들에 의해 기록되었다.

성경이 우리에게 하나님의 말씀으로 다가오기 이전에 특정한 사람들에게 먼저 주어진 말씀이었다는 사실을 잊어서는 안 된다. 하나님께서 저자를 통해서 일차적인 청중들에게 주신 메시지가 무엇이었는지 올바로 파악하는 것이 성경 묵상의 가장 기본적인 절차이다.

예를 들면, 고린도전서는 고린도교회가 가진 문제에 대해서 해결책을 제시한 하나님의 말씀이었다. 고린도교회의 파당 문제, 은사 남용 문제, 성도

간의 세상 법정에 고소하는 문제, 음행한 자의 처벌 문제, 우상에게 바친 제물을 먹는 문제, 성만찬 오용의 문제, 부활을 의심하는 자의 문제 등과 같은 구체적인 문제에 대해서 하나님께서 바울을 통해 주신 메시지이다. 이런 문제에 대해서 하나님께서 주신 적실(的實)한 진리는 무엇인지 먼저 파악해야 한다. 그런 다음에 우리에게 적용할 수 있는 것이다. 이 과정을 무시하고 우리에게 바로 적용하게 되면 잘못된 방향으로 갈 위험이 있다.

예를 들면, 우상에게 바친 제물을 먹는 문제(고전 8장)와 관련된 진리를 우리에게 적용하기 위해서는 고린도교회가 직면하고 있던 당시의 상황 속에서 어떤 문제가 있었고 이에 대한 하나님의 해결책이 무엇이었는지 이해해야 한다. 고린도전서 8장을 이해하기 위해서는 당시 고기를 먹는 관습과 고기를 판매하는 관습을 알고 있어야 한다. 또 고린도교인들의 구성원의 신앙 상태에 대해서도 알고 있어야 문제를 바로 이해할 수 있다. 이 모든 것이 당시의 역사, 문화적 배경을 연구해야 알 수 있는 내용이다.

듀발과 헤이즈는 성경의 이런 역사, 문화적인 차이점을 알아야 하나님의 말씀을 우리에게 적용할 수 있기 때문에 다음과 같은 성경해석의 도식을 제안한다.

성경해석과 적용 과정

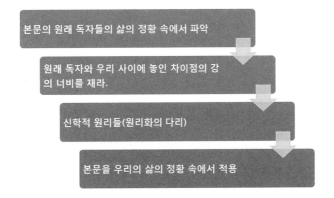

본문의 원래 독자들의 삶의 정황 속에서 파악

원래 독자와 우리 사이에 놓인 차이점의 강의 너비를 재라.

신학적 원리들(원리화의 다리)

본문을 우리의 삶의 정황 속에서 적용

1) 본문이 먼저 일차적인 독자의 삶의 정황 속에서 어떤 의미를 가졌는가를 이해해야 한다. 2) 그 다음 원래 독자들과 현재 우리와의 차이점이 얼마나 큰가를 이해해야 한다. 3) 본문으로부터 신학적 원리를 파악한다. 4) 우리의 삶의 정황 가운데 유사한 곳을 파악하여 본문의 원리들을 적용한다. [251]

역사적 배경 연구는 매우 광범위하기 때문에 이 단원의 뒤에 첨부한 자료를 참고하면 좋다. 본문의 역사, 문화적 배경 연구를 위해 주로 저자와 독자와 본문이 속한 책의 배경 연구가 우선되어야 한다.

본문의 저자에 대해서 알라

본문의 역사적 배경을 잘 이해하기 위해서는 저자에 대해서 많이 알면 알수록 도움이 된다. 저자의 출신 배경, 지식 정도, 활동 지역, 주된 사역, 본문이 속한 책을 기록한 시기와 목적, 독자와의 관계 등에 대한 정보를 많이 알수록 좋다. 이런 정보들은 대체로 개론서와 주석의 서론 부분에 잘 다루고 있다. 성경사전이나 좋은 스터디바이블(Study Bible)도 도움이 된다. 이에 대한 참고 문헌들은 이 단원의 뒤에 나오는 도서 목록을 참고하라.

예를 들어, 에스겔서의 본문을 다룬다면 먼저 에스겔에 대해서 연구할 필요가 있다. 에스겔의 출신 배경은 어떻게 되며, 에스겔은 언제 활동했으며, 어디서 활동했으며, 누구에게 메시지를 전했으며, 무슨 메시지를 전했는지 알 필요가 있다. 에스겔은 부시의 아들로서 제사장이었고(겔 1:3), 그의 이름의 뜻은 "하나님께서 강하게 하신다" 혹은 "하나님께서 강하게 하소서!"라는 의미이다. [252] 에스겔은 주전 597년 25세의 나이에 유다 왕 여호야긴과 수천 명의 지도급 인사들과 함께 바벨론에 포로로 잡혀갔다. [253] 그는 바벨론 포로기에 활동한 선지자로서 주전 593년부터 적어도 주전 571년까지 활동하였고, 포로 생활을 하던 이스라엘 백성들에게 메시지를 전하였다.[254] 에스겔이 전한 메시지는 세 가지에 초점을 맞추고 있다. 1) 포로 됨과 언약을 어긴데 대해 하나님께서 하신 일을 설명하는 것이다. 2) 언약 관계의 회복을 위해서 하나님께서 미래에 행하실 일에 대한 계획을 밝힌다. 3) 하나님의 목적을 이해하고 과거의 실패를 피하기 위한 새로운 방식으로서 심판과 회복의 의미를 밝히는 데 있다.[255] 에스겔에 대한 이런 배경 정보는 에스겔서의 특정 본문을 이해하는데 큰 도움을 준다.

본문의 독자에 대해서 알라

본문의 메시지를 듣는 일차적인 독자가 누구인지 이해하는 것은 본문의 원래의 의미를 올바로 파악하는데 대단히 중요하다. 독자들은 어떤 사람들인가? 독자들은 어디에 있는가? 독자는 언제 이 메시지를 들었는가? 독자들의 신앙 상태는 어떻고, 이들이 당면한 문제는 무엇인가? 독자는 왜 이 메시지가 필요한가? 독자에 대해 이해하기 위해서 이런 질문을 던져볼 수 있다.

독자들이 광야생활을 하고 있던 이스라엘 백성들인가? 사사시대의 소견에 보기에 좋은 대로 행하던 사람들인가? 포로기 전 예루살렘에 살고 있던 사람들인가? 포로기에 바벨론 땅에 살던 사람들인가? 포로 귀환 이후 예루살렘 성전을 재건한 사람들인가? 고린도교회의 실례에서 보았듯이 이들이 가진 구체적인 문제는 무엇인가? 저자와 어떤 관계 가운데 있는가?

사무엘상하와 열왕기상하의 내용과 역대상하의 내용은 상당 부분 중첩된다. 그런데 내용상 미묘한 차이점들이 존재한다. 왜 그럴까? 학자들은 이들의 독자가 다르기 때문이라고 본다. 사무엘상하와 열왕기상하의 독자는 포로기 중의 이스라엘 백성들이었다. 그래서 왕들의 죄악상을 낱낱이 고발한다. 이들의 죄악 때문에 언약적 저주로 인해 이렇게 포로로 잡혀왔다는 사실을 밝힌다.[256] 반면에 역대기상하는 포로 귀환 후 상당한 시간이 흐른 후에 기록된 책이다. 포로 귀환 이후 이스라엘 백성들이 정체성을 잃고 헤매고 있을 때, 주어진 말씀이다. 과연 하나님은 여전히 우리를 돌보시는가? 우리는 과연 선택받은 언약 백성인가? 다윗 언약은 여전히 유효한가? 등의 질문으로 씨름하던 공동체에게 주어진 메시지이다. 그래서 다윗과 솔로몬의 결점들이 상당히 제거된 이상화된 인물로 묘사된다. 이들은 메시아를 위한 이상적인 모델로 제시된다.[257]

특히 선지서를 묵상할 때는 선지자가 메시지를 전한 대상이 누구인지 분명히 밝힐 필요가 있다. 호세아와 아모스는 포로기전 북 이스라엘 사람들에게 메시지를 전했다. 요나와 나훔은 포로기전 니느웨에 대해 메시지를 전했다. 오바댜는 포로기전 에돔에 대해 메시지를 전했다. 이사야, 미가, 예레미야, 스바냐, 하박국은 포로기전 남 유다를 향해 메시지를 전한 선지자들이다. 에스겔과 다니엘은 포로기의 이스라엘 백성들에게 주로 메시지를 전한 선지자들이다. 에스겔은 바벨론에 있는 포로들에게 뿐만 아니라, 환상가운데 예루살렘과 성전이 멸망하기 직전 이들의 죄악상을 보고 낱낱이 고발하고 동시에 하나님의 구체적인 심판 방법을 선포한다. 학개, 스가랴, 말라기는 포로 귀환 이후의 이스라엘 공동체를 향해 메시지를 전한 선지자들이다. 특히 학개와 스가랴는 성전 재건을 독려한 선지자들이다. 이들이 사역한 대상을 잘 아는 것도 독자를 이해하는데 도움이 된다.

본문의 역사적, 문화적 배경에 대해 알라

역사적 배경 연구를 위해 저자와 독자에 대해서 아는 것은 기본적인 출발점이다. 본문을 다루다보면 당시의 정치적, 경제적, 사회적, 문화적, 지리적, 종교적 특성에 대해서 알아야 본문을 제대로 이해할 수 있는 경우가 많다. 이런 정보도 좋은 주석이나 개론서를 통해서 도움을 받을 수 있다.

역사적 배경 연구를 위해서 마이켈슨(A. B. Mickelsen)은 연구해야 할 몇가지 중요한 요소들을 열거하고 있다. 요약하면 다음과 같다.

> 1) 사회적 관습을 알라. 에베소서 5:21-6:9를 연구한다면 당시 로마 가족법에 대해 알 필요가 있다.
> 2) 성경에서 사회적 관습은 종종 종교적 중요성을 띤다. 출생에서부터 죽을 때까지 사람들이 따른 종교적 관습을 알 필요가 있다.
> 3) 일상적인 물질문화를 알라. 집에서 사용한 도구들, 농기구들, 전쟁에서 사용한 무기들 등.
> 4) 경제적인 배경도 알 필요가 있다. 농사, 어업, 상업, 무역, 장인들의 생산물, 경제생활의 정도 등.
> 5) 본문의 정치적인 배경도 알 필요가 있다. 정치 지도자들에 의해서 상황이 급변하곤 했다. 정치 지도자들에 대해서도 알 필요가 있다.
> 6) 본문에 나오는 지리, 지형적인 요소도 알아야 한다(이는 별도의 항목으로 다룬다).[258]

앞에서 다룬 우상에게 바친 제물을 먹는 문제(고전 8장)와 관련해서 본문을 바로 이해하기 위해서는 당시의 고린도에서 이방인들이 고기를 먹던 관습을 이해해야 한다. 피(G. D. Fee)의 연구에 의하면 신전에 드려진 제사 음식을 먹는 것은 당시 종교의식의 한 부분이었다. 바울 당시에 이런 제사 음식을 먹는 일은 국가적인 축제나 개인적인 여러 가지 잔치에서 일상적으로 행하던 관습이었다. 예를 들면, 돌잔치와 같은 개인적인 잔치를 위해서 신전에서 축하하는 식사를 하는데 친지들을 초대한 초청장이 13개가 발견되었다.

제사에 드려진 고기는 주로 세 부분으로 나누어지는데, 신에게 번제로 드린 것, 제사 드리는 자에게 할당된 것, 신의 테이블에 올린 것이 있었다. 중요한 것은 이런 신전에서 식사가 종교적인 성격과 함께 제사 참여자들 간의 사교적인 성격이 강했다는 점이다. 모든 행사들이 이런 식으로 행해졌고, 이는 고대시대의 '식당'과 같은 역할을 했다. 고린도교인들은 대부분 개종 전에 이런 잔치에 지속적으로 참여했을 것이라고 본다. 문제의 발단은 바울이 고린도를 떠난 후에 고린도교인들 중에 일부가 신전에서 음식을 먹는 데 동참했기 때문이다.[259]

그렇다면 누가 신전에 가서 제사 음식을 마음대로 먹었을까? 고전도전서 8장에 보면 고린도교회에는 두 그룹의 사람들이 있었다. 한 그룹은 믿음이 강하다고 자처하는 그룹이었고, 다른 그룹은 믿음이 약한 자들이었다. 믿음이 강한 자들은 특별한 '지식'이 있어서 우상은 아무것도 아닌 것으로 알고 자유롭게 먹는 사람들이었다. 참된 신은 오직 하나님 한 분밖에 계시지 않기 때문에 우상의 제물을 먹을 때 조금도 거리낌 없이 먹는 자들이었다(4-6절). 그런데 이들의 지식과 자유가 믿음이 약한 자들에게 문제가 되었다. 약한 자들은 우상의 제물을 먹는데 대해 거리낌이 있기 때문에 믿음이 강한 자들이 우상의 제물을 먹게 되면 믿음이 약한 자들의 양심상 죄를 짓게 만들 수 있다는 점이다.

특히 10절을 고려하면 믿음이 강한 자들이 지식과 자유라는 명목아래 신전에 가서 신에게 바친 제사음식을 마음대로 먹는 점을 바울은 문제 삼고 있다. 믿음이 연약한 자들이 이들이 행하는 것을 보고 양심의 거리낌을 갖고 우상에게 바친 제물을 먹게 되면 이들로 하여금 죄를 짓게 만들 수 있다는 점이다(11-12절). 이런 관점에서 바울은 만약 음식이 내 형제를 실족하게 하면 나는 영원히 고기를 먹지 않아 형제를 실족하지 않게 하겠다고 선언한다(13절).

이런 역사적, 문화적 배경 속에서 고린도전서 8장의 메시지를 이해해야 이를 현시대에 올바로 적용할 수 있는 원리를 발견할 수 있다. 오늘날 기독교인들이 우상에게 바친 제물을 먹는 문제로 고민할 일은 별로 없다. 그렇다면 이 본문은 우리와 상관이 없는 말씀인가? 결코 그렇지 않다. 고린도전서 8장이 전하는 중요한 신학적 원리가 있다. 원리화의 다리를 건너게 되면 우리에게 적용할 풍성한 메시지를 발견할 수 있다. 핵심적인 원리는 이것이다. 신앙이 연약한 지체를 위해서 나의 자유를 남용하지 말라는 것이다.

오늘날 이 원리를 우리의 삶에 적용해보자. 예를 들면, 기독교인은 왜 담배를 피우지 말아야 하는가? 성경에 어디 담배 피우지 말라고 한 곳이 있는가? 담배에 대한 금지 조항이 없으니 괜찮다고 생각하면 안 된다. 오늘날 한국 기독교인들은 대다수가 성도가 되면 담배를 피우지 않는 것으로 안다. 그런데 어떤 성도가 담배를 피우게 된다면 신앙이 연약한 자들로 하여금 시험에 들게 만들 수 있다. 연약한 자를 고려하여 나의 자유를 제한할 필요가 있다. 한국 교회의 상황 가운데는 골초였던 스펄전 목사가 '오직 하나님의 영광을 위하여 담배를 피운다.'라고 한 말은 통하지 않는다.

본문의 지리적 배경을 알라

성경에는 우리에게 생소한 수많은 지명이 나온다. 우리나라 땅이 아니라 고대근동의 팔레스타인, 메소포타미아, 이집트, 소아시아, 마케도니아, 로마 지역에 이르기까지 다양한 지역 이름이 나온다. 낯선 지명은 지도를 찾아보면 성경을 이해하는데 큰 도움이 된다. 성경 지도(Bible Atlas)를 찾아봐야 위치가 어디이고 거리가 어느 정도 떨어져 있고 지형은 어떻게 되는지 짐작할 수 있다.

마이켈슨은 성경 연구자가 알아야 할 지리적인 요소들을 다음과 같이 열거한다. 이집트든, 메소포타미아든, 팔레스타인이든 그 지역의 기후, 바다, 사막, 산, 지형과 길, 그 지역의 사람의 분포 등을 알 필요가 있다. 특히 팔레스타인 땅은 이스라엘 민족에게 약속의 땅으로서 의미가 크다. 평야, 지중해, 사막, 강, 갈릴리 바다, 사해 바다, 산과 언덕 이 모든 것이 땅의 구성 요소이다. 이런 지역 정보를 잘 알면 본문의 메시지가 살아난다.[260]

출애굽기를 공부한다면 지도를 펴놓고 출애굽의 여정을 따라가면서 읽으라. 성경의 이해에 많은 도움이 될 것이다. 시나이 반도에 위치한 대부분의 지명들은 오늘날 분명하게 알 수 없는 곳이 많다. 그렇지만 그냥 막연하게 읽는 것보다 추정된 지명을 따라가면서 보게 되면 성경 이해에 훨씬 도움이 된다.

출애굽기 12장 37절에 따르면 이스라엘 백성들이 애굽 땅을 떠난 곳이 라암셋이라고 나온다. 라암셋은 고센 땅에 속한 곳으로 나일 강의 삼각주에 위치한 것을 확인할 수 있다.

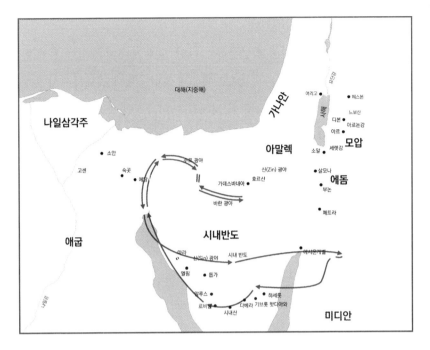

대해(지중해)

가나안

요단강

여리고 • 헤스본
•느보산
디본 • 아르논강
아르 •
세렛강 모압
소알 •

나일삼각주

아말렉

소안 •

산(Zin) 광야 • 살모나
고센 숙곳 • 에담 가데스바네아 • 호르산 에돔
바란 광야 부논 •

페트라 •

애굽

시내반도

마라 신(Sin) 광야 시내 반도 에시온게벨
엘림 • • 돕가
르비딤 하세롯 •
시내산 다베라 기브롯 핫다아와
시내산

미디안

* 출애굽에서 가나안까지 추정된 여정

이 지도는 다음 책을 참고하여 모사한 것이다. 토마스 V. 브리스코, 『두란노 성서지도』, 강사문 외 옮김 (서울: 두란노서원, 2009), 069(#29), 077(#32). 원저의 이름은 *Holman Bible Atlas* (Nashville: Broadman & Holman, 1998).

출애굽의 여정을 보면 이스라엘 백성들이 가나안 땅으로 빨리 갈 수 있는 지중해 쪽의 바닷길로 가지 않고 홍해를 따라 시내 산 쪽으로 내려온 것을 확인할 수 있다. 이스라엘 백성들이 라암셋을 떠난 지 약 삼 개월이 되던 날에 시내 광야에 도달하였고 출애굽 제2년 2월 20일까지 이곳에 머물게 된다. 그간 십계명과 성막의 식양을 받고 성막을 완성한 내용이 출애굽기에 기록되어 있고, 그 이후 한 달간 받은 내용이 레위기이다. 출애굽 제2년 2월 1일에 하나님께서 모세에게 명하여 인구 조사하도록 지시하신 내용과 함께 민수기는 시작한다. 이스라엘 백성들의 인구 조사가 이루어진 곳은 바로 시내 광야였다는 사실을 알 수 있다. 그 달 20일에 출발하여 여러 곳을 거쳐

도착한 곳이 가데스바네아였다.

이곳에서 모세는 12명의 정탐꾼을 가나안 땅에 보내어 정탐을 하게 한다. 그 후에 10명의 불신앙적인 보고 때문에 하나님께서 진노하셔서 출애굽 1세대가 광야에서 모두 죽게 될 것이라는 비극적인 소식을 듣게 된다. 가데스바네아 근처에서 38년 이상 이스라엘 백성들이 방황하면서 살게 되고, 여호수아와 갈렙 이외에 20세 이상 출애굽 1세대들은 모두 죽음을 맞게 된다.

그 이후에 출애굽 2세대들이 주축이 되어 가나안 땅을 향해 가게 되는데, 에돔 사람들이 자신들의 땅을 통과하지 못하게 하여 아카바 만의 꼭대기에 있는 에시온 게벨까지 내려왔다가 에돔을 우회해서 모압 평지까지 나아가게 된다. 이들이 우회한 경로를 보면 엄청나게 먼 길을 돌아가기 때문에 불평이 쏟아지게 된 배경을 이해할 수 있다.

모압 평지는 지도상 여리고 맞은편에 위치하고 있음을 확인할 수 있다. 이곳에서 모세는 세 번의 설교를 하는데, 출애굽 2세대들에게 설교한 내용이 신명기에 기록되어 있다. 지도를 보면서 출애굽기, 레위기, 민수기, 신명기가 어디서 기록되었는지 확인하면 모세오경을 훨씬 더 입체적으로 이해할 수 있다.

사도행전 13-14장에 나오는 바울의 1차 선교여행지를 공부한다면, 지도책을 펴놓고 그가 어디로 이동하고 있는지 확인하면서 말씀을 묵상하면 본문을 훨씬 더 시각적으로 이해할 수 있다.

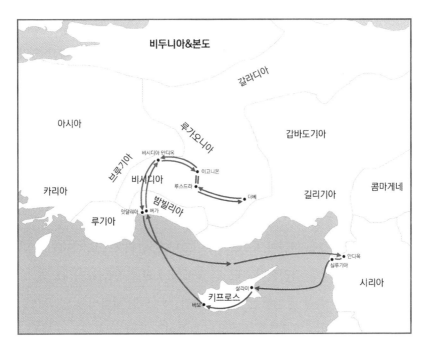

* 바울의 1차 선교여행 경로

이 지도는 다음 책을 참고하여 모사한 것이다. 토마스 V. 브리스코, 『두란노 성서지도』, 257(#119).

안디옥교회는 금식하며 함께 기도할 때 성령께서 바나바와 사울(바울)을 선교사로 파송하도록 지시하신다. 바울과 바나바는 수리아 안디옥 가까이에 있는 실루기아 항에서 출발하여 구브로 섬의 살라미에 도착한다. 그들은 그 섬의 바보라는 곳에서 총독 서기오 바울에게 복음을 전한다. 그 이후 이들은 구브로 섬을 떠나 소아시아 밤빌리아 지역에 있는 버가에 도착한다. 이때 동행했던 마가는 이들을 떠나 예루살렘으로 돌아가 버린다. 마가가 이곳에서 돌아간 사건은 나중에 바울과 바나바가 크게 다투고 갈라져 서로 다른 선교지로 가게 된 계기가 된다.

바울과 바나바는 비시디아 안디옥에 가서 안식일에 회당에서 말씀을 전파하여 몇몇 개종자를 얻지만 유대인들의 반대로 그곳을 떠나 이고니온으로 가게 된다. 지도를 보면 안디옥이라는 지명이 비시디아에도 있고 수리아에도 있음을 확인할 수 있다. 이고니온에서도 유대인 회당에서 말씀을 전하여 많은 사람들이 믿게 된다. 그런데 또 유대인들이 핍박하여 루스드라로 가서 복음을 전하게 되는데, 이번에는 유대인들이 무리를 충동질하여 바울을 돌로 쳐서 죽은 줄 알고 성 밖으로 내친다. 그런데 하나님의 은혜로 바울은 일어나 더베로 가서 그곳에서 복음을 전하여 많은 사람을 제자로 삼는다.

이들은 왔던 길을 되돌아 루스드라, 이고니온, 안디옥으로 다니면서 믿는 형제들의 신앙을 격려한다. 지도를 통해 바울의 여정을 확인해보면, 바울이 돌 맞아 죽음을 경험했던 곳과 유대인들의 모진 핍박이 있던 곳으로 되돌아가 새로 믿은 형제들을 격려하는 모습이 눈물이 날 정도로 감격스럽다. 바울과 바나바가 유대인들의 지긋지긋한 박해를 경험했음에도 불구하고 새로 믿은 성도들의 양육을 위해 왔던 길을 되돌아가면서 이들을 돌보는 모습을 통해 진정한 양육자의 귀감을 보게 된다. 그 이후 밤빌리아의 버가에 이르러 말씀을 전한 후 앗달리아 항으로 내려가서 배를 타고 수리아 안디옥으로 돌아오게 된다.

바울의 선교지에 나오는 생소한 지명들을 지도책을 통해 확인하지 않으면 어떤 지역에서 어떻게 사역했는지 감이 잘 잡히지 않는다. 사람의 마음은 화랑과 같기 때문에 추상적인 용어는 잘 이해하지 못한다. 그런데 지도책은 마음에 그림을 그릴 수 있는 현장으로 인도하기 때문에 말씀의 의미를 더욱 생생하게 느낄 수 있게 한다.

마이켈슨은 본문의 역사, 문화적인 요소 연구를 위한 원리와 절차를 다음과 같이 제안한다. 그가 말하는 핵심을 요약하면 다음과 같다.

1) 본문에 나오는 사람들과 민족들에 대해서 알라.

2) 다루고 있는 본문의 시간적인 배경을 결정하라. 정확한 시기보다 역사적 상황을 아는 것이 더 중요하다.

3) 지리적 배경을 제공하는 장소를 점검하라.

4) 본문이나 본문의 배경에 있는 관습들, 물질문화의 대상들, 혹은 사회 종교적 관계들에 대해 유의하라.

5) 독자 이전에 발생한 역사적 사건이 이들의 반응과 태도에 어떻게 영향을 미쳤는지 인식하라.

6) 경제의 안정 혹은 불안정을 가져온 역학(힘)을 점검하라.

7) 어떻게 성경의 내러티브가 주위 환경을 초월하고 있는지 보라. 어떤 학자들은 성경의 역사와 문화가 주변의 역사 문화와 얼마나 유사한가에만 초점을 맞추는데, 차이점도 역시 중요하다.

8) 원래 저자와 독자를 둘러싼 역사 문화적 요소와 해석자를 둘러싼 역사 문화적 요소 간의 유사성과 차이점에 주의하라. 현시대에 메시지를 전하기 위해서는 유사성과 차이점을 동시에 인식해야 한다.[261]

역사적 배경 이해를 위한 자료들[262]

여기서 추천하는 자료들은 가장 기본적인 것들이다. 좀 더 포괄적인 연구를 위한 자료들은 듀발/헤이즈의 『성경 해석』, 161-176쪽을 참조하라. 역사적 배경 연구서를 다룰 때 조심해야 할 것은 소위 진보주의 학자들에 의해서 재구성된 역사를 실제 역사인 것처럼 무분별하게 받아들여서는 안 된다는 점이다. 이런 재구성된 역사들은 한 개인이나 몇몇 학자의 견해일 수 있다. 재구성된 역사를 다룰 때는 어느 정도 공감대를 이루고 있는지 먼저 확인한 후에 신중하게 수용할 필요가 있다.

스터디바이블 (Study Bible)

스터디바이블은 역사적 배경 연구를 위한 기본적인 정보들을 제공한다. 저자, 저작 연대, 주제, 구조, 저술 목적, 문예적 특징, 신학적 이슈 등을 다룬다. 그리고 성경 전체에 대한 간략한 주석을 제공하기 때문에 성경의 기초적인 연구를 위해서 좋은 자료이다.

◆ 『ESV 스터디 바이블』(부흥과개혁사, 2014).

◆ 『개혁주의 스터디 바이블』(부흥과개혁사, 2017).

◆ NIV Study Bible (Zondervan).

◆ NIV Topical Study Bible (Zondervan). (주제별 연구에 좋음)

◆ Archaeological Study Bible (Zondervan). (고고학적 연구에 좋음)

성경 핸드북

성경 각권에 대한 간략한 개론을 제공하고 각권의 중요한 주제를 처음부터 끝까지 다룬다.

◆ 팻 알렉산더/데이비드 알렉산더, 『성경 핸드북』(최신개정4판) (김태곤 역; 생명의말씀사, 2016).

◆ 대니얼 헤이즈/스코트 듀발, 『베이커 성경 핸드북』(전광규 역; 부흥과개혁사, 2014).

구약과 신약 개론서 및 개관서

개론서들은 저자, 저작 시기, 저작권, 수신자, 정황, 목적 등 비교적 상세한 배경 정보를 제공한다. 개론서는 배경적 이슈들은 자세히 다루지만 내용은 깊이 다루지 않는다. 반면 개관서는 배경적 이슈들보다 내용에 더 큰 비중을 두고 다룬다.

〈구약개론〉

◆ 트렘퍼 롱맨/레이몬드 딜러드, 『최신 구약 개론』 제2판 (크리스챤 다이제스트, 2009).

◆ 앤트류 힐/존 월튼, 『구약 개론』 (은성, 2001).

◆ 윌리엄 라솔/데이비드 허바드/프레드릭 부쉬, 『구약 개관』 (크리스챤 다이제스트, 2003).

〈베이커 구약 개론 시리즈(장르별 개론)〉

◆ 빅터 해밀턴, 『오경 개론』 (크리스챤다이제스트, 2007).

◆ 빅터 해밀턴, 『역사서 개론』 (크리스챤다이제스트, 2005).

◆ 다니엘 에스테스, 『지혜서와 시편 개론』 (크리스챤다이제스트, 2007).

◆ 로버트 치즈홀름, 『예언서 개론』 (크리스챤다이제스트, 2006).

〈신약개론〉

◆ D. A. 카슨/더글라스 무, 『신약개론』 제2판 (엄성옥 역; 은성, 2006).

◆ 도널드 해그너, 『신약개론』 (김귀탁 역; 부흥과개혁사, 2014).

◆ 도널드 거쓰리, 『신약개론』 (CLC, 2011).

◆ 쾨스텐버그/켈럼/퀴츠, 『신약개론: 요람, 십자가, 왕관』 (CLC, 2013).

◈ 데이비드 드실바, 『신약개론』(CLC, 2013).

주석

주석은 서론 부분에 저자, 저작권, 배경, 구조, 문예적 특성, 신학적 이슈, 원문의 번역 문제 등 본문 이해에 필요한 포괄적인 정보를 제공한다. 처음부터 끝까지 각 구절의 역사적, 문화적 배경을 매우 상세하게 다룬다.

〈주석 시리즈〉

◈ *New International Commentary on the Old Testament* (NICOT) (Eerdmans) - 보수적/학문적

◈ *New International Commentary on the New Testament* (NICNT) (Eerdmans) - 보수적/학문적

◈ *NIV Application Commentary* (Zondervan) - 보수적/적용 강점

◈ *Expositor's Bible Commentary* (Zondervan) - 보수적

◈ *Tyndale Old Testament Commentaries* (IVP) - 보수적/간결성

◈ *Tyndale New Testament Commentaries* (IVP) - 보수적/간결성

◈ *New American Commentary* (Holman Reference)

◈ *Pillar New Testament Commentary* (Eerdmans)

◈ *Matthew Henry's Commentary: One Volume* (Zondervan) - 영성 강점

◈ *Commentary on the Old Testament* (Keil/Delitzsch) - 보수적/학문적

◈ *Calvin's Commentaries*, 22 vols. (Baker)

◈ *Ancient Christian Commentary on Scripture: Old Testament* (ACCS) (ed. T. C. Oden; IVP).

◈ WBC 시리즈 (선별적 사용 요망) - 일부 주석은 진보적임.

〈주석 (단권)〉

◆『IVP 성경주석』 (김재영 역) / *New Bible Commentary: Twenty-First Century Edition* (IVP, 1994) (D. A. Carson et al, eds.)의 번역판.

◆ *Baker Illustrated Bible Commentary* (Baker, 2012) (G. M. Burge & A. E. Hill eds.)

〈배경 주석들〉

◆『IVP 배경주석: 신구약합본』 (정옥배 역) / *IVP Bible Background Commentary: Old Testament & New Testament* (IVP, 2000, 1993)의 번역판.

◆ John H. Walton, ed. *Zondervan Illustrated Bible Background Commentary*. 4 vols. (Grand Rapids: Zondervan, 2002).

〈주석 추천서〉

◆ Tremper Longman III, *Old Testament Commentary Survey*, 5th ed. (IVP, 2013).

◆ D. A. Carson, *New Testament Commentary Survey*, 7th ed. (IVP, 2013).

성경 지도

지명이나 지리에 대한 연구를 위해서 다음 성경 지도를 추천한다.

◆ 요하난 아하로니 외,『아가페 카르타 성서지도』 (신대현 역; 아가페출판사, 2013).

◆ 토마스 브리스코,『두란노 성서지도』 (두란노, 2008) / Holman Bible

Atlas 번역판.

성경사전과 성경백과사전

특정 주제에 대한 연구를 위해서 다음 성경사전과 성경백과사전을 참고
하라.

- ◆『새 성경사전』(CLC, 1996) / New Bible Dictionary 번역판.
- ◆ *Baker Illustrated Bible Dictionary* (Baker, 2015).
- ◆『성경 이미지 사전』(CLC, 2001) - 그림 언어 연구를 위한 전문적 사전
- ◆ *International Standard Bible Encyclopedia* (4 vols.) (Eerdmans, 1995)
- ◆ *IVP Bible Dictionary Series* (IVP Academic).
- ◆ *Anchor Bible Dictionary* (6 vols.) (Bantam Doubleday Dell Publishing Group, 1992). - 진보적/학문적

구약과 신약 역사 연구서

특정 주제에 대한 상세한 연구를 원하면 역사 연구서를 사용하면 도움이
된다. 어떤 주제를 찾을 경우에 색인에 나오는 주제어를 보고 해당 쪽을 찾
아가면 쉽게 이용할 수 있다.

〈구약 역사〉

- ◆ 존 브라이트, 『이스라엘 역사』 제3증보판 (크리스찬다이제스트, 1993).
- ◆ 월터 카이즈, 『이스라엘의 역사』 (크리스찬출판사, 2003).
- ◆ 레온 우드, 『이스라엘의 역사』 (CLC, 1985).

◈ 이안 프로반 외, 『이스라엘의 성경적 역사』(CLC, 2013).

〈신약 역사〉

◈ F. F. 브루스 『신약사』(CLC, 2006).

◈ Paul Barnett. *Jesus and the Rise of Early Christianity: A History of New Testament Times*. IVP, 1999.

◈ Everett Ferguson, *Background of Early Christianity*. 3rd ed. Eerdmans, 2013.

◈ James S. Jeffers. *The Greco-Roman World of the New Testament Era*. IVP, 1999.

◈ Eduard Loshe. *The New Testament Environment*. Abingdon, 1976.

◈ Ben Witherington III. *New Testament History*. Baker, 2001.

고대 문화에 대한 다양한 연구서들

◈ John Barton, ed. *The Biblical World*. Rootledg, 2002.

◈ Ronald Clements. *The World of Ancient Israel*. Cambridge Press, 1989.

◈ LaMoine F. DeVries. *Cities of the Biblical World*. Peabody: Hendrickson, 1997.

◈ Alfred Hoerth, et al. *Peoples of the Old Testament World*. Baker, 1994.

◈ Joachim Jeremias. *Jerusalem in the Time of Jesus*. Fortress, 1969.

◈ Bruce Malina. *Handbook of Biblical Social Values*. Hendrickson, 1998.

◈ Bruce Malina. *The New Testament World*. Westminster, 1993.

◈ Victor H. Matthews. *Manners and Customs in the Bible*. Rev Ed. Hendrickson, 1993.

◆ Victor H. Matthews and D. C. Benjamin. *Social World of Ancient Israel 1250-587 B.C.E.* Hendrickson, 1993.

◆ J. Julius Scott. *Customs and Controversies.* Baker, 1995.

◆ Hershal Shanks, ed. *Ancient Israel.* Rev. Ed. Biblical Archaeological Society, 1999.

◆ Howard Vos. *Nelson's New Illustrated Bible Manners and Customs.* Thomas Nelson, 1999.

◆ John Walton. *Ancient Israelite Literature in Its Cultural Context.* Zondervan, 1989.

컴퓨터 소프트웨어 및 인터넷 자료

지금은 컴퓨터 기술의 발전으로 인해 원어 연구나 역사적 배경 연구를 위해 좋은 소프트웨어들은 성경 연구에 큰 도움을 준다. 컴퓨터 소프트웨어의 가장 큰 강점은 원문 검색기능이다. 지금은 사실상 성구사전이 필요 없는 시대가 되었다. 컴퓨터 소프트웨어가 그 기능을 대신해 주기 때문이다. 소프트웨어를 사용하면 다양한 번역본도 매우 편리하게 비교할 수 있다. 또 웬만한 주석과 성경사전들은 소프트웨어에 추가 구매하여 사용할 수 있기 때문에 일일이 책을 들고 다닐 필요도 없는 편리한 시대가 되었다. 성경 연구에 유용한 소프트웨어들과 앱들을 추천한다.

◆ Bible Works - 학문적/원어 연구에 탁월함

◆ Logos Bible Software - 목회적/학문적/다양한 주석/성경사전/도서 접목 가능

◆ 『연구 성경』(대한성서공회) (iPad/태블릿 PC용) - 원어 연구 / 한글성

경 번역본 비교에 좋음

◆『디럭스바이블 인터내셔널』(미션바이블) - 다양한 한글/영어성경번
  역본 내장됨/원어 연구/목회 보조 자료들

◆『픽트리 성경』(스마트폰 앱) - 원어 연구

◆ Bible Hub (스마트폰 앱) - 원어 연구 (영어)

◆『모바일 성경』(대한성서공회)(스마트폰 앱) - 간단한 번역본 비교/관
  주 포함

한 가지 조심할 것은 인터넷 자료는 믿을 수 있는 저자의 글 외에는 사용
하지 않는 것이 좋다. 오늘날 인터넷이나 유튜브가 발달해서 정보를 편리
하게 사용할 수 있어 좋지만 글을 올리는 사람이 누구인지 모르는 경우에는
조심할 필요가 있다. 인터넷 상에는 이단 자료도 많다는 사실을 잊지 말라!

필자가 한번은 어떤 주제를 찾아보았는데, 대부분의 인터넷 글이 엉터리
인 것을 알게 되었다. 어떤 사람에 의해 거짓 정보가 나돌면서 다른 사람들
도 퍼 날라 동일한 오류를 재생산한 것을 보았다. 그래서 인터넷에서 정보
를 검색한다면 가능하면 믿을 만한 저자의 글만 활용하면 좋다.

| 실습 문제 |

1. 왜 하나님께서 호세아로 하여금 창녀 고멜과 결혼하게 하셨을까? 이는 호세아서를 이해하는데 어떤 도움을 줄까?

2. 요나와 요나가 사역했던 대상인 니느웨 사람들과 관계는 어떤 관계인가? 이 정보가 요나서를 이해하는데 어떤 도움을 주는가?

3. 예레미야가 활동했던 시기는 언제이고 예레미야가 메시지를 전한 청중들의 상태는 어떤 상태였는가?(렘1:2-3). 이런 관점에서 예레미야 5:1; 7:8-11; 29:10-11의 말씀의 뜻을 이해해보라.

4. "선한 사마리아인의 비유"(눅 10:30-37)에서 두 명의 유대 종교지도자들은 강도 만난 자를 위해 아무 것도 하지 않았지만 사마리아인이 강도 만난 자를 도운 것은 청중들에게 어떤 의미로 와 닿았을까?

5. "일만 달란트 빚진 무자비한 종의 비유"(마 18:23-35)에서 일만 달란트는 현대 화폐의 가치로 얼마나 될까? 100데나리온은 얼마나 될까? 일만 달란트와 100데나리온의 차이는 얼마나 될까? 이런 관점에서 무자비한 종이 동료를 용서하지 못한 것이 얼마나 심각한 문제로 와 닿는가?

제21원리
구약과 신약 전체의 관점에서
본문의 뜻을 파악하라

종교개혁자들은 성경을 해석할 때 중세의 4중적 해석을 버리고 문법적, 역사적 해석(grammatical-historical interpretation)을 추구했다.[263] 종교개혁자들의 문법적, 역사적 해석에는 모형론적 해석, 예언적 해석, 성경으로 성경을 해석하는 방법 등과 같은 분명한 신학적 해석이 있었다. 나중에 성경학자들은 역사적 문법적 해석을 뛰어넘는 성경만의 독특한 특징이 있기 때문에 신학적 해석(theological interpretation)이란 용어의 필요성을 느끼게 되었다. 이런 필요성 때문에 학자들은 '신비적 요소', '신학적 읽기', '신학적 해석', '성경적 해석' 등과 같은 다양한 용어를 사용했다. 지금은 성경학자들이 신학적 해석이란 용어를 수용하여 문법적, 역사적, 신학적 해석이란 방법론으로 고착되었다.[264]

여기서 말하는 '신학적 해석'은 쉽게 말하면 구약과 신약성경 전체의 관점에서 본문의 뜻을 파악하자는 뜻이다. 신학적 해석의 당위성은 성경의 저자가 하나님 자신이시기 때문이다. 성경은 하나님의 말씀이고, 구약과 신약 모두가 하나의 유기체를 구성하고 있다. 그래서 구약과 신약은 모형과 대형, 예언과 성취, 싹과 완전한 성장 등과 같은 관계로 서로 얽혀있다.[265]

구약과 신약의 올바른 관계를 파악하라.

성경을 올바로 해석하기 위해서는 구약과 신약의 관계를 올바로 파악하는 것이 대단히 중요하다. 먼저 성경의 통일성을 이해할 필요가 있다. 벌코프는 몇 가지 관점에서 성경의 통일성을 강조하는데, 요약하면 다음과 같다.

 1) 구약과 신약은 모두 하나님의 특별 계시의 한 부분이다.
 2) 구약과 신약의 저자는 모두 하나님이시고 동일한 목적을 갖고 계신다.
 3) 둘 다 동일한 구원론을 갖고 있고, 동일한 그리스도를 전하고 있고, 동일한 도덕적 종교적 의무를 부과한다.
 4) 구약과 신약의 계시는 둘 다 점진적이고, 확실성과 명료성과 영적인 개념에 있어서 점진적으로 증가한다.
 5) 신약은 구약 속에 암시되어 있고, 구약은 신약에 명시적으로 드러나 있다.[266]

성경은 하나님의 말씀이기 때문에 구약과 신약이 유기적으로 연결된 통일체란 사실을 인식하지만 일부 극단적인 견해를 조심할 필요가 있다.

일부 극단적인 세대주의자들은 구약은 주로 이스라엘 백성들과 연관된 성경이고 신약은 교회와 연관된 것으로 이분화해서 본다. 이런 관점으로 성경을 보면 구약에 계시된 예언적이거나 예표적인 메시지를 보지 못하는 오류를 범하기 쉽다. 극단적인 자유주의자들은 구약을 주로 고대근동의 역사적 관점으로만 보고 신약과 상관없이 별도로 존재하는 책으로 여기는 경향이 있다. 이런 견해는 성경의 통일성을 무너뜨리는 잘못된 견해이다. 또다른 극단적인 견해는 신약의 의미를 구약성경에 억지로 대입해서 보려는 시도이다. 과거 종교개혁자들 중에도 이런 견해를 가진 사람들이 있었다. 이런 극단적인 견해들을 피하기 위해서는 구약과 신약의 관계를 균형 있게 바라볼 필요가 있다. 이에 대해서도 벌코프는 몇 가지 가이드라인을 제공하는데, 그의 책을 참고하길 바란다.[267]

구약과 신약의 8가지 연결 방식을 이해하라.

1950년도에 벌코프가 성경해석학 책을 낼 때만 해도 그의 책에 구약과 신약을 연결하는 방법이 몇 가지가 안 되었다. 그런데 그 이후 성경신학의 발전으로 상당히 다양한 연결 방법들이 고안되었다. 그 중에 큰 기여를 한 사람은 아마 하젤(G. Hasel)일 것이다. 그는 자신의 저술 『구약 신학』에서 구약과 신약의 관계를 다양한 관점에서 제공하고 있다.[268] 설교학자들 중에서도 구약과 신약의 연결을 시도하여 그리스도 중심적 설교 방법론을 제안한 사람이 있다. 대표적으로 그라이다누스(S. Greidanus)와 채플(B. Chapell)이다. 그라이다누스는 하젤의 방법론을 거의 대부분 그대로 사용하고 있다.[269] 채플은 자기 나름대로 개발한 독특한 그리스도 중심적 설교를 위한 방법론을 제안하고 있다.[270] 이들의 연구에 기초하여 필자도 2017년 "구약의 그리스도 중심적 설교 방법론 연구"라는 논문을 발표한 적이 있기에 이를 여기서 간략히 요약하여 소개하고자 한다.[271]

약속과 성취의 방식

이 방식은 성경 자체에서 수많은 증거들을 찾을 수 있기 때문에 구약과 신약을 연결하는 대표적인 방식으로 간주된다.[272] 구약 속에는 신약에서 열매 맺게 되는 약속이 포함되어 있다.[273] 구약의 약속의 성취는 신약에서만 이루어지는 것이 아니라 이미 구약성경 안에서 성취되는 것이 있고, 신약 안에서도 약속과 성취가 동시에 나타나는 경우가 있다. 그러므로 구약과 신약 모두에서 약속과 성취를 발견하게 된다.[274]

예를 들면, 하나님께서 아브라함에게 약속한 '자손의 복'은 구약과 신약 에서 다면적인 성취를 보게 된다(창 12:1-3; 창 15:1-6). 창세기 15장에 의심하 는 아브라함에게 자손을 하늘의 별처럼 많게 하겠다고 약속하셨다(4-5절). 아브라함에게 자손을 통하여 큰 민족(창 12:1-3)을 이루리라는 약속은 일차 적으로 출애굽 당시에 어느 정도 성취된다. 아브라함 부부를 통하여 장정 만 거의 60만 명이나 되는 큰 민족으로 성장하게 되었다. 통일 이스라엘 왕 국의 절정기에는 용사들이 거의 130만 명에 달하였다(삼하 24:9). 아브라함 에게 약속하신 큰 민족의 복은 문자적으로 거의 이루어졌다. 그런데 아브 라함 자손의 복은 여기서 끝나지 않는다.

신약성경으로 넘어오면서 아브라함의 씨로 나신 예수 그리스도(갈 3:16) 를 통하여 온 천하 만민에게 복음이 전파되고, 그리스도를 믿는 모든 민족 이 새 이스라엘이 되어 지금은 예수님을 통하여 온 세상에 아브라함의 자손 (갈 3:7)이 적어도 24억은 될 것이다.[275] 하나님께서 아브라함에게 약속하신 엄청난 자손의 복은 그리스도를 통하여 온전히 이루어지게 되었다.

모형과 대형의 방식

모형론적 해석이란 구약의 사람들, 제도들, 사건들이 구원역사의 흐름 속에서 신약시대에 하나님께서 계획하신 실상에 대해서 미리 보여주신 것 으로 해석하는 방법이다.[276] 이때 구약의 사람들, 제도들, 사건들을 모형 (type)이라고 칭하고 신약시대에 하나님의 계획 속에 드러난 실체를 대형

(antitype)이라고 칭한다. 예를 들면, 구약시대 속죄제의 제물은 모형이고, 신약시대에 세상 죄를 지고 가는 하나님의 어린 양 되신 예수 그리스도는 대형에 해당된다. 모형론적 해석에서 조심해야 할 점은 모형과 대형 간의 역사적인 세부 사항까지 일치를 찾으려고 해서는 안 되고, 단지 "모형과 대형 간의 구조적 유사성"의 견지에서 연결점을 찾아야 한다는 점이다.[277]

벌코프는 모형론의 세 가지 특징을 말하는데, 요약하면 다음과 같다.

1) 모형과 대형 간에 실제적인 유사점이 있어야 한다.

2) 모형은 대형과 유사성을 갖도록 하나님께서 고안하신 것이어야 한다. 구약과 신약의 사람이나 사건의 우연한 일치는 모형과 대형 관계를 형성하지 않는다. 하나님께서 설계하셨다는 성경적인 증거가 있어야 한다.

3) 모형은 항상 미래의 뭔가를 보여준다. 그런데 잊지 말아야 할 점은 구약의 모형들은 동시에 당대에 영적인 진리를 전했던 상징들이었다는 점이다. 그래서 모형론적 의미를 확증하기 전에 먼저 상징적인 의미를 이해해야 한다.[278]

특히 올바른 모형론적 해석을 위해서는 마지막 항목을 유의할 필요가 있다. 구약의 모형이 신약에서 대형으로 성취된 것을 보이기 전에 구약의 모형이 당대에 가졌던 상징적 의미를 분명

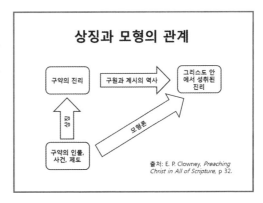

상징과 모형의 관계

구약의 진리 ← 구원과 계시의 역사 → 그리스도 안에서 성취된 진리

상징 ↑

모형론

구약의 인물, 사건, 제도,

출처: E. P. Clowney, *Preaching Christ in All of Scripture*, p 32.

히 밝혀야 한다. 그래야 모형론적 의미를 정확히 파악할 수 있다. 클라우니(E.

P. Clowney) 교수는 이를 앞 쪽의 그림처럼 도식화하였다.[279]

모형론이 작동하는 방식에 대해서 그라이다누스는 네 가지 원칙을 제시하고 있다. 역사성과 유사성과 상승효과와 하나님 중심성을 들고 있다.[280] 그라이다누스는 "타당한 모형론은 모형과 대형 간에 유사성과 상승작용의 특징이 있을 뿐만 아니라 모형과 대형이 구속사 속에서 하나님의 행위와 의미 있는 연관성을 드러내야 한다는 점에 있어서 하나님 중심적이다."라고 했다.[281]

예를 들면, 예수님에게 바리새인들이 표적을 구하자 예수님은 요나의 표적(마12:40-41)을 말씀하신다. 예수님께서 요나와 자신을 비교하신 점에서 완벽한 모형론을 발견할 수 있다. 여기 모형인 요나와 대형인 예수님 사이의 유사성은 "밤낮 사흘"이라는데 있다. 불순종하는 요나와 순종하는 예수님의 모습 사이에는 유사성이 존재하지 않는다. 그리고 니느웨 사람들이 요나의 메시지를 듣고 회개한 점과 예수님의 메시지를 듣고 사람들이 회개한 점에 있어서 또한 유사성이 존재한다. 여기서 단순한 유사성의 비교를 넘어 "요나보다 더 큰 이"라는 표현을 통하여 모형론의 강화효과를 볼 수 있다. 그리고 예수님의 회개의 선포는 하나님의 구원역사라는 점에 있어서 하나님 중심적이다.[282]

로마서 5:12-19에는 아담과 예수님을 비교하면서 바울은 모형론적 해석을 하고 있다. 바울은 14절에 "아담은 오실 자의 모형"이라고 말함으로써 "모형"(typos)이라는 말을 전문적인 의미로 사용하고 있다.[283] 요한복음 1:29에는 예수님을 "세상 죄를 지고 가는 하나님의 어린 양"이라고 표현함으로써 예수 그리스도가 구약시대의 속죄양의 모형을 성취한 분으로 묘사하고 있다.[284] 히브리서 전체는 비록 모형이라는 말은 단 한번밖에 사용하지 않지만 '복제'(8:5; 9:23, 24), '그림자'(8:5; 10:1), '비유'(9:9)와 같은 표현을 사용하여 모형론을 묘사하고 있다.[285] 히브리서는 제사의 제물과 대제사장과 성막과 휘장에 이르기까지 구약시대의 제사의식에 사용된 다양한 것들을 예수 그리스도의 삶과 사역의 모형으로 묘사하고 있다.

벌코프는 상징과 모형을 해석할 때는 비유를 해석하는 동일한 일반적인 규칙이 적용된다고 본다. 그는 모형론 해석 시에 고려해야 할 사항을 제안하고 있는데, 요약하면 다음과 같다.

1) 해석자는 그 자체로서 악한 것을 선하고 순수한 것의 모형으로 여기는 실수를 하지 말아야 한다.

2) 구약의 모형은 상징이면서 동시에 모형이다. 그들은 먼저 영적인 진리를 표현한 상징이었기 때문이다. 이들 상징들이 동시대를 위해 나타냈던 진리는 그들이 모형으로서 미리 보여준 것과 동일한 것이다. 단지 미래의 실현 시에는 진리가 더 높은 단계로 향상될 뿐이다. 그래서 모형을 이해하는 적절한 방법은 상징에 대한 연구를 통해서이다. 문제는 먼저 어떤 도덕적 영적 진리를 구약의 상징이 이스라엘 백성들에게 전달되었는가를 이해해야 한다. 이에 대한 답이 만족스럽게 주어진 이후에야 해석자는 이 진리가 신약에서 어떻게 더 높은 차원으로 실현되었는가에 대해서 탐구해 나갈 수 있다.

3) 구약에서 상징적인 의미를 확인한 후에 모형화된 진리에 대한 진짜 통찰을 신약으로 넘어가서 발견하게 된다. 모형들은 가려진 형태로 진리를 전하지만 신약의 실체들은 그림자를 제거하고 진리가 빛 아래 드러나게 한다. 만약 예언이 오직 이의 성취의 견지에서 충분히 이해되어진다면 모형들에도 또한 이 원리가 적용된다.

4) 모형들은 복잡한 것이 아니기 때문에 단 한 가지의 기본적인 의미를 갖

고 있다는 것이 근본적인 원리이다. 그래서 해석자는 이의 의미를 마음대로 확대시킬 수 없다. 어떤 모형들은 신약에서 다중적인 성취를 보게 된다.

5) 마지막으로 모형과 대형 간의 본질적인 차이가 존재함을 알 필요가 있다. 모형은 낮은 수준의 진리를 대형은 더 높은 차원의 동일한 진리를 나타낸다. 모형에서 대형으로 가는 것은 육신적인 것에서 순수하게 영적인 것으로, 외적인 것에서 내적인 것으로, 현재적인 것에서 미래적인 것으로, 땅의 것에서 하늘의 것으로 올라가는 것이다.[286]

그라이다누스는 설교학자로서 모형론을 사용하는 중요한 목적을 밝힌다. 단지 그리스도께 모형론적 연결만 시키지 말고 그리스도를 설교해야한다. 스타트(J. Stott)의 말대로 그리스도를 모형론으로 드러내는 것으로 그쳐서는 안 되고 사람들이 그를 영접하고 그에게 다가가도록 해야 한다는 말이다.[287]

구속사 흐름의 방식

구속사 연구에 두각을 나타낸 쿨만(Oscar Cullmann)은 구속사를 특별히 선택과 대속이란 관점에서 성경전체의 역사를 이중 운동으로 설명한다. 구약시대 하나님의 구속사 섭리의 방식은 점진적인 감축 단계를 밟는 것으로 본다. 처음에는 모든 인류를 구원의 대상으로 선택하셨지만 그 다음에는 이스라엘 민족을 선택하셨고 그 이후 선지시대에는 남은 자를 선택하셨고 최종적으로 한 사람 예수 그리스도를 선택하셔서 그의 죽음과 부활을 통하여 구속을 완성하셨다. 그러므로 예수 그리스도는 구속사와 역사의 중심점에 서 있다.

그런데 구원의 시간선은 그리스도의 초림에서 끝나는 것이 아니라 거기서부터 미래를 향하여 계속 전진해 나간다. 이제는 감축의 원리가 아니라 확장의 원리를 따라 점진적으로 확장되어간다. 예수 그리스도 한 사람의 죽음과 부활로 이룬 구원은 이제 유대인들에게서 모든 민족들에게로 그리고 그 마지막은 구원받은 피조물인 새 하늘과 새 땅까지 이르게 된다고 보았다.[288] 쿨만은 자신의 이론을 아래의 도식으로 표시하였다.[289]

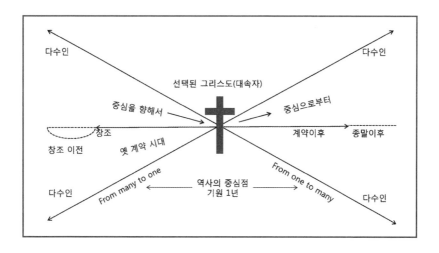

구속사적인 성경 이해는 그리스도 중심 구약 이해의 모든 면에 관여한다고 해도 과언이 아니다. 앞에서 말한 약속과 성취의 방식이나 모형과 대형의 방식도 구속사의 흐름을 전제하고 있는 모델들이다. 특히 구속사의 흐름은 역사의 초점이 어디에 있는지 분명히 깨닫게 한다. 예수 그리스도의 삶과 사역이 구속사의 클라이맥스임을 분명히 드러내어 진정한 그리스도 중심의 구약 해석이 가능케 한다.

다윗과 골리앗의 이야기를 예로 들어보겠다. 그라이다누스는 피와 스튜어트의 이론을 빌려 다윗과 골리앗 이야기를 세 가지 구속사적인 차원에서 설명한다.[290] 먼저는 개인적인 역사의 차원에서, 중간 단계는 민족적 역사의 차원에서, 마지막 단계는 구속사적인 차원에서 이해한다. 개인적인 역사의 단계에서는 젊은 다윗이 블레셋의 거장 골리앗을 물맷돌로 무찌른 이야기로 볼 수 있다. 이렇게 되면 다윗은 용기의 롤 모델로 여겨질 것이다. 그런데 성경은 이 차원의 해석으로 머물지 않는다.[291]

국가적인 역사의 관점에서 다윗과 골리앗의 싸움은 이스라엘 역사에 중요한 역할을 한다. 사무엘이 다윗을 은밀하게 기름 부은 직후에 젊은 목자(왕)가 이스라엘 최고의 적인 골리앗을 죽임으로써 이스라엘을 구원하는 이야기이다. 이 이야기는 앞으로 다윗이 이스라엘을 구원하고 약속된 땅에 진정한 평화를 누리게 할 왕이란 점을 부각시킨다.[292]

이제 마지막 구속사적인 단계에서 다윗과 골리앗의 싸움은 새로운 의미를 갖는다. 구속사적인 의미는 다윗의 말속에 이미 포함되어 있다(삼상 17:45-47). 다윗의 말에 의하면 전쟁에서 적을 이기게 하신 분은 여호와이시다. 이는 단지 다윗이 골리앗을 무찌른 싸움이 아니라 다윗의 배후에 역사하시는 하나님께서 골리앗을 통제하는 사단의 세력을 무찌른 싸움이다. 이는 곧 구속사의 절정인 예수 그리스도께서 사단의 세력을 무찌른 구속사의 대로와 통한다. 다윗과 골리앗의 싸움은 창세기 3:15에 예언하고 있는 여자의 후손과 사단의 후손과 싸움의 구속사적 연속선상에 위치해 있다. 이는 하나님의 손 안에 있는 다윗이 사단의 조종을 받는 골리앗을 무찌른 승리요, 이는 또한 장차 여자의 후손으로 나신 그리스도께서 십자가에서 사단의 머리를 깨뜨리심으로 궁극적인 승리를 보이실 구속사의 흐름 속에 있는 것이다.[293] 예수 그리스도께서 십자가에서 사단을 이기신 구속사의 절정을 알고 다윗과 골리앗의 싸움을 이해한다면 이의 구속사적인 의미를 분명하게 깨닫게 될 것이다.

하나님 섭리의 유사성에 기초한 방식

아크테마이어(E. Achtemeier)에 따르면 이 방법은 "우리가 구약성경을 현시대의 기독교인의 삶과 연결시키는 가장 흔한 방법" 중에 하나이다. 이는 이스라엘의 상황이 우리와 어떤 면에서 유사한가를 찾아 연결하는 방법이다.[294] 이스라엘이 경험했던 시험들과 심판들과 위로들과 도움들은 신약시대의 교회가 경험하는 시험들과 심판들과 위로들과 도움들과 여러 면에서 유사하다. 이런 유사성은 하나님의 구원역사의 통일성과 구약시대의 이스라엘과 신약시대의 교회 간에 역사하시는 하나님의 섭리의 유사성에 근거한 것이다.[295]

이 방법을 사용하는데 있어서 그리스도 중심의 해석이 중요한 이유는 그리스도께서 구약시대의 이스라엘과 신약시대의 교회를 연결하는 통로가 되었기 때문이다. 그리스도를 통해서 "동일한 은혜 언약의 수혜자가 되었고, 같은 믿음을 나누게 되었고, 같은 소망을 갖고 살게 되었고, 같은 사랑을 나타내게" 되었기 때문이다.[296]

그런데 이 방법을 사용할 때 한 가지 주의할 점은 구약시대의 이스라엘과 신약시대의 교회를 다루는 방식에 있어서 차이점도 있다는 사실이다. 오직 구약과 신약시대에 하나님께서 사람들을 다루는 방식의 유사성만을 강조할 때 두 시대 간의 차이점을 놓칠 수 있다. 그러므로 이 방법은 아래서 다루게 될 "대조적 개념의 방식"과 함께 사용해야 균형을 잃지 않게 될 것이다.

유사성의 방식의 대표적인 실례는 아마 바울이 고린도전서 10:6-11에서 든 실례가 아닐까? 바울은 고린도전서 10:1-5에 모형론적 해석을 하고 있다. 그러나 6-11절에서는 이스라엘 백성들이 당한 시험과 신약시대 성도가 당하는 시험의 유사성에 기초해서 권면하고 있다. 이스라엘 백성들이 행했던 우상숭배, 음행, 하나님을 시험함, 원망 등의 죄악들은 신약시대 성도들이 당하는 유혹들과 매우 유사하다. 이의 유사성에 기초해서 바울은 고린도교회 성도들에게 광야교회 백성들이 경험했던 죄의 유혹에 빠지지 말도록 권고하고 있다.

주제 연결의 방식

구약학자들은 구약의 중심을 찾기 위해서 다양한 주제들을 다루었다. "언약, 선택, 교제, 약속, 하나님 나라, 하나님의 통치, 하나님의 거룩, 하나님의 경험, 하나님의 주되심" 등 다양한 주제들의 중요성을 간파했다.[297] 이런 주제들은 구약에서 뿐만 아니라 신약성경을 관통하는 중요한 주제들이다. 그라이다누스는 "하나님 나라, 하나님의 섭리, 언약, 하나님의 임재, 하나님의 사랑, 하나님의 은혜, 정의, 구속, 율법, 죄, 속죄제, 가난한 자에 대한 하나님의 관심, 중보자, 여호와의 날" 등과 같은 구약성경의 주제가 신약의 예수 그리스도의 인격과 사역과 가르침에 그대로 연속된다고 보았다. 이런 연속성의 관점에서 그리스도 중심의 구약 설교를 주창하고 있다.[298] 이런 주제 연결의 방식은 성경신학에서 주로 다루는 영역이다.[299]

예를 들면, '성전'이라는 주제는 원래 구약시대에 이동식 성막에서 그 유래를 찾을 수 있다. 성막은 하나님께서 자신의 백성들과 함께 하기 위한 장소였다(출 25:8). 성막은 또한 하나님께서 계시의 수단으로 사용하셨고(출 25:22), 제사와 속죄가 이루어진 곳이기도 했다(출 29:38-43).[300] 나중에 통일 왕국 시대에 다윗 언약(삼하 7:11-16)에 따라 솔로몬이 성전을 건축하게 된다(왕상 6장). 성전이 건축됨으로 말미암아 이스라엘 백성들의 예배의 처소가 되었고 해마다 예루살렘을 순례하면서 성전에 대한 향수는 시온신학을 형성하는 토대가 되었다(시 120-134편).[301]

그런데 이스라엘 백성들의 배교로 말미암아 성전과 함께 예루살렘이 파괴되자 다윗 언약에 대한 심각한 회의에 빠진다(시 89편). 포로귀환 이후에 건축될 새로운 성전에 대한 희망은 이미 에스겔 40-48장에 계시되었다. 그런데 그들이 세운 제2성전은 매우 초라한 모습이었다. 선지자들은 이전보다 더 나은 성전을 예언(학 2:9)하고 있었고 그 예언은 메시아 시대에 이루어질 것을 내다보고 있었다. 그리고 '싹이라 이름 하는 사람'이 왕권과 제사장권을 갖고 그곳에서 다스릴 것을 예언하고 있다(슥 6:12-13). 여기에 사용된 '싹'은 메시아를 지칭하는 그림 언어이다.[302]

예수님께서 오셔서 헤롯 성전이 아니라 자신의 육체를 가리켜 "너희가 이 성전을 헐라 내가 사흘 동안에 일으키리라"(요 2:19)라고 말씀하심으로써 참된 성전은 그리스도 자신임을 밝히셨다. 하나님이 사람이 되어 오셔서 사람 가운데 거하심으로 말미암아 하나님의 임재의 표상이었던 진정한 성전의 의미를 밝힌 것이다(요 1:14).

오순절 이후에 성전은 새로운 차원의 의미를 지니게 되었다. 하나님의 영이신 보혜사 성령님이 거하시는 개인이 성전이 되었고(6:19-20), 교회 공동체가 성령님이 거하시는 성전으로 불리게 되었다. 고린도전서 3:16-17에는 고린도교인 전체를 지칭하여 하나님이 거하시는 곳으로 칭하고 있다.[303] 요한계시록에는 성전이 곧 하나님과 어린 양이신 예수 그리스도 자신이심을 계시한다(계 21:22).

신약의 구약 인용 방식

이 방식은 약속과 성취, 모형론, 주제 연결에 용이한 접근법이다. 이런 연결고리를 찾는데 어려움이 있다면 신약의 구약 인용을 활용하면 효과적으로 다룰 수 있다. 신약이 구약성경을 사용하는 방식은 직접적인 인용이나 간접적인 인용, 암시 등 다양한 방법을 사용하고 있고, 어휘, 주제, 구조, 신학에 이르기까지 범위도 다양하다.[304] 무엇보다 구약신학이 신약신학에 상당한 영향을 미치고 있다는 사실도 잊지 말아야 한다. 구약에 계시된 하나님, 인간, 이스라엘의 선택, 언약, 심판의 형태 등은 신약성경 기자들의 신학에 영향을 미치고 있다.[305]

그런데 신약성경이 구약성경을 활용하는 방식을 오늘날 해석자들이 모두 따를 수는 없다. 예를 들면, 바울이 사라와 하갈에 대해서 알레고리적 해석(갈 4장)을 취하고 있는데, 이를 창세기 21:8-21에 나오는 사라와 하갈의 이야기에 도입해서 해석해서는 안 된다.[306] 모형론은 성경해석 방법론으로 인정하지만 알레고리적 해석은 인정하지 않는 것이 현재의 추세이다. 신약의 인용이나 암시를 사용할 경우에는 현명한 판단력이 필요하다.

신약의 구약 인용 방법의 한 실례를 들어보겠다. 요한복음 3:14-15에 예수님이 모세가 광야에서 놋뱀을 든 사건(민 21:5-9)을 인용하신 경우이다. 예수님의 십자가 사건과 그를 믿는 자가 영생을 얻게 된다는 의미를 알고 민수기 21장에 기록된 사건을 읽게 되면 본문 속에서 놀라운 하나님의 섭리 방식을 발견하게 된다. 예수님의 인용을 모르고 장대위에 매단 놋뱀 사건을 읽으면 그냥 이스라엘 백성들의 불평 때문에 불뱀에게 물려 죽다가 살아난 단순한 역사적 사실로만 알게 될 것이다. 그런데 십자가 사건의 견지에서 놋뱀 사건을 본다면, 장대위에 높이 매달린 놋뱀은 십자가에 매달린 예수 그리스도를 예표하는 것으로, 불뱀에 물린 자들이 장대위에 매달린 놋뱀을 쳐다보는 행위는 십자가에 매달린 예수 그리스도를 믿음으로 쳐다보는 예표로 이해할 수 있게 된다. 그리스도 중심의 관점에서 인용을 잘 활용하게 된다면 구약에 숨겨진 놀라운 진리를 깨닫게 되는 통로가 될 것이다.

대조적 개념의 방식

이 방식도 아크테마이어가 창세기 4:7의 예를 들어 설명을 잘 하고 있다. 구약과 신약의 가르침은 대부분의 경우에는 조화를 이루지만 창세기 4:7의 경우에는 신약의 가르침과 대조를 이룬다. 바울의 가르침에 따르면 우리는 죄의 종(롬 6:17)이기 때문에 그리스도를 통하지 않고는 죄의 능력을 이길 수 없다고 가르친다. 그러므로 이런 가르침은 정경적 관점에서 교정이 필요하다고 그녀는 역설한다.[307]

이미 잘 알려진 대로 대조의 방식은 구속사의 흐름 가운데 예수 그리스도의 오심이 결정적인 역할을 했다. 구약의 메시지와 신약의 메시지가 대조를 이루도록 변화를 일으킨 분은 예수 그리스도 자신이기 때문이다. 구약의 의식법의 변화를 일으킨 것은 예수 그리스도 자신의 대속적 희생 때문이다. 구약시대의 할례법이 폐지된 것도 예수 그리스도의 오심이 결정적인 역할을 했다. 구약시대의 안식일을 신약시대에 주일로 지키게 된 것도 예수 그리스도의 부활이 결정적인 역할을 했다. 그러므로 대조의 방식의 분기점은 바로 예수 그리스도 자신이시다.[308]

구약의 제사의식은 신약의 가르침의 견지에서 보면 대조의 방식과 모형론이 함께 작용한다. 그리스도의 대속적 죽음으로 말미암아 구약시대의 제사법은 더 이상 우리에게 유효하지 않다. 반면에 제사제도에서 제물의 희생과 피를 드리는 의식은 예수 그리스도의 희생과 보혈을 예표하는 의미가 있다. 제사의식 행위 자체를 생각할 때는 대조의 방식으로 이해해야 할 것이지만, 예수 그리스도의 대속적 죽음을 생각할 때 구약의 제사제도는 그리스도의 희생의 모형들이다. 21세기의 청중들에게 구약의 메시지를 전할 때 이의 대조적 의미와 함께 모형론적 의미를 전해야 청중들에게 적용성이 있는 메시지가 될 것이다.

타락과 구속의 방법

이 방법은 브라이언 채플에 의해서 고안된 방법이다.[309] 채플이 먼저 강조하고 있는 것은 본문 속에 나타난 인간의 타락한 모습이 어떤 것인가를 파악하는 일이다. 그는 이를 "타락한 상태 초점"(Fallen Condition Focus)이라고 칭한다.[310] 그는 본문 속에 나타난 인간의 타락한 상태를 드러내는데 먼저 초점을 맞추지 않으면, 본문에 대해 아무리 많은 것을 안다고 할지라도 본문을 진짜 모른다고 전제한다. 성령님께서 성경을 통해서 드러내기를 의도하신 인간의 타락한 상태에 대해서 먼저 알지 못하면, 그 본문에 대해서 결코 올바른 설교를 할 수 없다고 채플은 말한다.[311]

왜 채플이 먼저 인간의 타락한 상태에 초점을 맞추는가? 바로 그 부분이 우리에게 하나님의 구원(redemption)이 필요한 부분이기 때문이다. "만약 본문 속에서 구속적 목적을 찾아내지 못하면 아무리 좋은 말을 많이 한다고 할지라도 성도들에게 잘못된 메시지를 전하게 된다."고 채플은 말한다.[312] "인간의 죄성 때문에 하나님 앞에 인간이 아무리 선한 일을 한다고 해도 그 선행은 오염되어 있다는 사실을 무시하거나, 인간의 순종을 가능케 하고 하나님께서 받음직 하게 만드시는 하나님의 은혜를 무시한다면, 그런 메시지는 기독교적인 설교의 메시지를 전복시키게 되어있다"고 채플은 주장한다.[313] 그래서 채플은 기독교적인 메시지는 반드시 그리스도 중심의 메시지가 되어야 한다고 주장한다.[314]

이 모델에 가장 적합한 본문이 있다면 창세기 3장일 것이다. 왜냐하면 이 본문 속에는 인간 타락의 과정과 타락 후에 임한 저주를 자세히 묘사하고 있고 동시에 하나님께서 여자의 후손을 통한 구원의 메시지를 전하고 있기 때문이다. 이에 대한 자세한 설명은 '자세히 읽기' 부분에서 보았기 때문에 여기서 반복하지 않겠다.

창세기 3장의 인간 타락으로 말미암아 생긴 모든 문제들을 예수 그리스도는 십자가로 모두 해결하셨다. 수치심의 문제, 하나님을 회피하는 문제, 하나님에 대한 두려움, 서로 간에 탓하는 버릇들, 여자와 남자에게 임한 저주들까지도 뒤집어 원래대로 회복시켰다. 해산의 고통과 죽음의 문제와 같은 문제는 그리스도 재림의 때에 완전히 해결될 것이다. 창세기 3:15는 타락한 직후에 인류에게 약속하신 놀라운 구원의 메시지를 포함하고 있다. 채플의 타락과 구속의 모델은 바로 이 관점을 부각시키는 탁월한 해석 방법을 제공한다.

| 실습 문제 |

1. 이사야 7:14 말씀을 약속과 성취의 방식에 따라 연구해보라.

2. 유월절(출 12장)을 모형론적인 관점에서 연구해보라.

3. 아브라함에게 약속하신 땅(창 12장)의 복을 신약을 포함하여 구속사 흐름의 방식으로 연구해보라.

4. 하와가 당한 시험(창 3:1–6)을 하나님의 섭리의 유사성이란 관점에서 연구해보라.

5. '언약'(창 6:18; 창 17장)이란 주제를 갖고 주제 연결의 방식으로 연구해보라.

6. 히브리서에 나오는 '멜기세덱'에 대한 인용(히 5:6, 10; 7:17)을 통해 구약의 멜기세덱에 대한 말씀의 의미(시 110:4)를 파악해보라.

7. 안식일을 주일로 지키게 된 의미(골 2:16)를 대조적 개념의 방식으로 연구해보라.

8. 로마서 3:9–31을 타락과 구속의 방식으로 연구해보라.

제22원리
본문의 핵심 메시지로부터
'적실한 진리와 원리'를 찾아내라

───※───

   지금까지 성경 묵상을 위한 세부적인 방법들을 보았다. 말씀 묵상의 목적은 이런 세부적인 지식을 쌓는데 있지 않다. 이런 자세한 정보들이 하나의 통합된 메시지로 종합되어야 의미 있는 메시지로 우리에게 다가온다. 해석의 각 과정을 거친 후에 핵심 메시지를 놓치게 된다면, 자동차를 수리하는 사람이 자동차 부품을 열심히 분리해서 수리한 후에 조립하지 않고 자동차를 넘겨주는 것과 같다. 각 부품을 아무리 멋지게 고쳐놓아도 조립하지 않은 자동차 부품은 차를 타는 사람에게는 의미 없는 것이다. 각 부품들이 조립되어 잘 굴러갈 수 있는 자동차로 완성되어야 우리에게 쓸모 있게 된다.

   본문을 자세히 분석하면서 해석한 이후에 반드시 의미 있는 메시지로 통합되어야 한다. 우리가 삶에 적용하는 말씀은 개별 구절들이 아니라 본문의 핵심 메시지에서 나온 '적실한 진리와 원리들'이다.[315] 누군가 우리에게 편지를 보낸다면 편지의 한두 단어나 문장으로 그의 뜻을 모두 파악하지 않는다. 전체를 읽어본 후에 그의 핵심적인 메시지가 무엇인지 파악한다. 성경해석의 과정도 이와 같다. 해석 과정을 통해 분석한 후에 통합하는 이 과정은 사실상 힘들고도 가장 중요한 단계이다. 여기서 '적실한'이라는 형용사에 주목할 필요가 있다. 표준국어대사전은 '적실(的實)하다'는 말을 "틀림이 없이 확실하다"라고 정의한다.[316] 필자가 '적실한 진리와 원리들'이라는 말을 사용한 것은 성경의 메시지가 오늘날 청중들에게 적용될 수 있도록 '틀림이 없이 확실한' 메시지로 변환될 필요성이 있기 때문에 사용한 말이다.

이미 자세히 읽기 편에서 밝힌 대로 핵심 메시지 파악에는 해돈 로빈슨의 방법이 매우 탁월하다. 그의 방법을 사용하여 핵심 메시지를 먼저 파악할 필요가 있다. 핵심 메시지는 주제부와 보충부로 구성되어 있고, 반드시 주제부 + 보충부로 구성된 문장으로 표현되어야 한다.

* 주제부: 본문이 무엇에 대하여 말하는가?
* 보충부: 그 무엇(주제)에 대해 무엇이라고 말하는가?[317]

그 본문이 구약이든 신약이든 원래 역사적 배경 속에서 명료한 핵심 메시지를 파악하는 훈련은 효과적인 적용을 위해 매우 중요한 과정이다. 크로밍가(Kromminga)는 성경을 왜곡하지 않으려면, 첫 번째 청중들에게 주어진 본문의 의미를 통해 드러난 본문의 메시지를 갖고 우리의 청중들에게 가야만 한다고 역설했다.[318] 일단 본문 자체의 핵심 메시지가 파악이 되어야 그 다음에 시간의 갭을 건너 우리에게 적용할 수 있는 '적실한 진리나 원리'로 변환할 수 있다.

신약의 메시지들은 대체로 우리에게 그대로 적용할 수 있는 경우가 많다. 그러나 구약의 메시지는 신약의 완성된 말씀을 통해 원리를 찾아서 적용해야 하는 경우가 많다. 구약의 계시는 예수 그리스도의 죽음과 부활이라는 구속사의 절정을 통해서 완성되었다. 그러므로 구약의 많은 본문들은 반드시 십자가를 통해서 봐야 오늘날 우리에게 적용할 수 있는 메시지가 될 수 있다.

왜 원래의 메시지에서 적실한 진리와 원리로의 변환이 필요한가?

성경의 원래 독자에게 주어진 메시지를 오늘날 우리에게 적용하기 위해서는 역사적, 문화적인 간극의 강을 건너야 한다. 성경 시대와 오늘날 시대와의 불연속성이 존재하는 이유를 그라이다누스는 세 가지 차원에서 설명한다.

첫째, 점진적 계시(progressive revelation) 때문이다. 성경의 계시는 구약에서 신약으로 점진적으로 진행한다. 그래서 21세기에 살고 있는 청중들에게 메시지를 전하기 위해서는 창세기 1장부터 계시록 22장까지 본문의 주제를 전체적으로 살펴야 한다. 예를 들면, 창세기 17장에 따르면 원래 할례는 언약을 지키는 중요한 요구사항이었다. 그런데 사도행전 15장에는 이를 폐지한다.[319] 만약 오늘날 창세기 17장의 할례에 대해서 가르친다면 그 메시지를 그대로 우리에게 적용할 수 없다. 반드시 사도행전 15장의 강을 건넌 후에 그 원리를 우리에게 적용해야 한다.

둘째, 하나님 나라 역사의 단계가 다르기 때문이다. 성경은 구약시대의 사람들이나 신약시대의 사람들에게 전한 메시지이다. 그런데 오늘날 설교자는 구약시대나 신약시대의 청중들에게 메시지를 전하는 것이 아니라 21세기의 청중들에게 메시지를 전한다. 로마서 13:1-7은 로마제국 시대에 주어진 메시지이기 때문에 오늘날 민주주의 사회에 그 메시지를 그대로 적용하는 데는 한계가 있다.[320] 구약시대의 신정정치 체제는 오늘날 정치 체제에 그대로 적용될 수 없다. 다만 신정정치 체제를 통해 계시된 원리를 교회 공동체에 적용할 수 있을 뿐이다.

셋째, 문화적인 변화가 있기 때문이다. 고대근동 농경사회와 과학이 발전한 도시화된 21세기의 사회와는 상당한 문화적인 차이가 존재한다. 여자는 예배할 때 머리에 베일을 쓰도록 가르친 말씀(고전 11:5)과 "거룩하게 입맞춤으로 문안하라"(고후 13:12)라는 말씀은 문화적 차이 때문에 오늘날 그대로 적용할 수 없다.[321] 그 원리를 찾아서 성도들에게 적용할 수 있다.

성경을 오늘날 적용하기 위해서 적실한 진리와 원리를 찾아야 하는 이유는 이렇게 하나님의 계시의 점진성과 하나님 나라 역사 단계의 차이와 문화적 변화라는 변수가 있기 때문이다. 한 가지 잊지 말 것은 그렇다고 성경의 모든 가르침이 이런 원리화의 단계를 거쳐야 한다는 것은 아니다. 어떤 본문에서 나온 메시지는 우리의 상황과 동일할 경우에 그대로 적용할 수도 있다. 이를 위해 다음 단계의 논의가 필요하다.

적실한 진리와 원리로 바꾸는 기본 공식

나이퀴스트와 쿠하트쉑(J. F. Nyquist & J. Kuhatschek)은 적용을 위한 두 가지 원리를 제안한다.

규칙 #1: 언제든지 우리의 상황이 원래 독자들이 당면했던 것과 일치할 때는 우리에게 주시는 하나님 말씀은 그들에게 주어진 것과 정확히 똑같다.

규칙 #2: 언제든지 우리의 상황이 원래 독자들이 당면했던 것과 일치하지 않을 때는 그들에게 주신 하나님의 말씀에 깔려있는 원리를 찾아야 한다. 그런 다음 우리는 그 원리를 오늘날 동등한 상황에 적용할 수 있다.[322]

신약성경에서 뿐만 아니라 구약성경에서도 첫 번째 규칙과 관련된 여러 가지 말씀을 발견하게 된다. "너희는 거룩하라 이는 나 여호와 너희 하나님이 거룩함이니라"(레 19:2; 벧전 1:15-16). "너는 마음을 다하고 뜻을 다하고 힘을 다하여 네 하나님 여호와를 사랑하라"(신 6:5; 마 22:37). 이런 말씀들은 오늘날 그대로 적용할 수 있는 말씀들이다. 그때나 지금이나 상황이 동일하기 때문이다.

두 번째 규칙에 해당되는 말씀은 엄청나게 많다. 구약시대의 대부분의 의식법과 재판법은 반드시 이 두 번째 규칙을 통해 원리를 파악하여 우리에게 적용해야 한다. 구약시대의 5대 제사는 오늘날 우리에게 그대로 적용할 수 없다. 구약시대의 제사를 통해 계시된 적실한 원리를 찾아 우리에게 적용해야 한다.

예를 들면, 구약시대에 누군가 죄를 지으면 죄를 용서받기 위해서 반드시 속죄제를 드려야 했다. 속죄제는 제사장의 중보를 통해 수송아지, 숫염소, 암염소, 비둘기 등의 제물을 성막/성전에 드려 죄인들이 지은 죄를 용서받았다. 신약시대 이후에는 죄인이 용서받기 위해서 성전에서 제사장의 중보를 통해 이런 제물을 드려 죄 용서받지 않는다. 왜냐하면 예수 그리스도께서 십자가에서 우리의 죄를 위한 제물이 되셔서 자신의 피를 흘려주셨기 때문이다. 구약 속죄제의 핵심적인 메시지는 '죄인이 죄를 지으면 반드시 대속물을 드려 죄를 용서받아야 한다.'라는 사실이다. 예수 그리스도의 십자가의 죽음과 부활을 통해 대속 사역을 완성한 이후에 속죄제의 핵심적인 원리는 '죄인이 죄를 지으면 반드시 (우리의 대속물이 되신) 예수 그리스도를 통해 죄를 용서받아야 한다.'는 사실이다. 이 명제는 오늘날 누구에게나 적용되는 원리이다.

신약성경에 나오는 말씀이라고 우리의 상황에 항상 바로 적용할 수 있는 것은 아니다. 예를 들면, "너희가 거룩하게 입맞춤으로 서로 문안하라"(롬 16:16). 이런 말씀은 오늘날 한국교회 상황에 바로 적용할 수 없다. 이 말씀을 도리아니(D. M. Doriani)는 다음 절차에 따라 원리를 파악하여 적용하였다. 요약하면 다음과 같다.

1단계: **원래 의미를 결정하라.** 여기서 바울이 말하는 '입맞춤'은 로맨틱한 입맞춤을 의미하지 않는다. 거룩한 입맞춤은 신뢰와 애정을 표현하기 위해 교회뿐만 아니라 세속 사회에 주어진 표준적인 인사였다. 인사도 주로 뺨을 대는 정도의 인사였고, 오직 동성 간에만 주고받은 인사였다.

2단계: **원리를 찾으라.** 모든 그리스도인은 한 가족이기 때문에 그들을 향한 형제 사랑을 느껴야 하고 뭔가 애정 표시를 해야 한다(롬 12:10).

3단계: **원리를 오늘날 동일한 상황에 적용하라.** 오늘날 거룩하게 입맞춤을 한다면 충격을 줄 것이다. 이런 질문을 할 수 있다. 우리 사회에서 포용과 따뜻함을 전달하는 인사는 뭘까? 여자라면 허그(hug)를 할 수 있고, 남자라면 악수를 할 수도 있다. 때로는 따뜻한 미소나 인사면 충분할 것이다.

4단계: **가능하면 당신이 내린 결론을 다른 성경 구절과 비교함으로써 이**

를 입증하라. 성경으로부터 악수와 거룩하게 입맞춤이 동일하다고 입증할 수는 없다. 그러나 다른 성경 구절들은 그리스도인은 서로 간에 사랑하고 우애하라고 명한다(롬 12:10). 사랑은 행동으로 입증해야 한다는 사실을 우리는 안다.[323]

이 부분을 끝내기 전에 한 가지 명심해야 할 것이 있다. 여기서 말하는 '원리'는 초시간적인 것이 아니란 사실이다. 피와 스튜어트는 "원리는 함부로 혹은 변덕스럽게 어떤, 모든 상황에 적용할 수 있는 초시간적인 것이 될 수 없다. … 이는 진짜 동일한 상황에만 적용될 수 있는 것이다."라고 주의를 준다.[324]

| 실습 문제 |

1. 마태복음 10:5-6을 오늘날 적용한다면 어떤 원리화의 과정을 거쳐야 할까?

2. 레위기 19:17-18의 말씀을 오늘날 어떻게 적용할 수 있는가?

3. 레위기 11:2-8을 오늘날 적용하려면 어떤 원리화를 거쳐야 할까?

4. 에베소서 4:31-32는 어떻게 우리에게 적용할 수 있을까?

5. 요한일서 4:1-3을 오늘날 적용하면 어떤 원리화를 거쳐야 하는가?

4

삶에 실천하기
(적용편)

"나로 하여금 주의 계명들의 길로 행하게 하소서

내가 이를 즐거워함이니이다"

(시 119:35).

성경 묵상 첫 번째 단계에 우리가 씨름했던 이슈는 성경이 무엇을 말하는지 발견하는 것이었다. 이를 위해 성경을 어떻게 하면 자세히 읽을 것인가를 두고 고민했다. 두 번째 단계에서 우리는 그 하나님의 말씀이 무엇을 의미하는지 파악하기 위한 다양한 방법들을 살펴보았다. 이제 마지막 단계에 우리가 애써야 할 문제는 어떻게 하면 깨달은 하나님의 말씀을 우리의 삶에 잘 실천하여 우리의 삶이 하나님께서 원하시는 모습으로 변화될 것인가이다.

앞에서 다룬 요한복음 3:1-16의 핵심 메시지는 분명하다. 그런데 핵심 메시지를 파악한 것으로 끝나버리면 이 말씀은 나와 전혀 상관이 없는 말씀이 된다. 하나님께서 이 말씀을 주신 목적은 예수 그리스도를 믿어 거듭남을 체험하고 영생을 얻도록 주신 말씀이다. 그러므로 이 말씀이 우리의 영혼을 살리는 말씀이 되기 위해서는 반드시 우리의 삶과 청중의 삶에 적용해야 한다. 실천이 없는 성경 묵상은 아무 소용이 없는 지적인 연습에 불과하다. 이런 차원에서 성경 묵상은 세상 지식을 쌓는 것과는 본질적으로 다르다. 세상 지식은 지적인 앎으로 그칠 수 있다. 그러나 성경은 절대 우리를 그렇게 놓아주지 않는다.

성경을 주신 목적은 너무나 분명하기 때문이다. "오직 이것을 기록함은 너희로 예수께서 하나님의 아들 그리스도이심을 믿게 하려 함이요 또 너희로 믿고 그 이름을 힘입어 생명을 얻게 하려 함이니라"(요 20:31). 하나님께서 성경을 주신 목적은 우리로 하여금 성경의 진리를 깨닫고 예수 그리스도를 믿어 구원을 얻도록 주셨다(딤후 3:15-17). 우리의 삶의 변화가 목적이다. 이는 말씀을 실천하지 않고는 불가능한 것이다.

많은 주석가들은 본문이 '과거에 무엇을 의미했는가?'에 머물고 '현재 무엇을 의미하는가?'를 찾지 않는다. 이런 태도는 성경을 연구하는 합당한 자세가 아니다. 사람들이 성경 주석에 임하는 궁극적 목적은 본문에서 발견한 하나님의 말씀을 오늘날 우리가 듣고 순종하기 위해서이다. 그 이유는 성경은 원래 독자에게 주어진 말씀일 뿐만 아니라 오늘날 우리에게도 주신 말씀이기 때문이다.[325]

본서의 목적은 개인적인 성경 묵상뿐만 아니라 설교자들의 설교를 위한 묵상에도 도움을 주기 위해서 저술하였기 때문에 개인적인 적용뿐만 아니라 청중들에게도 어떻게 하면 효과적으로 적용할 것인가도 다루려고 한다. 이제 효과적인 실천을 위해서 고려해야 할 점들을 하나씩 살펴보자.

제23원리
실천의 변수들을 고려하라

✺

　성경에서 발견한 진리와 원리를 우리의 삶에 무조건 적용해서는 안 된다. 말씀을 실천할 때 여러 가지 변수들을 고려해야 한다. 우리의 삶과 관계된 말씀은 무엇인가, 우리의 삶의 어떤 부분의 변화를 요구하는가, 나 개인의 변화를 요구하는가 아니면 공동체의 변화를 요구하는가, 하나님과 관계된 것인가 아니면 사람들과 관계된 것인가, 어느 시간대에 적용해야 하는가, 실천의 난점은 무엇인가 등을 분별해야 한다. 이는 말씀을 실천하기 전에 신중히 생각해야 할 점들이다. 스튜어트(D. Stuart)는 말씀 적용을 위한 탁월한 가이드라인을 제공한다. 그가 제안하고 있는 일곱 가지 가이드라인을 간략히 요약하여 소개한다.

　1) 삶의 이슈들의 목록을 만들라. 본문의 이슈와 오늘날 유사한 상황은
　　어떤 것이 있는가? 본문에 나타난 모든 삶의 문제를 확인하라. 그런 다
　　음 본문에서 현재의 상황에 적용할 수 있는 것을 확인하라.
　2) 적용의 성격을 분명히 하라. 적용은 크게 두 가지에 속한다. 독자에게
　　정보를 주는 것과 독자에게 지시하는 것이다. 이렇게 나누어서 다루면

적용이 더욱 분명해지고 구체화되어진다.

3) 적용 가능한 영역을 분명히 하라. 적용은 주로 믿음과 행동 두 분야에 속한다. 그러나 궁극적으로 믿음과 행동은 불가분의 관계이다. 그런데 어느 쪽을 강조할 것인지 파악하라.

4) 적용하고자 하는 청중을 확인하라. 적용의 대상은 주로 개인적이거나 공동체적인 것 두 종류의 청중에 속한다. 본문의 메시지를 개별적으로 적용할 것인가(기독교인, 비기독교인, 평신도, 목회자, 부모, 자녀 등), 공동체적으로 적용할 것인가를 결정해야 한다(교회, 국가, 직업군, 사회 집단 등).

5) 적용의 범주를 확립하라. 이는 어떤 관계에 적용해야 할 것인가와 연관이 있다. 하나님과 관계되는가, 사람들과 관계되는가? 경건과 관계된 문제인가? 사회적, 경제적, 종교적, 영적, 가족적, 정치적인 이슈인가?

6) 적용의 시간적 초점을 맞추라. 이는 과거, 현재, 미래 어느 시점에 초점을 맞추어서 적용할 것인가와 관계된다.

7) 적용의 한계를 정하라. 본문 주석이 오해의 소지를 포함하거나 너무 많이 나간 것은 없는가? 본문이 속한 더 큰 본문을 위한 배경이나 보완점으로 기능하는가? 본문이 보기에는 어떤 적용을 제안하고 있는 것 같지만 실제 조사하면 아닌 것은 없는가? 적용이 어려운 본문이라면 억지로 적용하려고 하지 않는 것이 좋다.[326]

| 실습 문제 |

1. 로마서 3:19-31과 야고보서 2:1-9의 실천의 변수들을 생각해보라.

2. 로마서 10:9와 고린도전서 5:1-2의 실천의 변수들을 생각해보라.

3. 시편 100편과 요한복음 13:34-35의 실천의 변수들을 생각해보라.

4. 시편 2편의 실천의 변수들을 생각해보라.

제24원리
자신과 청중을 알라

앞의 해석편에서 우리는 본문의 핵심적인 메시지를 통해 오늘날 우리에게 적용할 수 있는 적실한 진리와 원리를 발견하였다. 이는 성경을 아는 단계였다. 적용에 앞서서 먼저 알아야 할 것은 성경의 메시지를 확실히 아는 것이다. 성경의 진리와 원리를 적용하기에 앞서서 다시 한 번 우리가 물어야 할 질문들이 있다.

효과적인 실천을 위한 9가지 질문들을 활용하라.

헨드릭스는 실천에 도움을 주는 9가지 질문을 제안한다. 말씀을 적용하기에 앞서서 이 질문들을 갖고 다시금 본문을 묵상해보면 효과적인 적용에 도움이 될 것이다.

1) 내가 따라야 할 모범이 있는가?
2) 내가 피해야 할 죄가 있는가?

3) 내가 붙잡아야 할 약속이 있는가?

4) 내가 드려야 할 기도가 있는가?

5) 내가 순종해야 할 명령들이 있는가?

6) 내가 구비하여야 할 조건이 있는가?

7) 내가 외워야 할 구절이 있는가?

8) 내가 고쳐야 할 교리적인 오류가 있는가?

9) 내가 직면해야 할 도전이 있는가?[327]

이 질문이 모든 적용 질문의 목록을 포괄한 것은 아니다. 그런데 이 목록을 염두에 두고 본문의 메시지를 계속 묵상한다면 실천할 수 있는 좋은 아이디어를 얻게 될 것이다.

네 자신을 알라!

그 다음 단계에 우리가 알아야 할 것은 우리 자신이다. 적용을 잘 하기 위해서는 나의 장점과 약점을 잘 알아야 한다. 소크라테스의 '네 자신을 알라'는 명언은 성경을 묵상하는 모든 그리스도인들이 항상 가슴에 새기고 있어야 할 명언이다. 적용은 나 자신을 아는 것만큼 효과적으로 적용할 수 있기 때문이다.

디모데전서 4장 16절에 따르면 바울은 디모데에게 이렇게 권고한다. "네 삶과 교리를 면밀히 살피라"(Watch your life and doctrine closely; NIV). 다른 사람에게 가르치기 전에 먼저 가르치는 자인 디모데 자신의 삶과 교리를 면밀히 살펴서 변질되지 않도록 조심하라는 뜻이 아니겠는가?[328] 면밀한 자기

성찰이 없이는 자신을 알지 못한다.

헨드릭스는 자신을 알기 위해서 이런 제안을 한다. 자신의 장점 세 가지를 생각해보라. 그리고 자신의 단점도 기록해보라고 제안한다. 이 두 가지를 통하여 적용에 큰 도움을 받을 수 있다. 장점을 살펴보면 하나님께서 그간 일하신 역사를 보게 되고, 자신의 단점을 보면서 절망할 것이 아니라 하나님께서 앞으로 일하실 미래를 보게 될 것이다. 우리가 성장하지 못하는 이유는 자신의 고쳐야 할 점을 모르기 때문인 경우가 많다.[329]

그리스도께서 우리의 삶에 들어오시게 되면, 그분은 삶의 주인이 되셔서 우리의 삶의 모든 영역을 고치신다. 개인생활, 가정생활, 교회생활, 직장생활, 사회생활에 이르기까지 모든 분야를 고치신다. 이에 대해 덕 서만(Doug Sherman)은 좋은 아이디어를 제공한다. 아래 점검표를 갖고 자신을 잘 아는 사람에게 평가해 주도록 부탁한 후, 자신의 평가와 비교해보라고 제안한다.

〈개인생활〉

* 당신의 영적 훈련 상태는 어떠한가? 성경 공부, 성경 암송, 기도 생활, 또는 신앙 서적 등을 읽는 것과 함께 영적 성장에 얼마나 많은 노력을 기울이고 있는가?

* 당신의 신체적인 조건과 먹고, 운동하고, 잠자고, 휴식을 취하는 습관은 어떠한가?

* 어떠한 행동들을 극복하기 원하는가: 노여움, 남을 속이는 일, 또는 성적인 충동심?

* 어떠한 행동들을 더욱 개발시키기 원하는가: 인내 또는 호의를 베푸는 것?

〈가정생활〉

* 가족들이 기대하는 시간에 맞춰서 일정한 시각에 퇴근하는가?

* 아내 또는 남편과 두 사람만의 시간을 정기적으로 갖는가?

* 직장에서의 모든 일들을 싹 잊어버리고, 마음을 정돈하고, 따로 시간을 내어서 자녀들과의 시간을 가지고 있는가?

* 당신이 질 책임들을 부모님에게, 혹은 배우자의 부모님에게, 아니면 다른 친척들에게 부담시키고 있지는 않는가?

〈교회생활〉

* 얼마나 자주 성경의 가르침에 자신을 복종시키는가?

* 그리스도의 사업을 위해 신실하게, 후하게, 기쁜 마음으로 헌금을 하는가?

* 당신의 영적 은사가 무엇인지 알고 있으며, 그것을 사용하고 있는가?

〈직장생활〉

* 매일 회사를 위해 성실하게 당신의 노동을 제공하는가?

* 고객들을 대할 때에 최선을 다하는가?

* 전공 분야에 관한 새로운 발견, 좋은 아이디어, 방법 등에 관해 연구하며 관심을 쏟고 있는가?

* 자신과 가족의 부양을 위해 최선을 다해서 현재의 직장생활을 하고 있는가?

* 가족 예산이 있는가? 예산대로 생활하는가?

〈사회생활〉

* 시민으로서 투표에 대한 정당한 권리와 의무를 성실히 수행하고 있는 가?

* 세금을 정확히 납부하고 있는가?

* 운전자로서 벌점 기록은 어떠한가?

* 이웃에게 해가 되지 않도록 주택을 잘 관리하고 있는가?

* 주위에 있는 가난한 사람들에 대한 관심을 가지고 있으며 실제로 그들을 어떠한 방법으로든 돕고 있는가?[330]

이런 삶의 목록은 자신의 취약점을 찾아 말씀에 따라 개선해나가는데 많은 도움을 줄 것이다. 목록은 여기서 끝나지 않는다. 자신만의 약점을 극복하기 위한 영적인 목록을 만들어 점검할 수도 있을 것이다.

그리스도인의 삶은 주님을 영접한 이후부터 예수 그리스도의 전인격을 본받는 삶이라고 볼 수 있다. 이를 위해 필자는 그리스도의 인격을 영성, 덕성, 거룩한 지성, 사역의 능력, 하나님 나라 비전이란 관점에서 본받도록 목록을 만들었다. 이를 말씀에 기초해 매일 묵상하면서 삶을 개선해가도록 『그리스도의 인격을 본받아』라는 시리즈(교보문고 ebook)로 출판하였다. 이는 제자도의 관점에서 볼 때 꼭 필요한 훈련이다. 다섯 가지 큰 범주 아래 다루어야 할 인격적 요소들을 열거하면 다음과 같다.

1) 영성 - 복음의 능력, 성령 충만, 믿음, (하나님) 사랑, 말씀, 기도, 순종, 예배, 회개, 자기 부정, 그리스도 중심, 감사, 기쁨, 찬양, 거룩함, (의를 위한) 고난

2) 덕성 - 말, 행실, 생각, (이웃) 사랑, 정절, 정의, 경건, 겸손, 온유, 섬김,

충성, 정직, 인내, 화목, 긍휼, 절제, 양선

3) (거룩한) 지성 - 지혜, 지식, 명철, 교훈/훈계, 분별력, 통찰력, 신중함, 지략, 슬기

4) (사역의) 능력 - 전도, 가르침 (양육, 제자도, 지도력), 봉사와 나눔, 은 사개발

5) (하나님 나라) 비전 - 대사명의 비전, 대계명의 비전, 선행의 비전, 문 화명령의 비전[331]

복음서는 예수님의 인격을 가장 잘 보여주는 거울과 같은 말씀들이다. 이들 요소들을 복음서 안에서 대부분 발견할 수 있다. 구체적인 점검표를 갖고 매일 자신의 삶을 점검하면서 적용할 때, 효과적으로 그리스도의 전인 격을 본받을 수 있을 것이다.

청중을 알라!

설교자인 경우에는 먼저 자신에게 말씀을 적용한 후에 설교를 듣는 청 중들에게 말씀을 효과적으로 적용하는 방법을 알 필요가 있다. 이를 위해 서 청중을 알아야 한다. 청중들이 어떤 죄에 노출되어 있는가? 어떤 시험을 자주 당하고 있는가? 어떤 점이 신앙적으로 성장하기 어려운 점인가? 가정 생활 중에는 어떤 극복해야 할 어려움이 있는가? 신앙생활에는 어떤 도움 이 필요한가? 직장생활에서 말씀대로 순종하는데 장애물은 어떤 것이 있는 가? 사회적으로 어떤 문제가 주된 이슈인가? 국가적으로는 말씀에 저촉되 는 법이나 정책은 없는가? 그리스도인으로 어떻게 행동해야 하는가? 다양

한 관점에서 청중들을 알 필요가 있다. 청중을 잘 알려면 현대 문화를 알아야 한다.

헨드릭스는 적용을 잘 하려면 현대 문화를 연구하라고 권한다. 그는 권력, 매스컴, 돈, 성, 세대의 문제, 종교와 세계관, 예술, 역사와 현대, 평화 등과 같은 중요한 문화 영역을 육하원칙에 따라 질문을 하며, 알아야 할 이슈들을 제안한다.[332] 그가 제기한 문제들은 주로 미국 문화의 관점에서 제기한 질문들이다. 우리는 한국사회에 맞는 문화에 대한 질문을 던져볼 수 있다.

권력에 대한 연구를 하려면 한국사회의 진보적 성향과 보수적 성향이 팽팽하게 맞서고 있는 현실을 이해할 필요가 있다. 이들이 어떤 정책을 갖고 있으며 기독교인으로서 그들의 정책에 대해 어떤 관점을 가져야 할지 고민하지 않을 수 없다.

매스컴도 정치와 마찬가지로 진보적 성향의 매스컴과 보수적 성향의 매스컴으로 나누어져 있다. 방송을 듣고 있는 성도들의 관점도 나누어져 있다. 설교자는 이들의 마음을 알고 접근할 필요가 있다. 오늘날 급부상하고 있는 SNS 문화도 알아야 한다. Youtube, Facebook, Twitter 등의 영향력은 어느 정도인가? 어떤 세대가 이런 문화에 주로 노출되어 있는가?

돈 문제를 다룬다면 사람들에게 돈에 대해 가진 관점을 이해할 필요가 있다. 우리나라에는 정직하면 돈을 벌 수 없다는 생각이 팽배해 있다. 이런 교인들에게 어떻게 정직성을 가르칠 것인지 고민하지 않을 수 없다. 돈의 흐름은 어떻게 되어 있는가? 누가 돈 줄을 쥐고 있는가? 사람들의 수입은 어느 정도 되는가? 가난한 자의 경제적인 상태는 어느 정도인가?

사람들의 성에 대한 인식도 이해할 필요가 있다. 유교의 영향으로 가부장적인 문화가 팽배했던 우리나라가 현재 급속도로 바뀌고 있다. 남성과 여성의 위치는 어느 정도인가? 특히 여성의 역할이 어떻게 바뀌고 있는가?

동성애 문제에 대해서 사람들은 어떻게 보는가?

세대 문제도 대한민국 사회에서는 잘 알 필요가 있다. 대가족에서 핵가족으로 바뀌었지만 여전히 명절이 되면 양가 부모님을 찾아뵙는 것이 한국의 문화다. 이런 문화 속에서 부부는 어떤 갈등에 빠지기 쉬운가? 명절 이후에는 이혼하는 가정이 늘어나는 것이 한국의 슬픈 현실이다. 부모가 자식에게 어느 정도 영향력을 행사하고 있는가? 이는 부부간의 관계에 어떤 영향을 주는가?

종교와 세계관도 한국사회에는 특별히 신경 써야 할 분야이다. 전통적으로 불교가 강한 국가였지만 지금은 기독교와 천주교가 크게 성장하여 큰 비율을 차지하고 있다. 한국의 3대 종교 간의 관계는 어떤가? 종교 간의 알력은 없는가? 사람들이 어려움을 당할 때 주로 어디에 호소하는가? 한국사회에는 무속신앙도 무시할 수 없다. 왜 사람들이 무속신앙에 호소하는가? 한국사회에 이슬람의 영향은 어느 정도인가? 이들은 어떤 교리를 갖고 있는가?

한국사회에는 어떤 예술이 유행하고 있는가? 요즈음 K-pop이 전 세계적으로 영향을 미치고 있다. 이들에게 끌리는 청중을 알기 위해서 K-pop에 대해서도 연구할 필요가 있다. K-pop이 세계적인 영향을 미친 것은 Youtube, Facebook, Twitter 등과 같은 소셜 미디어의 영향이 크다. 새로운 영향력으로 부상하고 있는 소셜 미디어 문화에 대해서도 알 필요가 있다.

역사와 현대를 생각하면 우리나라는 복잡한 관계 속에 있다. 일본과의 끊임없는 마찰은 과거의 일제강점기의 아픔이 민족의식 속에 깊이 남아 있기 때문이다. 근세의 우리나라 역사를 꿰뚫고 있어야 한다. 목회자가 역사의식이 없으면 현대 청중들의 마음 문을 닫게 만들거나 잘못하면 비난의 대상이 될 수 있다. 남북관계의 문제도 진보, 보수 모두가 관심을 갖고 있는

첨예한 이슈들이다. 남북의 정치적인 문제에 대해서도 설교자는 깊이 연구할 필요가 있다.

마지막으로 평화 문제는 우리나라가 분단 이후 지금까지 고민하고 있는 핫 이슈이다. 요즈음 북핵 문제를 어떻게 해결할 것인가? 남북의 관계는 어떻게 조화로운 관계를 유지할 것인가? 어떻게 통일은 이루어질 수 있는가? 이산가족 문제는 어떻게 해결할 수 있는가? 사상적 대립 문제는 어떻게 해결할 것인가? 주변의 강대국과 관계에 대한 올바른 관점은 무엇일까? 어떻게 하면 강대국에 휘둘리지 않는 자주성을 지닌 국가가 될 수 있는가?

적용을 잘 하려면 이런 문화적인 문제를 깊이 연구할 필요가 있다. 성경을 육하원칙에 따라 연구했듯이, 현대 문화도 육하원칙에 따라 철저히 분석하며 연구할 필요가 있다. 문화에 대해 아는 것만큼 설교자는 청중에게 더 다가갈 수 있다.

| 실습 문제 |

1. 디모데후서 3:1-5의 말씀을 읽고 나에게 걸리는 말씀들을 찾아내어 자신의 삶을 어떻게 고칠 것인지 적용해보라. 만약 목회자라면 이 말씀 가운데 성도들이 빠지기 쉬운 모습이 어떤 것인지 생각해보고 그들에게 어떻게 적용할 것인지도 생각해보라.
2. 요한일서 3:15-16을 읽고 나의 삶과 성도들의 삶에 말씀을 적용해보라.

제25원리
육하원칙에 따라 적용하라

～⁓∽⌇∾⁓～

성경을 묵상하는 사람은 실천의 중요성은 어느 정도 알고 있다. 그런데 실천의 성패는 얼마나 구체적으로 적용하느냐에 달려있다고 해도 과언이 아니다. 본문을 해석하고 핵심 메시지로부터 적실한 진리와 원리를 찾아내면 마치 적용이 된 것처럼 느껴질 수 있다. 사실 진리와 원리를 우리의 삶에 대입시키는 것이 적용이다. 그런데 여기서 끝나서는 안 된다. 더 구체적인 단계로 나아가야 한다.

예를 들어, "너희는 온 천하에 다니며 만민에게 복음을 전파하라"(막 16:15)라는 말씀을 나의 삶에 적용한다면 어떻게 해야 할까? 지금까지 한 번도 전도해본 적이 없다면 이 말씀을 묵상한 후에 어떻게 적용해야 할까? 이 말씀의 핵심 메시지는 분명하다. '복음을 전파하라'는 말씀이다. '아, 전도해야지'라고 생각하고 성경책을 덮어버리고 실행에 옮기지 않는다면 전혀 적용하지 않은 것과 같다.

그렇다면 어떻게 구체적으로 실천할 수 있을까? 앞의 관찰편에서 본문을 자세히 읽기 위해 육하원칙이란 방법을 사용하였다. 말씀을 적용할 때도 육하원칙에 따라 하면 효과적으로 적용할 수 있다. 이렇게 구체적인 계획을 세울 수 있다.

* 누가: 내가 (혹은 친구와 함께), 두 명에게

* 언제: 매주 토요일 오후 2-4시에

* 어디서: 집 근처 버스정류장에서

* 무엇을: 복음을 나누는 전도를 한다. (전도지 뿌리기가 아닌)

* 어떻게: P4U를 사용하여

* 왜: 주님의 명령이니까.

한 번도 전도해보지 않은 사람이 '온 천하에 다니며 만민에게' 복음을 전파할리 만무하다. 가까이에 사는 사람들에게도 복음을 전하지 않는 사람이 온 천하에 나가서 전하기는 어렵다. 그래서 적용은 구체적으로 실행할 수 있는 데서 시작해야 한다. 먼저 가까이에서 복음을 전하면서 시작해야 할 것이다. 내가 속한 공동체의 일원에게 복음을 전하는 것도 온 천하 전도의 한 부분이다.

적용은 주로 3P에 따라 하는 것이 좋다. 3P는 Personal(개인적인 적용), Practical(실제적인 적용), Possible(가능한 적용)을 의미한다.[333] 위의 적용을 보면 3P의 조건에 맞다. 내가 전도하겠다는 개인적인 적용을 했다. 내가 살고 있는 곳에서 가까운 버스정류장에서 P4U를 갖고 매주 토요일 오후 2-4시에 전도하는 것은 매우 실제적인 방법이다. 전도의 목표를 2명으로 잡았다. 처음 전도하면서 10명이나 20명과 같은 거창한 목표를 잡지 않았다. 2시간동안 2사람에게 전도하고자 하는 가능한 목표를 잡았다. 전도도 매일 전도한다든지 하지 않고 한 주에 한 번을 잡았다. 전혀 전도하지 않던 사람이 매일 전도하기란 매우 어려운 일이다. 처음 시작할 때, 한 주에 한 번은 가능한 목표이다.

또 다른 예를 들어보자. 만약 마태복음 6장 14-15절을 묵상했다면 어떻게 적용해야 할까?

> (14) 너희가 사람의 잘못을 용서하면 너희 하늘 아버지께서도 너희 잘못
>   을 용서하시려니와
> (15) 너희가 사람의 잘못을 용서하지 아니하면 너희 아버지께서도 너희
>   잘못을 용서하지 아니하시리라. (마 6:14-15)

이 말씀의 핵심 메시지는 분명하다. '사람의 잘못을 용서하라'는 메시지이다. 이는 우리에게 그대로 적용할 수 있는 불변의 진리이다. 이를 육하원칙에 따라 적용해보자.

* 누가: 내가, 나에게 잘못한 사람에게
* 언제: 내일 저녁 8시에 (오늘 저녁 전화할 것)
* 어디서: ○○○ 카페에서
* 무엇을: 그의 잘못을 용서한다는 말을
* 어떻게: 개인적으로 만나서
* 왜: 하나님의 명령이니까

이렇게 구체적인 적용 계획을 세우지 않으면 화해할 기회를 차일피일 미루게 된다. 그 기회가 영원히 오지 않을 수도 있다. 만약 다른 사람의 잘못을 용서하지 않으면 그 결과가 무시무시하다. "너희 아버지께서도 너희 잘못을 용서하지 아니하시리라." 이 말씀이 무섭지 않은가? 이런 말씀을 묵상하면 반드시 기회를 만들어 용서해야 한다. 그래야 나의 삶에 변화가 일어난다.

필자가 방금 든 두 가지 실례는 주로 무엇을 해야 한다는 관점에서 적용한 실례들이다. 그런데 적용은 '하라'는 식으로 의무를 부과하는 것만이 적용이 아니다. 오늘날 설교자들이 주로 '하라'는 식으로 적용하는 경우가 많다. '더 전도하라', '더 봉사하라', '더 기도하라', '더 거룩하게 살라', '더 헌신하라' 등과 같이 적용하기 때문에 성도들이 식상해하는 경우가 많다. 도리아니는 이런 따분한 천편일률식의 적용을 피할 수 있는 적용의 네 가지 양상을 소개한다. 그가 제안하고 있는 적용의 네 영역은 다음과 같다.

1) 내가 무엇을 해야 하는가? 즉, 나의 의무는 무엇인가?
2) 내가 어떤 사람이 되어야 하는가? 즉, 내가 어떻게 옳은 것을 하는 사람이 되거나 그런 성격을 소유할 수 있는가?
3) 삶의 에너지를 어떤 목적을 위해 헌신해야 하는가? 즉, 어떤 목표를 추구해야 하는가?
4) 진리로부터 오류를 어떻게 구분할 수 있는가? 즉, 어떻게 분별력을 얻을 수 있는가?[334]

적용을 생각할 때, 의무, 성격, 목표, 분별력이란 개념은 우리의 적용이 풍성하게 될 수 있도록 도움을 줄 수 있는 유용한 안내역이 될 것이다.

| 실습 문제 |

1. 신명기 6:4-9를 육하원칙에 따라 적용해보라.
2. 시편 1편을 육하원칙에 따라 적용해보라.
3. 마태복음 5:43-48을 육하원칙에 따라 적용해보라.
4. 빌립보서 3:12-16을 육하원칙에 따라 적용해보라.

제26원리
체질화될 때까지 실천하라

오랜 신앙생활에도 불구하고 왜 변화가 잘 일어나지 않는가? 이는 우리가 자주 느끼는 갈등이다. 정말 하나님의 말씀은 우리의 삶을 변화시킬 수 없는가? 때론 이런 의문이 들기도 한다. 사람의 타고난 성품은 변하지 않는다는 비관적인 생각까지 든다. 정말 하나님 말씀은 우리를 변화시킬 수 없는가? 문제는 하나님 말씀 자체에 있는 것이 아니라, 내가 확신하기는 말씀을 삶에 구체적으로 실천하지 않기 때문이다.

성경과 우리 주변에는 말씀을 제대로 실천하여 큰 변화를 경험한 수많은 사람들의 간증을 들을 수 있다. 예수님을 만났던 수많은 죄인들과 세리들과 창녀들은 삶이 변화되었다. 남편을 다섯 번씩 갈아치운 사마리아 여인도 예수님을 만난 후에 변화되었다. 일곱 귀신이 들렸던 마리아도 예수님을 만난 후에 변화되었고, 예수님 부활의 최초 목격자가 되었다(요 20:15-18). 도끼로 일가족을 죽인 고재봉도, 인육을 먹고 한국의 부자들을 다 죽이지 못한 것이 한이 된다고 했던 지존파 깡패들도 예수님을 만난 후에 변화되었다. 변화의 원천은 우리 자신에게 있는 것이 아니라, 죽은 영혼을 살리신 예수 그리스도께 있다. 예수님을 믿은 후에 우리의 마음속에 들어와 계신 예수의 영이신 보혜사 성령께서는 우리를 변화시키기 위해 오늘도 우리의 삶 가운데 역사하신다.

우리는 부흥회나 수련회에서 은혜를 받고 새로운 삶을 살리라고 얼마나 자주 결심했는가? 수십 번의 부흥회나 수련회에서 은혜를 체험하고 변화를 결심하지만 며칠 지난 후 옛 모습을 그대로 갖고 있다면 무엇이 문제일까? 근본적인 문제는 은혜 받은 것으로 끝났지, 은혜 받은 말씀을 체질화될 때까지 삶에 실천하지 않았기 때문이다. 그러므로 끈질긴 실천은 영적 성장의 토대요 열쇠이다.

효과적으로 실천하기 위해서 삶의 변화 과정을 도식화해보면 다음과 같은 순환과정으로 설명할 수 있다. 실천이란 단번에 끝내는 것이 아니라, 지속적으로 삶의 오류들을 수정해가는 순환과정으로 볼 수 있다.

삶의 변화를 위해서 먼저 우리는 변화를 결심하고 분명한 목표

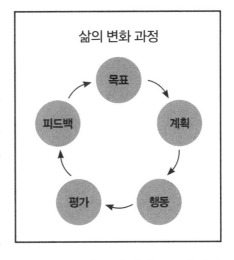

설정이 필요하다. 좋은 목표 설정을 위해선 변화의 결과 나의 모습이 어떻게 변화할 것인지 마음속에 그려보는 것이 필요하다.[335] 교육 전문가인 로버트 메이거(Robert Mager)는 목표에 대해서 설명하기를 "잘 설정된 목표는 일단 그 목표가 성취된 후에 그 사람이 무슨 일들을 하고 있을 것인가를 묘사해준다."라고 했다.[336]

예를 들면, 겸손한 사람이 되고자 결심했다면, 내가 겸손해진 모습을 마음속으로 구체적으로 그려볼 수 있다. 먼저 마음속으로 남을 나보다 낫게

여기는 생각을 늘 품는다. 인사할 때도 허리를 숙이고 겸손히 인사하는 모습을 그려본다. 다른 사람의 의견을 존중하고 경청하는 모습도 겸손한 모습일 것이다. 자신의 잘난 점들을 드러내지 않고 숨기는 자세도 필요할 것이다. 말을 할 때도 다른 사람을 배려하여 자신을 낮추는 표현을 사용할 것이다. 한국 상황에서 겸양어를 사용하여 겸손하게 말하는 모습을 그려볼 수 있다. 겸손한 자는 높은 자리를 탐하지 않을 것이다. 스스로 낮은 자리로 가는 모습을 그려볼 수 있다.

마음속에 변화를 결심하고 목표를 세웠다면 그 다음 단계에는 구체적인 계획을 세우는 것이 필요하다.[337] 이는 이미 앞의 "육하원칙에 따라 적용하라"는 항목에서 자세히 다루었다. 좋은 계획은 가능하면 육하원칙에 따라 구체적으로 세우는 것이 좋다.

계획을 세웠으면 그 다음엔 행동으로 옮겨야 한다. 계획을 세웠다면 당장 실천해야 한다. 전화를 거는 일이면 당장 전화하라.[338] 만나려면 당장 약속을 잡으라. 실행할 것을 미루지 말고 당장 실천하라. 전도를 계획하였다면 전도를 실천하기 위해서 전도지를 주문하고, 시간을 잡아두고, P4U를 갖고 연습하고, 계획한 시간과 장소에 나가서 실제 전도해야 한다. 형제와 화해하기로 계획을 세웠다면, 먼저 전화를 걸어서 만날 약속을 잡으라. 그리고 약속된 시간과 장소에서 그를 만나서 화해를 요청하라. 이렇게 행동으로 옮길 때 우리의 삶은 진짜 변화를 경험하게 된다.

성경을 적용할 때, 많은 사람들이 주로 이 세 단계에 그치는 경우가 많다. 그런데 우리의 삶의 지속적인 변화를 위해서는 다음 두 단계가 더 필요하다.

자신이 실천한 것을 평가하는 시간을 꼭 가져야 한다. 전도를 했다면, 그날 전도가 얼마나 성공적이었는가? 한 사람도 전도하지 못했다면, 실패의 원인이 무엇인가? 이를 분석할 필요가 있다. 복음을 영접한 사람을 어떻게 양육할 것이며, 교회로 어떻게 인도할 것인지도 이 평가 단계에서 생각해봐야 한다. 복음을 영접한 사람을 그대로 방치하면 절대로 결신자로 만들 수 없다. 엄마가 아기를 낳은 후에 '네가 알아서 자라나라.'고 방치해두면 어떤 일이 벌어질까? 그 아이는 죽을 수밖에 없다. 반드시 양육해줘야 한다. 젖도 먹이고, 기저귀도 갈아주고, 위험에서 보호해주고, 함께 놀아주고 해야 아기가 잘 자랄 수 있다. 영적으로도 마찬가지다. 전도했으면 반드시 양육해야 한다. 그래서 평가의 시간이 꼭 필요하다.

전도에 실패했다면 어떻게 해야 할까? 평가를 통해서 원인을 분석할 필요가 있다. 왜 복음을 받지 않았을까? 기도가 부족했는가? P4U 전도연습을 충분히 하지 못했는가? 사람들이 별로 오지 않는 곳으로 갔는가? 열심히 전했는데도 영접하지 않았다면, 그 원인은 무엇일까? 이에 대한 분석의 결과가 나와야 한다. 그래야 더 나은 전도를 위해 피드백을 줄 수 있기 때문이다.

마지막 단계에는 피드백을 제공하는 단계이다. 예를 들어, 전도에 실패했다면 평가 단계에서 그 원인을 충분히 분석해야 한다. 그 다음에 고치거나 수정해야 할 내용을 다음 실행에 도움을 주도록 전달할 수 있다. 전도에 실패한 원인이 기도 부족이었다는 평가가 나오면 다음 전도를 위해서 더 많은 기도시간을 할애하도록 계획을 잡아야 한다. 만약 P4U 연습이 부족했다면, 전도하기 전에 충분한 예비연습 시간을 갖고 연습할 필요가 있다. 좋은 피드백은 다음 목표 설정에 상당한 도움을 줄 것이다. 새로운 목표를 잡을 때 어떻게 잡고 어떻게 실행할 것인지 더 나은 전략을 짤 수 있기 때문이다. 그리고 이 순환 과정을 반복하여 성경의 진리가 자신의 삶의 일부분이 되어 체질화될 때까지 끈질기게 실천하라!

| 실습 문제 |

1. 잠언 10:19를 5단계의 삶의 변화 과정의 도식에 따라 실천계획을 세워보라.

2. 마태복음 5:9를 5단계의 삶의 변화 과정의 도식에 따라 실천계획을 세워보라.

3. 야고보서 1:20을 5단계의 삶의 변화 과정의 도식에 따라 실천계획을 세워보라.

나가는 말

꧁ꕥ꧂

어떻게 하면 지금까지 배운 성경 묵상 방법을 나 자신의 삶의 일부로 만들 수 있을까? 이 책은 성경 묵상 방법들을 소개하고 있기 때문에 한번 읽고 덮어버리면 나의 것이 될 수 없다. 이 책을 곁에 두고 성경을 묵상할 때마다 적용하면서 본서에서 가르친 묵상의 원리들이 체질화될 때까지 지속적으로 적용하는 훈련이 필요하다.

훌륭한 운동선수들의 기량은 하루아침에 만들어진 것이 아니다. 수년간의 끈질긴 연습의 결과다. 성경 묵상 원리를 나의 것으로 만드는 과정도 하나의 스포츠를 마스터하는 것과 같다. 운동을 처음 시작하면서부터 잘 하는 사람은 없을 것이다. 그런데 계속해서 운동을 하다보면 스킬이 하나씩 늘어나 좋은 게임을 할 수 있게 된다. 운동을 잘하는 사람들은 운동 자체를 즐기는 사람들이다. 결국 이들이 훌륭한 플레이어들이 된다.

마찬가지로 하나님 말씀의 뜻을 깊이 깨닫고 실천하는 훌륭한 묵상자들은 진정으로 하나님 말씀을 사랑하는 사람들이다. 말씀을 즐거워하는 사람들이 말씀을 주야로 묵상하는 복된 사람이 된다(시 1:2). 시편 119편은 좋은 말씀 묵상의 비법을 소개한다. 그 비법이란 하나님 말씀을 사랑하는 것이다. 시인은 말씀을 즐거워하고, 사랑하고, 너무나 사모하여 헐떡거리는 모습까지 보인다(14, 35, 111, 131, 140). 말씀을 즐거워하고 사랑하는 마음으로부터 깊은 묵상의 자리까지 나아가게 된다.

애플 창업자인 스티브 잡스가 스탠포드대학 졸업식에서 한 연설 중에 이런 말이 와 닿는다. "위대한 일을 할 수 있는 유일한 길은 당신이 하는 일을 사랑하는 것입니다."[339] 이 정신은 성경 묵상에도 적용된다. 하나님 말씀을 진짜 사랑하게 될 때 말씀 묵상의 깊은 단계에 도달하여 하나님의 심오한 뜻을 깨닫고 실천하는 영적 거장이 될 것이다.

SOLI DEO GLORIA!

Endnotes
미주

❦

1) 이은혜, "PCUSA는 하루아침에 동성 결혼 허용하지 않았다", 온라인: http://www. newsnjoy.or.kr/news/articleView.html?idxno=219908.

2) 주로 이슈가 되는 본문은 창세기 2장 20b-25절, 창세기 19장 1-11절, 사사기 19장 16-30절, 레위기 18장 22절, 20장 13절, 고린도전서 6장 9-10절, 디모데전서 1장 10절, 유다서 7절, 로마서 1장 18-32절 등이다.

3) 필자는 이런 해석의 문제점을 연구논문에서 다룬 적이 있다. 김진규, "최근 동성애 논쟁의 주요 쟁점들: 제임스 브론슨의 동성애 관련 구약 본문 해석에 대한 비평", 「신앙과 학문」 제22권 제1호(통권70호) (2017): 105-113.

4) 김진규, "루터의 시편 해석 방법론 연구: 1517년 전과 후의 시편 110편 해석 비교", 「한국기독교신학논총」 제107집 (2018): 29-60.

5) 위키백과, "마르틴 루터", 온라인: https://ko.wikipedia.org/wiki/마르틴_루터

6) 이 부분은 최주훈 목사의 저술을 통해 도움을 받았다. 최주훈, 『루터의 재발견: 질문, 저항, 소통, 새로운 공동체』 (복 있는 사람, 2017), 147-153.

7) 최주훈, 『루터의 재발견: 질문, 저항, 소통, 새로운 공동체』, 147-148.

8) 최주훈, 『루터의 재발견: 질문, 저항, 소통, 새로운 공동체』, 148.

9) 최주훈, 『루터의 재발견: 질문, 저항, 소통, 새로운 공동체』, 148-149.

10) 최주훈, 『루터의 재발견: 질문, 저항, 소통, 새로운 공동체』, 149.

11) 최주훈, 『루터의 재발견: 질문, 저항, 소통, 새로운 공동체』, 151.

12) 최주훈, 『루터의 재발견: 질문, 저항, 소통, 새로운 공동체』, 152.

13) 이는 성경의 출처가 하나님 자신이심을 의미한다. W. D. Mounce, *Pastoral Epistles*, WBC 46 (Nashville: Nelson, 2000), 565-566.

14) 김진규, "예레미야서의 70년 포로생활 예언의 의미", 「성경과 신학」 제88권 (2018): 1-22.

15) Louis Berkhof, *Principles of Biblical Interpretation* (Grand Rapids: Baker, 1988), 47.

16) Berkhof, *Principles of Biblical Interpretation*, 48.

17) Berkhof, *Principles of Biblical Interpretation*, 50.

18) Berkhof, *Principles of Biblical Interpretation*, 50-51에서 재인용.

19) 이상규, 『QT 이렇게 하라』 (서울: 두란노, 2006), 24.

20) 하워드 헨드릭스/윌리엄 헨드릭스, 『삶을 변화시키는 성경연구』, 정현 옮김 (서울: 디모데, 1993), 71에서 재인용.

21) 곽승규, "[스포츠 과학] 단거리 선수는 출발속도에 목숨을 건다", https://www.mk.co.kr/news/economy/view/2009/11/596877/.

22) 앤터니 티슬턴, 『두 지평: 성경 해석과 철학적 해석학』, 박규태 옮김 (IVP, 2017).

23) Wikipedia, "Deconstruction," https://en.wikipedia.org/wiki/Deconstruction#Literary_criticism.

24) E. D. Hirsch, *Validity in Interpretation* (Yale University Press, 1967).

25) Walter C. Kaiser Jr., *Toward an Exegetical Theology: Biblical Exegesis for Preaching and Teaching* (Baker Academic, 1998); Kevin J. Vanhoozer, *Is There a Meaning in This Text?: The Bible, the Reader, and the Morality of Literary Knowledge* (Grand Rapids: Zondervan, 1998).

26) Tremper Longman III, *Literary Approaches to Biblical Interpretation*, Foundation of Contemporary Interpretation 3 (Grand Rapids: Academie Books, 1987), 63-68.

27) 텍스트 중심 해석이나 독자 중심 해석 방법론에 대한 논의는 이 저술의 목적을 넘어서기 때문에 더 이상 다루지 않겠다. 텍스트 중심 접근법 중에 하나인 '신비평'(New Criticism)은 저자를 철저히 배격하고 텍스트만 보자는 관점을 가졌는데, 이는 대표적인 저자를 죽인 접근법이다. 독자 중심 접근법 중에 하나는 독자반응비평인데 이는 여성주의적 접근이나 해방신학과 같은 접근법이다. 이는 독자가 자신의 사상을 갖고 가서 성경을 해석하고자 하는 방법이다. 이는 텍스트에 자신의 사상을 집어넣는 주관적인 해석법이다. Longman, *Literary Approaches to Biblical Interpretation*, 25-41.

28) Longman, *Literary Approaches to Biblical Interpretation*, 64-65.

29) Longman, *Literary Approaches to Biblical Interpretation*, 65.

30) 이 점에 관한한 롱맨과 카이저의 견해가 다르다. 필자가 말한 이 견해는 롱맨

의 견해와 동일하다. 카이저는 인간 저자가 모두 알았다고 주장하는데, 이런 견해는 상당한 문제의 소지가 있다. Longman, *Literary Approaches to Biblical Interpretation*, 65-66.

31) Vanhoozer, *Is There a Meaning in This Text?*, 263-265.

32) Longman, *Literary Approaches to Biblical Interpretation*, 66.

33) Vanhoozer, *Is There a Meaning in This Text?*, 75에서 재인용.

34) Longman, *Literary Approaches to Biblical Interpretation*, 66.

35) Longman, *Literary Approaches to Biblical Interpretation*, 67.

36) 표준국어대사전, "육하원칙", https://stdict.korean.go.kr/search /searchView.do.

37) Wikipedia, "Five Ws," https://en.wikipedia.org/wiki/Five_Ws.

38) D. A. Carson, *The Gospel according to John* (Grand Rapids: Eerdmans, 1991), 186.

39) 이 부분에 대한 통찰은 헨드릭스의 책에서 얻은 것이다. 헨드릭스/헨드릭스, 『삶을 변화시키는 성경연구』, 193-198.

40) 헨드릭스/헨드릭스, 『삶을 변화시키는 성경연구』, 194-195.

41) 참고) 헨드릭스/헨드릭스, 『삶을 변화시키는 성경연구』, 195-196.

42) 참고) 헨드릭스/헨드릭스, 『삶을 변화시키는 성경연구』, 197.

43) 이 부분에 대한 통찰은 헨드릭스의 책에서 얻은 것이다. 헨드릭스/헨드릭스, 『삶을 변화시키는 성경연구』, 199-204.

44) 헨드릭스/헨드릭스, 『삶을 변화시키는 성경연구』, 200.

45) 이 부분에 대한 통찰은 헨드릭스의 책에서 얻은 것이다. 헨드릭스/헨드릭스, 『삶을 변화시키는 성경연구』, 205-210.

46) 헨드릭스/헨드릭스, 『삶을 변화시키는 성경연구』, 205-206.

47) Wikipedia, "Genre," https://en.wikipedia.org/wiki/Genre.

48) 학자에 따라 내러티브와 이야기를 구별해서 사용하기도 하지만 본서에는 같은 의미로 사용하겠다.

49) 트렘퍼 롱맨/레이몬드 딜러드, 『최신 구약 개론』, 제2판, 박철현 옮김 (고양: 크리스챤다이제스트, 2009), 322-333.

50) 헨드릭스/헨드릭스, 『삶을 변화시키는 성경연구』, 285-287.

51) Haddon W. Robinson, *Biblical Preaching: The Development and Delivery of Expository Messages*, 2nd ed. (Grand Rapids: Baker, 2001), 33-49.

52) J. L. Ska, *Our Fathers Have Told Us: Introduction to the Analysis of Hebrew Narratives* (Rome: Pontificio Ist Biblico, 1990), 86-87.

53) 아래 내용과 도표는 곧 출간하게 될 필자의 다른 저술『구약의 신비가 풀린다』에서 인용한 것이다.

54) Bruce K. Waltke, *Genesis: A Commentary* (Grand Rapids: Zondervan, 2001), 310-311.

55) 이에 대한 기본적인 아이디어는 헨드릭스의 책에서 얻었지만 헨드릭스의 접근방법에는 동의하기 어려운 점들이 있어서 필자 나름대로 글을 전개하려고 한다. 헨드릭스/헨드릭스,『삶을 변화시키는 성경연구』, 172-176.

56) Gretchen Scronce, "What is Metahistory?," http://answers.library.cofc.edu/faq/156167.

57) 이 주제는 필자의 이전 글을 참고하였다. 김진규, "구약의 그리스도 중심적 설교 방법론 연구",「성경과신학」제82권 (2017): 63-92.

58) Bryan Chapell, *Christ-Centered Preaching: Redeeming the Expository Sermon* (Grand Rapids: Baker Books, 1994), 263-288.

59) Chapell, *Christ-Centered Preaching*, 265.

60) Chapell, *Christ-Centered Preaching*, 270.

61) Chapell, *Christ-Centered Preaching*, 269.

62) G. Vos, *Biblical Theology: Old and New Testaments* (Grand Rapids: Eerdmans, 1948), 5-6.

63) Chapell, *Christ-Centered Preaching*, 269-270.

64) 김진규, "구약의 그리스도 중심적 설교 방법론 연구," 84-86의 내용을 수정하여 인용하였다.

65) Chapell, *Christ-Centered Preaching*, 264.

66) C. S. Keener, *The NIV Bible Background Commentary: New Testament* (Downers Grove: IVP, 1993), 469-470.

67) Louis Berkhof, *Principles of Biblical Interpretation* (Grand Rapids: Baker, 1988).

68) Longman, *Literary Approaches to Biblical Interpretation*. 문예적 접근에 대한 복음주의 계통의 선구적인 저술은 롱맨 교수의 이 책일 것이다. 그는 문예적 접근의 장점뿐만 아니라 이의 배경이 된 문학 이론에 잠재된 함정도 잘 밝혀주고 있기에 이 방법론을 사용하는 독자들에게 좋은 안내역을 할 것이다.

69) 이 부분의 내용은 듀발과 헤이즈의 저술에서 일부 아이디어를 얻었다. J. 스코트 듀발/J. 다니엘 헤이즈,『성경 해석』, 류호영 옮김 (서울: 성서유니온, 2009), 202-242.

70) 대한성서공회,『관주 성경전서: 개역개정판』(서울: 대한성서공회, 2007). 이 관주성경을 아가페 출판사에서 발행한『개역개정 관주성경』(아가페, 2018)을 필자

가 사용하였다.

71) D. A. Carson, *The Gospel according to John* (Grand Rapids: Eerdmans, 1991), 195.

72) W. D. Mounce, *Pastoral Epistles*, WBC 46 (Nashville: Nelson, 2000), 448-450.

73) A. T. Lincoln, *Ephesians*, WBC 42 (Dallas: Word Books, 1990), 376-378.

74) W. L. Lane, *Hebrews 9-13*, WBC 47B (Dallas: Word Books, 1991), 287-288.

75) 듀발/헤이즈, 『성경 해석』, 225.

76) 듀발/헤이즈로부터 아이디어를 얻었지만 필자는 나름대로 문맥의 범주를 별도로 만들었다. 듀발/헤이즈, 『성경 해석』, 224-226.

77) 듀발/헤이즈, 『성경 해석』, 226-228.

78) 듀발/헤이즈의 "세상"이란 단어의 해석에 대해 필자는 동의하지 않는다. 앞에서 필자가 다른 의미로 해석한 것을 참고하라. 듀발/헤이즈, 『성경 해석』, 226-227.

79) 김진규, 『히브리 시인에게 설교를 배우다』(서울: 생명의 말씀사, 2015), 275.

80) Berkhof, *Principles of Biblical Interpretation*, 75-76; 듀발/헤이즈, 『성경 해석』, 228.

81) 듀발/헤이즈, 『성경 해석』, 228.

82) Arndt & Gingrich, "ἱλαστήριον", *BAG*, 375.

83) D. Stuart, *Old Testament Exegesis: A Primer for Students and Pastors*, 2nd ed. (Philadelphia: Westminster, 1980), 34-35.

84) 표준국어대사전, "비유(比喩/譬喩)", 온라인: https://stdict.korean.go.kr/search /searchResult.do.

85) Berkhof, *Principles of Biblical Interpretation*, 82-83.

86) George A. Kennedy, *Classical Rhetoric & its Christian and Secular Tradition from Ancient to Modern Times*, 2nd ed. (Chapel Hill and London: The University of North Carolina Press, 1999), 111-112.

87) 여기서 논하고 있는 비유적 표현들은 필자의 다른 저술에서도 다룬 바가 있어 참고하였다. 김진규, 『구약성경에서 배우는 설교 수사법』(천안: 생명의 샘, 2019), 351-373.

88) Ryken at al. eds., "Introduction", *DBI*, xiv.

89) Stephen Ullmann, *Language and Style* (Oxford: Basil Blackwell, 1964), 200에서 재인용.

90) Ullmann, *Language and Style*, 184. 여기에 사용된 tenor라는 말의 뜻은 취지, 대의, 요지, 주제, 화제 등으로 번역될 수 있다. 그 중에서 가장 적절한 뜻이 '화제'일 것이다. 울만은 이를 "우리가 얘기하고 있는 것"(the thing we are talking about)

이라고 정의하고 있다.

91) Wilfred G. E. Watson, *Classical Hebrew Poetry: A Guide to its Techniques*, JSOTSup 26 (Sheffield: JSOT Press, 1986), 263.

92) 이 도표는 왓슨의 도표를 응용하여 그린 것이다. Watson, *Classical Hebrew Poetry*, 263.

93) 표준국어대사전, "환유-법(換喩法)", 온라인: https://stdict.korean.go.kr/search/searchResult.do?pageSize=10&searchKeyword=%ED%99%98%EC%9C%A0%EB%B2%95.

94) 김지찬, 『언어의 직공이 되라』 (서울: 생명의말씀사, 1996), 171-194.

95) Goal, "축구계 가장 재미있는 별명 TOP 10", 온라인: https://www.goal.com/kr/news/1063/hit-goalcom/2009/08/12/1435614/%EC%B6%95%EA%B5%AC%EA%B3%84-%EA%B0%80%EC%9E%A5-%EC%9E%AC%EB%AF%B8%EC%9E%88%EB%8A%94-%EB%B3%84%EB%AA%85-top-10.

96) Berkhof, *Principles of Biblical Interpretation*, 84; A. 버클리 마이켈슨, 『성경해석학』, 김인환 옮김 (서울: 크리스챤다이제스트, 1996), 246.

97) Berkhof, *Principles of Biblical Interpretation*, 84.

98) George Lakoff and Mark Johnson, *Metaphors We Live by* (Chicago and London: The University of Chicago Press, 2003), 36.

99) 표준국어대사전, "제유-법(提喩法)", 온라인: http://stdweb2.korean.go.kr/search/List_dic.jsp.

100) 마이켈슨, 『성경해석학』, 248.

101) 마이켈슨, 『성경해석학』, 248.

102) 표준국어대사전, "의인-법(擬人法)", 온라인: http://stdweb2.korean.go.kr/search/List_dic.jsp.

103) Lakoff and Johnson, *Metaphors*, 33.

104) 4, 6절의 해석은 주석가에 따라 차이가 있다. 이를 시내산 신현 시에 두려워 떠는 것으로 보기도 한다.

105) L. C. Allen, *Psalms 101-150*, WBC 21 (Texas: Word Books, 1983), 105-106; 마이켈슨, 『성경해석학』, 248-249.

106) Ryken at al. eds., "Introduction", *DBI*, xiv.

107) Ryken at al. eds., "Introduction", *DBI*, xiv.

108) 마이켈슨, 『성경해석학』, 267.

109) 출처: http://blog.daum.net/_blog/BlogTypeView.do?blogid=0495&articleno

=11647021&categoryId=561485&regdt=20070508233238.

110) 『표준국어대사전』은 우화를 "인격화한 동식물이나 기타 사물을 주인공으로 하여 그들의 행동 속에 풍자와 교훈의 뜻을 나타내는 이야기"라고 정의를 내린다. 표준국어대사전, "우화(寓話)", 온라인: https://stdict.korean.go.kr/search/searchView.do.

111) 마이켈슨, 『성경해석학』, 267-268.

112) K. R. Snodgrass, "Parable," *DJG*, 594.

113) K. R. Snodgrass, "Parable," *DJG*, 593.

114) K. R. Snodgrass, "Parable," *DJG*, 593-594.

115) G. B. Caird, *The Language and Imagery of the Bible* (Grand Rapids: Eerdmans, 1980), 160-167.

116) Snodgrass, "Parable," *DJG*, 599-600.

117) Snodgrass, "Parable," *DJG*, 597-599.

118) 표준국어대사전, "풍유(諷諭/諷喩)", 온라인: https://stdict.korean.go.kr/search/ searchResult.do?pageSize=10&searchKeyword=%ED%92%8D%EC%9C%A0.

119) G. B. Caird, *The Language and Imagery of the Bible* (Grand Rapids: Eerdmans, 1980), 165.

120) 마이켈슨, 『성경해석학』, 303.

121) Bruce K. Waltke, *The Book of Proverbs: Chapters 1-15*, NICOT (Grand Rapids: Eerdmans, 2004), 317-320.

122) Caird, *The Language and Imagery of the Bible*, 165에서 재인용.

123) Berkhof, *Principles of Biblical Interpretation*, 85-87.

124) 마이켈슨, 『성경해석학』, 249-267; 김지찬, 『언어의 직공이 되라』, 267-348; Berkhof, *Principles of Biblical Interpretation*, 91.

125) 이에 대한 아이디어는 듀발/헤이즈에게서 얻은 것이다. 듀발/헤이즈, 『성경 해석』, 180-181.

126) "문맥이 없는 텍스트는 핑계이다"(a text without a context is a pretext). D. McCartney and C. Clayton, *Let the Reader Understand: A Guide to Interpreting and Applying the Bible* (Wheaton: Victor Books, 1994), 141.

127) 이에 대해서는 듀발/헤이즈가 잘 다루고 있다. 듀발/헤이즈, 『성경 해석』, 185-200.

128) 이에 대해서는 마이켈슨이 잘 다루고 있다. 마이켈슨, 『성경해석학』, 143-152.

129) Tim Keller, *The Prodigal God: Recovering the Heart of the Christian Faith*

(Penguin Books, 2011). 팀 켈러 목사가 이 책을 출간하기 훨씬 이전에 필자는 포이트레스(V. S. Poythress) 교수를 통하여 이런 관점으로 어느 학생이 기말 페이퍼를 제출하여 좋은 평가를 받은 얘기를 전해들은 적이 있다.

130) D. A. Carson, *Matthew*, EBC 8 (Grand Rapids: Zondervan, 1984), 410-418.

131) 이 아이디어는 마이켈슨의 책에서 얻은 것이다. 마이켈슨, 『성경해석학』, 137-138.

132) 장르의 중요성에 대한 연구는 필자의 박사학위 논문에서 인용하였다. Jinkyu Kim, "Psalm 110 in its Literary and Generic Contexts: An Eschatological Interpretation" (Westminster Theological Seminary, 2003), 184-185. Hirsch, *Validity in Interpretation*, 71, 76; Tremper Longman III, "Form Criticism, Recent Developments in Genre Theory, and the Evangelical," *Westminster Theological Journal* 47 (1985): 61.

133) Longman, "Form Criticism," 61; Hirsch, *Validity in Interpretation*, 68-126.

134) J. Barton, *Reading the Old Testament: Method in Biblical Study* (Philadelphia: Westminster, 1984), 19.

135) Barton, *Reading the Old Testament*, 18.

136) 롱맨 교수는 과거 궁켈의 굳은 장르 개념의 문제점을 파악하고 장르의 유동성을 주장하였다. 필자는 롱맨의 견해에 공감한다. Longman, "Form Criticism," 57.

137) 롱맨/딜러드, 『최신 구약 개론』, 322-333.

138) McCartney & Clayton, *Let the Reader Understand*, 210-228.

139) McCartney & Clayton, *Let the Reader Understand*, 210-211.

140) McCartney & Clayton, *Let the Reader Understand*, 211.

141) McCartney & Clayton, *Let the Reader Understand*, 212-213.

142) McCartney & Clayton, *Let the Reader Understand*, 213-214.

143) M. J. Selman, "Law," *Dictionary of the Old Testament: Pentateuch* (Downers Grove: IVP, 2003), 504-505; McCartney & Clayton, *Let the Reader Understand*, 214-215.

144) J. N. D. Anderson, "Law," *NDT*, 378.

145) McCartney & Clayton, *Let the Reader Understand*, 215.

146) 이에 대한 자세한 연구는 롱맨의 다음 책을 참고하라. Tremper Longman III, *How to Read the Psalms* (Downers Grove: IVP, 1988), 87-122.

147) W. D. Tucker, Jr., "Psalms 1: Book of," *Dictionary of the Old Testament: Wisdom, Poetry & Writings*, eds. T. Longman III and P. Enns (Downers Grove: IVP, 2008), 578-593 (esp., 581-585).

148) McCartney & Clayton, *Let the Reader Understand*, 217.

149) McCartney & Clayton, *Let the Reader Understand*, 218-219에서 재인용.

150) R. E. Murphy, "Wisdom in the OT," *ABD* 6:921.

151) R. E. Murphy, "Wisdom in the OT," *ABD* 6:921.

152) R. E. Murphy, "Wisdom in the OT," *ABD* 6:921.

153) R. E. Murphy, "Wisdom in the OT," *ABD* 6:921.

154) 듀발/헤이즈, 『성경 해석』, 605.

155) McCartney & Clayton, *Let the Reader Understand*, 219.

156) 듀발/헤이즈, 『성경 해석』, 604. 선지서 연구를 위해서 다음 책을 참고하라. P. E. Hughes, *Interpreting Prophecy: An Essay in Biblical Perspectives* (Grand Rapids: Eerdmans, 1976).

157) McCartney & Clayton, *Let the Reader Understand*, 220. 해가 어두워지고 달이 피 빛으로 바뀌는 상징을 어떻게 해석해야 하는가에 대한 맥카트니와 클레이톤의 해석을 참고하라.

158) 듀발/헤이즈, 『성경 해석』, 611.

159) 듀발/헤이즈, 『성경 해석』, 611-618.

160) McCartney & Clayton, *Let the Reader Understand*, 220-221.

161) McCartney & Clayton, *Let the Reader Understand*, 220-221.

162) McCartney & Clayton, *Let the Reader Understand*, 221.

163) McCartney & Clayton, *Let the Reader Understand*, 222.

164) McCartney & Clayton, *Let the Reader Understand*, 222.

165) McCartney & Clayton, *Let the Reader Understand*, 222. 비유에 알레고리적 성격이 있음을 발견한 것은 Madeleine Boucher와 John Drury의 연구에 의해 밝혀졌다. M. Boucher, *The Mysterious Parable* (Washington: Catholic Biblical Assoc., 1977); J. Drury, *The Parables in the Gospels: History and Allegory* (London: SPCK, 1985).

166) McCartney & Clayton, *Let the Reader Understand*, 223.

167) McCartney & Clayton, *Let the Reader Understand*, 223. 비유에 대한 더 자세한 연구는 다음 책을 참고하라. C. L. Blomburg, *Interpreting the Parables*, 2nd ed. (Downers Grove: IVP Academic, 2012).

168) McCartney & Clayton, *Let the Reader Understand*, 224.

169) 듀발/헤이즈, 『성경 해석』, 360-361.

170) 듀발/헤이즈, 『성경 해석』, 370-372.

171) 듀발/헤이즈, 『성경 해석』, 372.

172) 듀발/헤이즈, 『성경 해석』, 373-374.

173) G. D. Fee & D. Stuart, *How to Read the Bible for All Its Worth: A Guide to Understanding the Bible*, 4th ed. (Grand Rapids: Zondervan Academic, 2014).

174) Fee & Stuart, *How to Read the Bible for All Its Worth*, n.p., kindle ed. 제4장에서 인용함.

175) Fee & Stuart, *How to Read the Bible for All Its Worth*, n.p., kindle ed. 제4장에서 인용함.

176) Fee & Stuart, *How to Read the Bible for All Its Worth*, n.p., kindle ed. 제4장을 참조하라.

177) McCartney & Clayton, *Let the Reader Understand*, 226.

178) McCartney & Clayton, *Let the Reader Understand*, 226-227.

179) McCartney & Clayton, *Let the Reader Understand*, 227.

180) McCartney & Clayton, *Let the Reader Understand*, 227-228.

181) 듀발/헤이즈, 『성경 해석』, 466-476.

182) Michael Wilcock, *The Message of Revelation*, BST (Downers Grove: IVP, 1975), 113.

183) Wilcock, *The Message of Revelation*, 79-82, 131-133; Leon Morris, *Revelation*, TNTC (Grand Rapids: Eerdmans, 1987), 111-112, 169-172.

184) Wikipedia, "Plot (narrative)," 온라인: https://en.wikipedia.org/wiki/Plot_(narrative).

185) 성경의 내러티브 분석을 위해서 필자의 책을 참고하였다. 김진규, 『구약성경에서 배우는 설교 수사법』(천안: 생명의 샘, 2019), 221-253.

186) Ska, *Our Fathers Have Told Us*, 44-45.

187) Adele Berlin, *Poetics and Interpretation of Bible Narrative* (Winona Lake, Ind: Eisenbrauns, 1983), 33-34; Ska, *Our Fathers Have Told Us*, 83.

188) Ska, *Our Fathers Have Told Us*, 86-87.

189) Shimeon Bar-Efrat, *Narrative Art in the Bible* (Sheffield: Almond Press, 1989), 184-185.

190) Bar-Efrat, *Narrative Art in the Bible*, 195-196.

191) Yairah Amit, *Reading Biblical Narratives: Literary Criticism and the Hebrew Bible* (Minneapolis: Fortress Press, 2001), 104-110.

192) Ska, *Our Fathers Have Told Us*, 65.

193) David M. Gunn and Danna Nolan Fewell, *Narrative in the Hebrew Bible* (Oxford: Oxford University Press, 1993), 101.

194) Sidney Greidanus, "Detecting Plot Lines: The Key to Preaching the Genesis Narratives", *CTJ* 43 (2008): 64-77 (esp. 66-67).

195) Greidanus, "Detecting Plot Lines", 67에서 재인용.

196) 김병선, 『성경도 문학이다: 젊은 크리스천을 위한 문예적 성경 새기기』 (서울: 쿰란출판사, 2006), 187.

197) E. Lowry, *The Homiletical Plot: The Sermon as Narrative Art Form* (Louisville: John Knox Press, 1980), 24.

198) Longman, *Literary Approaches to Biblical Interpretation*, 92.

199) Bar-Efrat, *Narrative Art in the Bible*, 111.

200) Ska, *Our Fathers Have Told Us*, 25.

201) Ska, *Our Fathers Have Told Us*, 25-26.

202) Ska, *Our Fathers Have Told Us*, 26.

203) Ska, *Our Fathers Have Told Us*, 26.

204) Ska, *Our Fathers Have Told Us*, 27.

205) Ska, *Our Fathers Have Told Us*, 27.

206) Ska, *Our Fathers Have Told Us*, 27.

207) Ska, *Our Fathers Have Told Us*, 27.

208) Ska, *Our Fathers Have Told Us*, 27-28.

209) Ska, *Our Fathers Have Told Us*, 28.

210) Ska, *Our Fathers Have Told Us*, 29.

211) 이 부분의 연구를 위해서 필자의 책, 『구약성경에서 배우는 설교 수사법』, 331-351, 410-456를 참고하였다. 자세한 내용은 이 책의 제3부를 참조하라.

212) Longman, *How to Read the Psalms*, 111-114.

213) Leland Ryken at al. eds., "Introduction," *Dictionary of Biblical Imagery* (Downers Grove: IVP, 1998), xiii.

214) George A. Kennedy, *Aristotle on Rhetoric: A Theory of Civic Discourse* (New York & Oxford: Oxford University Press, 1991), 244-253.

215) Kennedy, *Aristotle On Rhetoric*, 249.

216) N. Friedman, "Imagery," *The New Princeton Handbook of Poetic Terms*, ed. T. V. F. Brogan (Princeton: Princeton University Press, 1994): 112-119.

217) Jay E. Adams, *Sense Appeal in the Sermons of Charles Haddon Spurgeon,* Studies

in Preaching, vol. 1 (Presbyterian and Reformed Publishing Company, 1976), 23.

218) 표준국어대사전, "유기-적(有機的)", 온라인: https://stdict.korean.go.kr/search/searchResult.do?pageSize=10&searchKeyword=%EC%9C%A0%EA%B8%B0%EC%A0%81.

219) Kennedy, *Aristotle On Rhetoric*, 248-249.

220) Kennedy, *Aristotle On Rhetoric*, 249.

221) 레인 데니스 외 (편집),『ESV 스터디 바이블』, 신지철 외 옮김 (서울: 부흥과개혁사, 2014), 1186.

222) 김진규,『구약성경에서 배우는 설교 수사법』, 343-351.

223) Adele Berlin, "Parallelism", *ABD* 5:155-162 (esp. 155).

224) 김진규,『히브리 시인에게 설교를 배우다』, 315-325.

225) 표준국어대사전, "대구-법(對句法)", 온라인: https://stdict.korean.go.kr/search/searchResult.do?pageSize=10&searchKeyword=%EB%8C%80%EA%B5%AC%EB%B2%95.

226) Berlin, "Parallelism", 5:155.

227) James L. Kugel, *The Idea of Biblical Poetry: Parallelism and its History* (New Haven/New York/London: Yale Univ Press, 1981); Robert Alter, *The Art of Biblical Poetry* (New York: Basic Books, 1985).

228) Adele Berlin, *The Dynamics of Biblical Parallelism* (Bloomington and Indianapolis: Indiana University Press, 1992), 29.

229) Longman, *How to Read the Psalms*, 99.

230) Longman, *How to Read the Psalms*, 99.

231) Berlin, "Parallelism", 5:156-157. 왓슨도 "계단식 대구법"이란 용어를 사용한다. Watson, *Classical Hebrew Poetry*, 150.

232) Longman, *How to Read the Psalms*, 100-101.

233) J. M. LeMon and B. A. Strawn, "Parallelism," *Dictionary of the Old Testament: Wisdom, Poetry & Writings*, eds. T. Longman III and P. Enns (Downers Grove: IVP, 2008), 502-515 (esp. 512).

234) Berlin, "Parallelism", 5:156.

235) Berlin, *The Dynamics of Biblical Parallelism*, 3.

236) 왓슨은 수미상관법을 "봉투 모양"(the envelope figure)이라고 칭하는데, 이를 "멀리 떨어진 대구법"(distant parallelism)의 일종이라고 본다. 봉투 모양의 특징은 반복이 한 번만 나온다는 점이다. Wilfred G. E. Watson, *Classical Hebrew*

Poetry: A Guide to its Techniques, JSOTSup 26 (Sheffield: JSOT Press, 1986), 282-283.

237) T. Longman III, "Refrain," *Dictionary of the Old Testament: Wisdom, Poetry & Writings*, eds. T. Longman III and P. Enns (Downers Grove: IVP, 2008), 641-643 (esp. 641).

238) Longman, "Refrain", 641.

239) Longman, "Refrain", 641.

240) Longman, *How to Read the Psalms*, 101.

241) Longman, *How to Read the Psalms*, 101.

242) Watson, *Classical Hebrew Poetry*, 159에서 재인용.

243) 표준국어대사전, "야누스(Janus)", 온라인: http://stdweb2.korean.go.kr/search/List_dic.jsp.

244) 창세기 49장 26절은 벌린과 왓슨이 모두 예로 들고 있는데, 원문의 의미를 잘 살린 벌린의 번역을 따랐다. Berlin, "Parallelism", *ABD* 5:157; Watson, *Classical Hebrew Poetry*, 159.

245) Berlin, *The Dynamics of Biblical Parallelism*, 66.

246) Berlin, *The Dynamics of Biblical Parallelism*, 66-72; J. P. Fokkelman, *Reading Biblical Poetry: An Introductory Guide*, trans. Ineke Smit (Louisville: Westminster John Know Press, 2001), 64-73.

247) T. Longman III, "Terseness," *Dictionary of the Old Testament: Wisdom, Poetry & Writings*, eds. T. Longman III and P. Enns (Downers Grove: IVP, 2008), 792.

248) Longman, "Terseness," 792.

249) Longman, "Terseness," 792-793.

250) Longman, "Terseness," 793-794.

251) 듀발/헤이즈, 『성경 해석』, 146-147.

252) L. Boadt, "Ezekiel, Book of," *ABD* 2:711.

253) 데니스 외 (편집), 『ESV 스터디 바이블』, 1520.

254) Boadt, "Ezekiel, Book of," 2:711.

255) Boadt, "Ezekiel, Book of," 2:720-721.

256) 롱맨/딜러드, 『최신 구약 개론』, 201-249.

257) 롱맨/딜러드, 『최신 구약 개론』, 250-263.

258) A. B. Mickelsen, *Interpreting the Bible* (Grand Rapids: Eerdmans, 1991), 165-169.

259) G. D. Fee, *The First Epistle to the Corinthians*, NICNT (Grand Rapids: Eerdmans, 1987), 360-362. 고대 고린도의 잔치 초청장에 대한 내용은 각주 14를 참고하였다.

260) Mickelsen, *Interpreting the Bible*, 165-166.

261) Mickelsen, *Interpreting the Bible*, 176.

262) 이 부분은 듀발/헤이즈, 『성경 해석』, 161-176을 참고하였고, 가능하면 한글 번역서를 포함시켰다.

263) 종교개혁자들은 오늘날 성경학자들이 사용하는 역사적, 문법적 해석처럼 학문적인 용어를 사용하지 않았지만 종교개혁자들이 사용한 성경해석 방법은 역사적, 문법적 해석이었음을 대체로 인정하고 있다. 학문적인 용어로서 역사적, 문법적 해석은 훨씬 후대인 18세기 말 혹은 19세기 초엽에 카일(K. A. G. Keil)과 같은 학자에 의해 고착화되었다. W. G. Kümmel, *The New Testament: The History of the Investigation of its Problems*, trans. S. M. Gilmour and H. C. Kee (Nashville: Abingdon, 1972), 108-110.

264) Berkhof, *Principles of Biblical Interpretation*, 133-134.

265) Berkhof, *Principles of Biblical Interpretation*, 133.

266) Berkhof, *Principles of Biblical Interpretation*, 135.

267) Berkhof, *Principles of Biblical Interpretation*, 137-138. 마지막 항목에는 필자의 부연설명을 추가하였다.

268) G. Hasel, *Old Testament Theology: Basic Issues in the Current Debate*, 4th ed. (Grand Rapids: Eerdmans, 1991), 172-193.

269) S. Greidanus, *Preaching Christ from the Old Testament: A Contemporary Hermeneutical Method* (Grand Rapids: Eerdmans, 1999).

270) B. Chapell, *Christ-Centered Preaching: Redeeming the Expository Sermon* (Grand Rapids: Baker, 1994).

271) 김진규, "구약의 그리스도 중심적 설교 방법론 연구," 「성경과신학」 제82권 (2017): 63-92.

272) 이는 베스트만, 짐멀리, 폰라트, 머피, 로울리, 스마트, 헤링톤, 카이저 등이 옹호하는 방법이다. C. Westermann, "The Way of Promise through the Old Testament," in *The Old Testament and Christian Faith*, ed. B. W. Anderson (New York: Harper & Row, 1963), 200-224; W. Zimmerli, "Promise and Fulfillment," in *Essays on Old Testament Hermeneutics*, ed. C. Westermann (Repr., Atlanta: Westminster John Knox Press, 1979): 89-122; G. von Rad, "Verheissung. Zum gleichnamigen Buch Friedrich Baumgärtels," *EvT* 13 (1953): 406-413; R. E. Murphy, "The Relationship between the Testaments," *CBQ* 26

(1964): 349-359; H. H. Rowley, *The Unity of the Bible* (London: Living Age Books, 1953), 9-121; J. D. Smart, *The Interpretation of Scripture* (London: Westminster Press, 1961), 82-84; W. J. Harrington, *The Path of Biblical Theology* (Dublin: Gill & Macmillan Ltd, 1973), 334-336; Walter C. Kaiser Jr., *The Promise-Plan of God: A Biblical Theology of the Old and New Testaments* (Grand Rapids: Zondervan, 2008), 17-394.

273) R. E. Murphy, "Christian Understanding of the Old Testament," *Theology Digest* 18 (1970): 321-332 (esp. 328).

274) 짐멀리와 베스트만은 이 점을 잘 관찰하고 있다. Zimmerli, "Promise and Fulfillment," 112; C. Westermann, *The Old Testament and Jesus Christ* (Minneapolis: Augsburg Publishing House, 1970), 78.

275) 필자의 이전 논문의 오류를 수정하였다. 이 통계는 한국선교정보네트워크에서 발표한 "1900~2050의 상황에서 본 2017년 세계선교통계표"에 나오는 수치를 인용한 것이다.

276) W. Eichrodt, "Is Typological Exegesis an Appropriate Method?," in *Essays on Old Testament Hermeneutics*, ed. C. Westermann (Repr., Atlanta: Westminster John Knox Press, 1979): 224-245 (esp. 225). 모형론을 옹호하는 대표적인 학자들은 아이히로트와 폰라트이다. G. von Rad, "Typological Interpretation of the Old Testament," in *Essays on Old Testament Hermeneutics*, ed. C. Westermann (Repr., Atlanta: Westminster John Knox Press, 1979): 17-39. 아이히로트와 폰라트의 모형론에 대한 견해는 차이가 있다. 폰라트의 모형론에 대한 견해는 더 포괄적이다. 폰라트는 예수 그리스도를 통해 계시하신 동일한 하나님이 구약 역사에 언약백성을 다루는데 동일한 흔적을 남겼다는 넓은 관점에서 접근한다. 차이점에도 불구하고 폰라트는 '모형론'이란 용어를 버리지 않고 의미를 확장해 그대로 사용하고 있다. 폰라트가 정의하고 있는 모형론에 대한 세부적인 내용은 그의 소고 36-39쪽을 참조하라.

277) Hasel, *Old Testament Theology*, 179-180. 김창훈의 아가서에 대한 모형론적 접근은 이 점을 잘 인지한 실례이다. 김창훈, "아가서, 어떻게 설교할 것인가?", 「성경과 신학」 56 (2010): 67-93.

278) Berkhof, *Principles of Biblical Interpretation*, 145.

279) E. P. Clowney, *Preaching Christ in All of Scripture* (Wheaton: Crossway, 2003), 32.

280) Greidanus, *Preaching Christ from the Old Testament*, 256.

281) Greidanus, *Preaching Christ from the Old Testament*, 218-219. 고펠트도 모형론의 상승작용에 대해 설명하기를 "뭔가 더 위대한 것이 진정한 모형론적 강화를 구성하는 것"이라고 했고, "모형론적 강화는 뭔가 새로운 것이 침투해 들어

오고 있음을 가리키고 이 사건의 중요성을 보이는 것"이라고 했다. Leonhard Goppelt, *Typos: The Typological Interpretation of the Old Testament in the New* (Grand Rapids: Eerdmans, 1982), 199-200.

282) Greidanus, *Preaching Christ from the Old Testament*, 216-217.

283) Greidanus, *Preaching Christ from the Old Testament*, 217.

284) Greidanus, *Preaching Christ from the Old Testament*, 219.

285) Greidanus, *Preaching Christ from the Old Testament*, 219.

286) Berkhof, *Principles of Biblical Interpretation*, 145-148.

287) Greidanus, *Preaching Christ from the Old Testament*, 257-260.

288) 오스카 쿨만,『그리스도와 시간』, 세계기독교대사상 13, 채위 옮김 (서울: 교육출판공사, 2007), 163-169.

289) 쿨만,『그리스도와 시간』, 169.

290) Greidanus, *Preaching Christ from the Old Testament*, 238-239; Fee & Stuart, *How to Read the Bible for All Its Worth*, 74-75.

291) Greidanus, *Preaching Christ from the Old Testament*, 238.

292) Greidanus, *Preaching Christ from the Old Testament*, 238.

293) Greidanus, *Preaching Christ from the Old Testament*, 239.

294) E. Achtemeier, *Preaching from the Old Testament* (Louisville: Westminster/John Knox, 1989), 58. 아크테마이어는 구약과 신약의 본문을 짝을 지어 성경을 읽고 설교하도록 요청한다. 그녀가 이 방법론을 이야기한 맥락은 바로 이런 관점에서이다. 그런데 그녀의 방법론에는 문제의 소지가 있다. 신약이 구약을 완성하지만 구약성서 자체로는 설교하지 못할 이유가 없다. 필자가 "구약의 그리스도 중심적 설교 방법론 연구"에서 제안하고 있는 방법론이 구약성서를 오늘날 우리에게 바로 설교할 수 있는 좋은 방법이 아니겠는가?

295) Greidanus, *Preaching Christ from the Old Testament*, 262.

296) Greidanus, *Preaching Christ from the Old Testament*, 262-263.

297) Hasel, *Old Testament Theology*, 159.

298) Greidanus, *Preaching Christ from the Old Testament*, 267. 아크테마이어는 이를 '공통의 사상' 혹은 '공통의 모티프'를 통한 신구약의 연결이라고 보았다. Achtemeier, *Preaching from the Old Testament*, 58.

299) G. Hasel, "Biblical Theology: Then, Now, and Tomorrow," *HorBT* 4/1 (1982): 61-93 (esp. 77).

300) R. J. McKelvey, "Temple," *New Dictionary of Biblical Theology* (Downers Grove: IVP, 2000), 806-811 (esp. 806).

301) McKelvey, "Temple," 807.

302) Thomas McComiskey, "Zechariah," *The Minor Prophets: An Exegetical and Expository Commentary*, vol. 3, ed. T. E. McComiskey (Grand Rapids: Baker Books, 2000), 1113-1114.

303) McKelvey, "Temple," 809.

304) C. A. Evans, "New Testament Use of the Old Testament," *New Dictionary of Biblical Theology*, eds., T. D. Alexander et al. (Downers Grove: IVP, 2000), 72-80.

305) Evans, "New Testament Use of the Old Testament," 73.

306) Greidanus, *Preaching Christ from the Old Testament*, 269. 참고) Richard N. Longenecker, "Can We Reproduce the Exegesis of the New Testament?" *TynBul* 21 (1970): 3-38.

307) Achtemeier, *Preaching from the Old Testament*, 58-59.

308) Greidanus, *Preaching Christ from the Old Testament*, 272.

309) Chapell, *Christ-Centered Preaching*, 261-336.

310) Chapell, *Christ-Centered Preaching*, 264.

311) Chapell, *Christ-Centered Preaching*, 265.

312) Chapell, *Christ-Centered Preaching*, 267.

313) Chapell, *Christ-Centered Preaching*, 268.

314) 채플은 자신의 논지를 아담스(Jay Adams)의 말을 빌려 변증한다. Chapell, *Christ-Centered Preaching*, 268; Jay Adams, *Preaching with Purpose* (Grand Rapids: Baker, 1982), 147.

315) 듀발/헤이즈는 이를 '신학적 원리'라고 표현하고 있고, 해돈 로빈슨은 '신학적 의향' 혹은 '신학적 목적'이라고 표현하기도 한다. 그는 이를 '영원한 진리 혹은 안내역을 하는 원리'라는 말을 사용하기도 한다. 그라이다누스는 이를 위해 '근원적인 원리'라는 말을 사용한다. 듀발/헤이즈, 『성경 해석』 339; Robinson, *Biblical Preaching*, 88-89, 92; S. Greidanus, *The Modern Preacher and the Ancient Text: Interpreting and Preaching Biblical Literature* (Grand Rapids: Eerdmans, 1988), 174-175.

316) 표준국어대사전, "적실-하다2(的實하다)", 온라인: https://stdict.korean.go.kr/search/searchView.do.

317) Robinson, *Biblical Preaching*, 33-49.

318) Greidanus, *The Modern Preacher and the Ancient Text*, 166에서 재인용.

319) Greidanus, *The Modern Preacher and the Ancient Text*, 167-168.

320) Greidanus, *The Modern Preacher and the Ancient Text*, 168-169.

321) Greidanus, *The Modern Preacher and the Ancient Text*, 169.

322) J. F. Nyquist & J. Kuhatschek, *Leading Bible Discussions*, 2nd ed. (Downers Grove: IVP, 1985), 34.

323) D. M. Doriani, *Getting the Message: A Plan for Interpreting and Applying the Bible* (Phillipsburg, NJ: P & R, 1996), 144-146.

324) Greidanus, *The Modern Preacher and the Ancient Text*, 175에서 재인용. 원출처: Fee & Stuart, *How to Read the Bible for All Its Worth*, 63.

325) D. Stuart, *Old Testament Exegesis: A Primer for Students and Pastors*, 2nd ed. (Philadelphia: Westminster, 1980), 40.

326) Stuart, *Old Testament Exegesis*, 41-43.

327) 하워드 헨드릭스/윌리엄 헨드릭스,『삶을 변화시키는 성경연구』, 정현 옮김 (서울: 디모데, 1993), 395-399.

328) W. D. Mounce, *Pastoral Epistles*, WBC 46 (Nashville: Nelson, 2000), 263-265.

329) 헨드릭스/헨드릭스,『삶을 변화시키는 성경연구』, 381-382.

330) 헨드릭스/헨드릭스,『삶을 변화시키는 성경연구』, 383-385에서 재인용. 원출처: Doug Sherman and William Hendricks, *Your Work Matters to God* (Colorado Springs: Navpress, 1987), 232-233.

331) 김진규,『그리스도의 인격을 본받아 (영성편)』, 개정판, 기독교 인성교육 지침서 시리즈1 (천안: 생명의 샘, 2019);『그리스도인의 인격을 본받아(덕성·지성편)』, 기독교 인성교육 지침서 시리즈2(천안: 생명의샘, 2020).『그리스도의 인격을 본받아 (능력·비전편)』, 기독교 인성교육 지침서 시리즈3도 곧 출간될 예정임.

332) 헨드릭스/헨드릭스,『삶을 변화시키는 성경연구』, 406-408.

333) 두란노,『일대일 제자양육 성경공부』(서울: 두란노, 2009), 41-42.

334) D. M. Doriani, *Putting the Truth to Work: The Theory and Practice of Biblical Application* (Phillipsburg, NJ: P & R, 2001), 97-98.

335) 삶의 변화 과정에 대해 헨드릭스는 첫 세 가지 항목을 그의 책에서 다루고 있다. 일부 그의 의견을 참고하였다. 헨드릭스/헨드릭스,『삶을 변화시키는 성경연구』, 420-427.

336) 헨드릭스/헨드릭스,『삶을 변화시키는 성경연구』, 422에서 재인용.

337) 헨드릭스/헨드릭스,『삶을 변화시키는 성경연구』, 424-425.

338) 헨드릭스/헨드릭스,『삶을 변화시키는 성경연구』, 425-427.

339) 출처: https://news.stanford.edu/2005/06/14/jobs-061505/.